Samen Carrière maken

JOSH DOUGLAS

[Samen Carrièremaken]

De verwevenheid van professionele loopbanen enFamilie in academische partnerschappen.

Inhoud

1. *"Verbonden levens" in de wetenschap - Uitdagingen voor professionele carrièresEn coördinatieregelingen* 7

1.1 *Vrouwen in de wetenschap* 10

1.2 *Vereisten voor wetenschappelijke loopbanen in dedubbelpak* 15

1.3 *"Linked Lives" - Analytisch kader envragen van het boek* 22

1.4 *Linked Lives door wie? - Gegevensbasis van boek* 38

1.5 *Duale loopbaan - Wat is het?* 55

1.6 *Ons record: obstakels voor en realisatie voorwaarden van een dubbele loopbaan in academische partnerschappen* 62

2. *verwevingsarrangementen in de paargeschiedenis* 74

2.1 *De verweving van loopbaantrajecten bij parentussen structurele omstandigheden en adaptieve strategieën* 76

2.2 *verweven patroon En "Oefening Punten"* ... 79

2.3 *methoden En definities* 84

2.4 *Afspraken over onderlinge afhankelijkheid tijdens het werk* 88

2.4.1 *Patroon de verweven* 88

2.4.2 *dynamiek de weefpatroon* 93

2.4.3 *Tussen benadering En volhouden verschilde* 99

2.4.4 *Alles bij de oud of worden de kaarten*

herschikt? *112*

2.5   De onderlinge afhankelijkheid van wetenschappers in defamiliegeschiedenis *114*

2.6   Conclusie *121*

3.   Carrière met een kind in de wetenschap – Egalitaire claim en traditionele realiteitvan gezinszorgarrangementen succesvol Vrouwen En hun partner *124*

3.1   Loopbaandrempel kind? *125*

3.2   Vraag En methode *132*

3.3   Wetenschappelijke carrières van vrouwen in partnerschapmet kind *138*

3.3.1   Wie heeft Kinderen, Wanneer En Hoe veel? 138

3.3.2   (nr correcter Tijd? *142*

3.3.3   Als niet zij, Dan Hij? zorg strategieën van Vrouwen *144*

3.3.4   Als niet Hij, Dan zij? zorg strategieën van mannen *150*

3.3.5   Egalitair Claim En doorgegeven werkelijkheid *153*

3.3.6   carrièremogelijkheden En arbeidsverleden 163

3.3.7   Zorgarrangementen invloed wetenschappelijke carrières *168*

3.4   Kinderen – loopbaanonderbreking of loopbaankick? *172*

4.   "Onder druk...!?" - Biografisch Oriëntaties van vrouwelijke wetenschappersin Beroep, vennootschap En Familie *177*

4.1 "Onder druk ...!?" - Vrouwen in de wetenschap 180

4.2 Loopbaanoriëntaties van vrouwelijke wetenschappers(zaakbeschrijvingen) 185

4.2.1 methodisch Ga verder 185

4.2.2 Naar de Wetenschap aangesteld (Geval 1: Behrendt) 189

4.2.3 In klein stappen na boven (Geval 2: aanwijzer) 196

4.2.4 Zoeken na Beveiliging (Geval 3: Lehnert) 201

4.2.5 herkenning in Beroep En Familie (Geval 4: Thiel) 206

4.3 Wetenschap tussen Beroep En roeping 211

4.4 Samenvatting En vooruitzicht 217

4.5 Bijlage: korte beschrijvingen de gevallen 222

4.5.1 professionele geschiedenis En sociale structuur geval 1 222

4.5.2 professionele geschiedenis En sociale structuur geval 2 224

4.5.3 professionele geschiedenis En sociale structuur geval 3 226

4.5.4 professionele geschiedenis En sociale structuur geval 4 228

5. Gevolgen van verschillende onderlinge afhankelijkheidarrangementen voor individuele en dubbele loopbaan 229

5.1 Inleiding: de carrièremythe 230

5.2 duale loopbanen – de beroepsmythe voor de Ondanks 233

5.3   Methoden *243*

5.4   Een of twee carrières? *248*

5.5   De carrièremythe op de proef gesteld *253*

5.6   De invloed van de paaropstellingen op dubbele loopbaan *259*

5.6.1 Inkomensverschillen: dezelfde Geld = dezelfde Carrière? *259*

5.6.2 Leeftijdsopstelling: Gaat de ouder voor? 264

5.6.3 Kinderen: dubbele carrières alleen zonder Kinderen)? *267*

5.6.4 Huisvestingsregelingen: Mobiel En succesvol? *271*

5.6   Conclusie *277*

1. "Gelinkte levens" in de wetenschap - Uitdagingen voor professionele carrièresEn coördinatie regelingen

Het onderwerp van dit boek zijn relaties binnen en buiten partnerschap factoren de de professionele carrières van Vrouwen En Heren invloed, als ze in een academisch partnerschap wonen. Dit zijn samenwerkingsverbanden in die beide partner boven A academische graad En ermee boven A hebben zeer veel potentieel voor professionele carrières. Diverse onder-zoekt naar professionele carrières van Vrouwen En academici show, dat de toegenomen educatieve middelen en professionele ervaringen van Vrouwen vaak niet in professioneel carrières En ermee op paar niveau niet worden omgezet in duale loopbanen. Dat is het aandeel van de zogenaamde Eenverdienersparen, waarbij alleen de man werkzaam is, met academici samenwerkingsverbanden zijn gedaald van 44% (1971) naar 17% (2004) (vgl. Solga/ Rusconi 2008). hoe dan ook leggen Ook 2004 de Deel bij academische koppels, waarin beiden een voltijdse beroepsactiviteit uitoefenden, enkel bij 30% In veel dit partnerschappen heeft zelf daarmee de professionele rol de Vrouwen veranderingen, d.w.z zij gaan Vandaag meerderheid een dienstverband na. Dit gebeurt echter vaak op parttime basis en niet altijd dienovereenkomstig hun opleidingsniveau. Ondanks de forse opleidingsinvesteringen van beiden partner heeft de meervoud de academische partnerschappen Nee dubbele loopbaanregeling.

Waarom is het zo moeilijk om een dubbele loopbaan te bereiken? En waarom mislukken ze nog steeds grotendeels vanwege de carrière van de vrouw? In deze Een boek wil Wij Antwoord op dit Vragen geven En ons inbegrepen in het bijzonder met de professionele loopbaan van vrouwen en mannen in de wetenschap bezetten. Het uitgangspunt van onze analyses is dat duale loopbanen zijn het resultaat van interne en externe factoren die dat niet zijn elkaar handeling, liever in een wederkerig Relatie aan elkaar stellage. Dit betekent dat de instituties van de arbeidsmarkt gezamenlijk bepalen de loopbaanlogica en professionele culturen van wetenschappelijke disciplines en de coördinatieregelingen tussen de partners, in welke mate de ritmes de loopbaantrajecten de beide partner hiërarchisch of maakt niet uit

JOSH DOUGLAS

tär worden verzoend (kan zijn) en of de betreffende professional succes van beide Partners (on)gelijk is (zie paragraaf 1.3).

De database van het boek is de verzameling van meer dan 1.300 standaard levensloopinterviews met wetenschappers uit verschillende Duits hogescholen net zoals van 45 themagericht kwalitatief Interviews (zie paragraaf 1.4). Deze interviews en hun analyse vonden plaats in In het kader van het project "Samen carrière maken. De verwevenheid van professionele carrières En Familie in academische partnerschappen" bij de Kennis-Social Research Center Berlin (gefinancierd door de BMBF en het Europees Sociaal Fonds, zie Voorwoord in dit Een boek).

Het onderwerp van dit hoofdstuk is in de eerste plaats onze analyses van de beroepsgebied Wetenschap net zoals de historisch Ontwikkeling van carrières in de Koppelcontext insluiten (zie paragrafen 1.1 en 1.2). Daarna commentaar op het analytisch kader en de centrale vragen posities van het boek (paragraaf 1.3), op de gegevensbasis (paragraaf 1.4.) evenals de definitie van dubbele carrières zoals gebruikt in het boek (paragraaf 1.5). Tot slot belangrijke resultaten van de volgende de hoofdstukken met betrekking tot de centrale vraag van het boek na de obstakels voor En realisatie voorwaarden van dubbele carrières in

Academische partnerschappen verantwoord (Sectie 1.6).

1.1 Vrouwen in de wetenschap

De oudste universiteit van Europa is de rechtenfaculteit van Bologna 1088 Met het Look Europese hogescholen op een boven 900 jaar oud Geschiedenis terug - een geschiedenis echter waarvan vrouwen tot het laatst tien jaar werden voortdurend uitgesloten. In de VS waren dat vrouwen voor het eerst toegelaten tot de universiteit in 1833. In Europa duurde het retern" Frankrijk en Zwitserland tot 1865. En in Duitsland werden vrouwen zelfs pas in 1908 de Toegang om in te studeren iedereen landen van het Duits Reichs toegestaan (Geenen 1994: 23f.). Tot 1920 mochten ze dat echter wel niet habiliteren (Mertens 1989: 5). Beroepsloopbanen van vrouwen in van de wetenschap op grotere schaal zijn dus een relatief jong fenomeen Heren.

De toename van het aandeel vrouwen onder studenten in Duitsland tot naar de huidige pariteit van ongeveer 50% was een langdurig proces. tot Aan het begin van het Derde Rijk nam het aandeel vrouwen onder studenten toe vervolgens relatief snel tot 19% (1932). Met het sterk traditionele geslacht Na de ideologie van het nationaal-socialisme nam het aandeel vrouwen weer toe 15% (1939) (Mertens 1989: 3). Alleen 1950 was in de twee delen van Dus gedeeld van Duitsland de niveau de Weimar republiek opnieuw

"Gekoppeld leeft" in Wetenschap

bereikt. Sinds de jaren zestig zijn het economische wonder en de beginnende onderwijsuitbreiding, neemt het aandeel vrouwen gestaag toe, zij het met verschillende snelheden in de DDR en de BRD. Terwijl het gendergelijkheid in de DDR al in het midden van de jaren zeventig als het op studeren aankwam (Geißler 1996: 278), duurde dit in de Bondsrepubliek Duitsland of in het herenigde Duitsland tot de overgang naar de 21e eeuw. De degradatie van ongelijkheden bij de algemeen Toegang voor de Studies tussen jonge mannen en vrouwen duurde bijna een jaar honderd.

Tussen de onderwerpen geeft Het maat verschillen met betrekking tot van geschiedenis van deze ontwikkeling, evenals in het percentage vrouwen dat vandaag is bereikt. Dus gestudeerd al in de Weimarrepubliek vrouwen vooral geneeskunde en filosofische cale onderwerpen. In het Derde Rijk nam de eerder genoemde afname van vrouwen toe deel echt niet gelijkmatig boven alle onderwerpen gedistribueerd. gegeven van Tegendeel- tussen ideologische overtuigingen en economische belangenSindsdien is het aandeel vrouwen in de geneeskunde en farmacie toegenomen; vooral in de filosofisch onderwerpen net zoals de rechten Wetenschappen gezonken Hij Echter (vgl. Mertens 1989).

Deze *horizontale segregatie* in de studierichtingen van vrouwen en Heren zet zelf tot Vandaag weg. Dus leugens Bijvoorbeeld Vandaag de aandeel vrouwen onder de eerstejaars studenten van de menselijke geneeskunde en de taal en culturele studies op respectievelijk 66% en 74%, in wiskunde en de natuurwetenschappen op 41% en in engineering op 22% (gelieve te verwijzen Illustratie 1.1). Verantwoordelijk voor deze Zijn niet meer formeel toegang beperkingen, maar socialisatieprocessen, genderideologieën en professionele cultuur geslachts stereotypes net zoals baanspecifiek Carrière- kansen voor vrouwen (vgl. Solga/Pfahl 2009).

Over de disciplines heen is echter het aandeel vrouwen uit de Het doctoraat neemt af met elk loopbaanniveau, dwz meer vrouwen als zelfs geleerd Heren de wetenschappelijk carrière vertrekken (moeten) (zie figuur 1.1). Vergeleken met de jaren 1990 zijn hier wel enkele op te merken verbeteringen komen echter vooral tot uiting in de leerstoelen – vooral op het hoogste niveau (de C4 of W3 pro- fessuren) – een verdere sterke daling van het aandeel vrouwen in vergelijking met degenen met een doctoraat, junior hoogleraarschap of habilitatie. De vergelijking van Benoemingen op C4- en W3-hoogleraren (benoemd sinds 2005) aangeven laat een licht stijgende trend zien; Hetzelfde geldt voor de vergelijking van de en aandeel junior hoogleraren en habilitaties. Gezien Generatiewisseling en de daarmee gepaard gaande toegenomen kans op nieuwe benoemingen op hoogleraren in de afgelopen tien jaar, dit bedrijf Het verschil of de toename kan echter als relatief klein worden beoordeeld. na einde van afwisseling van generaties (d.w.z weg ca. 2016) worden – zonder ver-gelijkwaardig uitbreiding van de universiteit Hoe Einde de 1960 En naar begin de *JOSH DOUGLAS* Jaren 70 - er werden aanzienlijk minder hoogleraren vervuld, zodat de vrouwen aandeel (exclusief "quota" of andere effectieve inspanningen voor gelijke kansen) zal dan nog langzamer naar boven bewegen, als hij onder de Voorwaarden voor een dergelijk tekort aan banen en toegenomen concurrentie helemaal niet zal blijven stijgen.

Afbeelding 1.1: Percentage vrouwen in verschillende stadia van een wetenschappelijkepandrecht Loopbaan, 2009/2010 (in %)

Bron: statistisch federaal bureau (2009a: tabblad. 4; 2009b: tabblad. 3, 12; 2010: tabblad. 7)

De samenvatting van deze bevindingen laat zien dat het onevenredig is lust van vrouwen in de verschillende overgangen van een wetenschappelijk chen career is aanwezig in alle vakgroepen. Hij vindt niet alleen in de mannelijk domineerde disciplines Hoe de engineering of Natuurwetenschappen vinden plaats, maar ook in de gemengde disciplines van Sociale wetenschappen, recht en economie en zelfs bij de vrouw gedomineerde disciplines zoals taalkunde en culturele studies of menselijke geneeskunde. Toenemende of zelfs gelijke aantallen vrouwen in het onderzoekAfgestudeerden en stagiaires brengen dus niet automatisch stijgende of gelijke kansen voor vrouwen op verdere academische loopbaanniveaus met zichzelf. Met de studie van vrouwen, gelijkheid in de academische wereld arbeidsmarkt – en, zoals we zullen zien (zie hoofdstuk 3 en 4 in dit sem Een boek), bij gezinswerk - niet onvermijdelijk gegeven.

"Gekoppeld leeft" in Wetenschap

Zeker, de universiteit leidt niet alleen op voor de wetenschap, en niet alle vrouwen en mannen studeren en promoveren met het professionele doel wetenschap of hoogleraarschap. Toch rijst de vraag waarom Aanzienlijk minder vrouwen dan mannen volgen of stappen in deze loopbaan in de wetenschap blijven en daar topposities (kunnen) bereiken. Deze vraag rijst des te meer naarmate de carrièremogelijkheden buiten de Wetenschap niet absoluut een aantrekkelijk alternatief voor Vrouwen staan voor. Integendeel, ook daar blijkt dat vrouwen hun kwalificaties niet gebruiken in de dezelfde Domein Hoe Heren in professioneel carrières En leidende positiekan implementeren (vgl. Holst 2009; Holst/Wiemer 2010). En zelfs als er wordt aangenomen dat sommige vrouwen niet *allebei willen* - ook geen auto werk in de wetenschap of in het bedrijfsleven of de administratie – dat blijft zo de vraag blijft waarom niet, als ze in het onderwijs zitten (in sommige gevallen tot aan een doctoraat) evenveel en zo lang hebben geïnvesteerd Heren. Op deze en andere vragen gaat dit boek in (zie paragraaf 1.3).

Voor het beantwoorden van deze vraag is echter niet

alleen dat belangrijk Vereisten En obstakels in de professionele veld de Wetenschap naar groet, maar ook de levens- en huishoudcontext van vrouwen. Maar een inbedden van carrière-eisen, professioneel beslissingen En Carrièrepaden in de context van een koppel kunnen een kwestie van bekwaamheid en wil zijn evenals de barrières en realisatievoorwaarden van wetenschappelijk Carrières van vrouwen - in vergelijking met mannen - adequaat beantwoord worden (zie paragraaf 1.3).

1.2 *Vereisten voor wetenschappelijke loopbanen in dedubbel pak*

Zoals eerder vermeld, zijn vrouwen van oudsher relatief nieuw Uiterlijk" aan Duitse universiteiten. Maar hoewel het aandeel vrouwen onder de studenten sterk toegenomen is, was En is de Wetenschap gegeven van laag aandeel vrouwen op hoogleraren altijd nog steeds een Instelling, de van mannen gevormd wordt En van wie loopbaantrajecten traditioneel geslacht mus onderworpen aan de professionele en private arbeidsdeling (Geenen 1994: 23). Academische loopbanen en hun vereisten in de vorm van richtlijnen veranderingen, werkculturen, tijdstructuren en leeftijds- en beschikbaarheidsverwachtingen zijn nog steeds – althans impliciet – gebaseerd op het ideale type mannelijke "normale biografie" (vgl. Geenen 1994; Jacobs/Winslow 2004; Ridders/Richards 2003; maandag 2010). Wat nodig is, is daarom een taakgerichte Lifestyle met een duidelijke en complete professionele biografie. Hoe van sandra Beaufaÿs (2003: 243) indrukwekkend beschreven, wordt van wetenschappers een onverdeelde toewijding aan en volledige identificatie kation met haar Beroep verwacht. Als rechtmatig indicatoren voor deze, Dat personen deze *leven (blijkbaar) ook* , die onder andere symbolisch dienen het begrijpen van praktijken zoals fulltime beschikbaarheid, werktijden op einde of de Omgaan langer En onzekerder loopbaantrajecten (met een relatief laag inkomen). aanwezigheid en tijdsflexibiliteit evenals geldelijke ontheffingen worden nog steeds beschouwd als sterker bewijs van intrinsiek sic Motivatie, Bepaling En poging als een hoogte Kwaliteit van werk of hoge productiviteit ondanks beperkt (beschikbaar) Tijd.

De vervulling of. tevredenheid dit gewoon En langetermijn "temporele prestatie-indicatoren" hebben een rechtstreekse invloed op de privésituatie En

levenswijze van wetenschappers. De wetenschappelijk professionele cultuur vereist de geheel Mensen En zet daarmee de afvoer
"door stilzwijgend achtergrondwerk" (voor huishouden en eventueel kinderen van de zorg) en de onbeperkte ruimtelijke en temporele flexibiliteit handelt voor op een andere persoon – meestal de vrouw (vgl. Beck-Gernsheim 1983; Moen/Roehling 2005). Hierdoor ontstaat de nodige tijd en ruimtelijk vrije ruimtes voor de Partner, van wie wetenschappelijk Carrière Prioriteit is fysiek fit zijn voor de functie en de functie-eisen En mentaal overal wees beschikbaar naar kan.

Dit professioneel-privé "Evenwicht" de arbeidsverdeling is voor de A in de regel voor vrouwen die een wetenschappelijke carrière willen nastrevenniet gegeven En wordt voor de anderen Ook voor Heren Dus gedeeltelijk door zette vraagtekens bij de toename van academisch geschoolde vrouwelijke partners. het begin van In de jaren zeventig had slechts één op de zeven afgestudeerden (tussen 30 en 50 jaar) een diploma Man in West-Duitsland een academisch geleerd partner (15%); in de In 2004 was dat al een op de drie (in heel Duitsland; vgl. Rusconi/ Solga 2007). Vrouwen met een hbo-opleiding daarentegen wel in die tijd net als nu heeft ongeveer de helft van hen ook een academisch geschoolde partner. Met de onderwijsexpansie tussen 1971 en 2004 is het aandeel van Academische partnerschappen van slechts 1% van alle (West-Duitse) paren naar 9% (Allemaal Duits) toegenomen (Rusconi/Solga 2007: 312).

Daarnaast is er nog een interessante en relevante ontwikkeling over de paarcontext van academici. In 1971 woonde elke derde vrouw bij hen een academische graad zonder een partner waar mannen mee waren het slechts 11% (dwz ongeveer elke negende). Dat aandeel singles bleef bij de (30- tot 50-jarige) vrouwen relatief constant in de tijd, bij mannen het steeg echter tot 27%. Dat wil zeggen, zelfs voor academisch geschoolde mensen mannen vandaag, bijna elke derde is niet door het leven met een Partner "gebonden" of "ondersteund". Deze ontwikkeling kan Houd er rekening mee dat hooggekwalificeerde mannen steeds moeilijker worden hebben, een "traditioneel" Vrouw naar vinden, en of A toegenomen interesse

"Gekoppeld leeft" in Wetenschap

beginnen zich professioneel te vestigen voordat ze een partner vinden schacht met een gewoon Huishouden En eventueel met kinderen binnenkomen.

Duitse academische paren zijn vaak - en vaker dan paren met andere hun educatieve constellaties – tweeverdienersparen. De reden hiervoor is de sinds de jaren negentig is de beroepsbevolking sterk gegroeid gevormd Vrouwen (zien. Woede/Konegen-Grenier 2008). Dit groeten Ook academie mike koppels met kinderen. In hen afzien Vrouwen Vandaag duidelijk minder gebruikelijk naar een betaalde baan dan voorheen. Terwijl in 1971 elke seconde Aka- paar met ten minste één schoolgaande of minderjarige kindalleen de man was in loondienst, in 1997 gold dit alleen voor iedereen derde paar en in 2004 elk vijfde paar (Rusconi/Solga 2007: 319; 2004).

Dit betekent echter niet dat de twee partners Tweeverdienersparen hebben elk een loopbaan en *verdubbelen dus realiseren* . Zelfs in 2004 werkte elke vijfde persoon (30- tot 50-jarigen). academisch geschoolde vrouw in een baan waarvoor geen universitair diploma vereist is (Rusconi/Solga 2007: 318). En dus kan worden gesteld dat de Realisatie van duale loopbanen voornamelijk in academische samenwerkingsverbanden beperkingen de professioneel Ontwikkeling de Vrouwen mislukt.

In de Wetenschap, er zijn vergelijkbare verschillen tussen mannen en vrouwen met betrekking tot steun van een onbetaalde basiswerk" of met betrekking tot het leven in een academisch partnerschap. Terwijl wetenschappers op naar de Weg naar de hoogleraarschap vaker als waren mannen zonder partner of meestal met een academisch getrouwde man en in een tweeverdiener, zo niet tweeverdiener gebaren leefde had haar mannelijk Collega's vaker Vrouwen zonder academische graad net zoals A- of "alleen" tweeverdienersregeling. Dat blijkt uit een onderzoek onder professoren aan Duitse universiteiten in Mitte de jaren 2000 dat ongeveer 90% van de hoogleraren in een vast partnerschap leefde Maar "alleen" 66% van hun vrouwelijke collega's (Kamer/Krimmer/Stallmann 2007: 148). Verder weliswaar tweeverdienersregelingen *voor* hoogleraren sorin Hoe professoren de meerderheid levensvorm staan voor, Maar terwijl bijna alle partners van de hoogleraren waren onafgebroken in dienst, was immers bijna een vijfde van de partners van de hoogleraren (minstens tijdelijk) niet in dienst. Ongeveer een derde van de partners was dat immers vrouwelijke professoren Ook universitair docent (bij de professoren waren dit alleen 5% van de partners), terwijl bijna een kwart (23%) van hun partners mannelijke collega's zijn leraar geweest (Krimmer/Zimmer 2003: 29). Dit betekent dat mannelijke en vrouwelijke wetenschappers heel verschillend zijn verschillende uitdagingen en middelen voor de realisatie van een academisch Carrière. Dus gehoord bijv. B. de leraar beroep naar die beroepen, waar overal vraag naar is (vgl. Cooke 2003); dit maakt het zoeken naar een baan gemakkelijker bij een nieuw Plaats, als de Paar vanwege *zijn* wetenschappelijke carrière moet verhuizen. Dat blijkt uit een overzicht van Duitse universiteiten uit 2000 bovendien dat de universiteitsbesturen zich met name in een positie zagen ter ondersteuning van het zoeken naar een baan van partners van nieuw aangestelde hoogleraren, als deze leraar waren (vgl. Rusconi/Solga 2002;

Solga/Rusconi 2004).

Voor vrouwen wordt een carrière in de wetenschap vaker geassocieerd met beperkingen bij het stichten van een gezin. Vergeleken met de universiteit oplosmiddelen in de algemeen waren wetenschappers bij Duits Universiteiten veel vaker - ook permanent - kinderloos. gedurende drie kwart van alle (ouder dan 43 jaar) academisch geschoolde vrouwen kreeg kinderen, het was slechts de helft van de vrouwelijke wetenschappers (Metz-Göckel/Selent/ Schuermann 2010: 20). [1] Bovendien hadden vrouwelijke wetenschappers minder (en minder) kinderen dan hun mannelijke tegenhangers opnieuw indelen Verschil dat toeneemt met leeftijd of loopbaanniveau. [2] im In 2006 was twee derde van de hoogleraren vrouw, maar slechts een derde van de hoogleraren professoren kinderloos (zien. Metz-Göckel/Selent/Schuermann 2010). [3] Bij de wetenschappelijk centraal gebouw (in de promotioneel of postdoc-fase). de kinderloosheid van vrouwen nog hoger (75%) - niettemin gezien de lagere leeftijd zijn hier waarschijnlijk enkele kinderen geboren. Ook hier hebben meer mannen dan vrouwen al kinderen, zelfs als de verschil tussen mannen en vrouwen in deze loopbaanfase is kleiner dan bij de professoren. hoe dan ook hebben Ook Heren in dit Statuspassages vaak (nog) geen kinderen (71%). Deze hoge kinderloosheid bekwaamheid onder mannen en vooral onder vrouwen aan Duitse universiteiten de auteurs van de studie over de speciale vereisten en werkgelegenheid voorwaarden in de (Duits) wetenschappelijk systeem opbrengst, de door lange kwalificatietrajecten en overwegend arbeidsovereenkomsten voor bepaalde tijd half de hoogleraarschap gemarkeerd Zijn. Vraag ook zij sinds Einde de 1990 een verslechtering - een "toenemende precarisering" - de algemene voorwaarden voor wetenschappelijk carrières En daarmee toenemen

1   De cijfers hebben betrekking op Baden-Württemberg, Berlijn, Brandenburg, Nedersaksen, Noordrijn-Westfalen, Rijnland-Palts, Saksen en Thüringen, samen goed voor ongeveer 60% van de wetenschappelijke staf van Duitse universiteiten (Metz-Göckel/Selent/ Schuermann 2010:18).

2   Bij de 21- tot 29-jarige wetenschappers was dit geslachtsverschil wel slechts één procentpunt, tegenover zeven procentpunt onder 43- tot 53-jarigen (Metz- Goeckel/Selent/Schuermann 2010: 20).

3   In het onderzoek van Zimmer, Krimmer en Stallmann (2007: 147f.) is "slechts" een vijfde van de hoogleraren, maar de helft van de vrouwelijke hoogleraren is kinderloos. In de laatste was er een opmerkelijk verschil tussen oost en west: terwijl bijna alle (zij het zeer weinige) pro- vrouwelijke hoogleraren die in de DDR waren gepromoveerd hadden kinderen (94%), dit gold voor minder dan de helft van hun West-Duitse collega's (43%). Zie hiervoor de toelichtingen Auteurs in een andere loopbaanlogica voor universitaire loopbanen in de DDR, die dem Het principe van de "tenure track" volgde, in een goed uitgebouwd kinderopvangaanbod evenals in een lagere aantrekkelijkheid van wetenschap als beroep (Zimmer/Krimmer/ stalknecht 2007: 151f.).

"Gekoppeld leeft" in Wetenschap

maak een einde aan kwetsbaarheden, degene die een gezin sticht, opsluit (kan), onbeweeglijk (Metz-Göckel/Selent/Schürmann 2010: 14). Deze bewering wordt vervolgens versterkt dat er geen bewijs is dat het verlangen om kinderen te krijgen bij gekwalificeerde dames verschilt van dat van verschillende dames; in feite hebben de meesten van hen ook eigenlijk twee kinderen nodig (zie Deel 3 in dit boek en Esping-Andersen 2009: 28).

Ondanks het functioneren van tijdontwerpen en de financiële kwetsbaarheden in de wetenschap zijn ook de oriëntatierichtingen van verenigingen tien van onderzoekers niet minder grote variabele hiervoor, als en wanneer kinderen worden geboren. Kinderen zijn voor mannelijke onderzoekers geen probleem "zolang ze zich in hun vertrouwelijke werkverdeling op een gebruikelijke oriëntatie bevinden" (Metz-Göckel/Selent/Schür-mann 2010: 10) - en onmiskenbaar vaker dan dames naar wie ze kunnen terugkeren moeras. Zimmer, Krimmer en Stallmann (2007: 154) laten bijvoorbeeld zien dat mannelijke leraren slechts in individuele gevallen de primaire verplichting hebben met betrekking tot de overweging van hun pre-jongere leerlingen (2%) en slechts een minderheid op externe (private of publieke) mentoring aanbiedingen omgezet naar heeft (7%) At twee derde werd de Kinderen

- "traditioneel" - voornamelijk verzorgd door de partner. bij de prof het was niet verwonderlijk dat het beeld heel anders was. Ze gebruikten ook 40% particuliere of openbare zorgaanbiedingen; bijna een vijfde verzorgd hun kinderen meestal zelf, en minstens nog een vijfde de verantwoordelijkheid voor de kinderopvang werd gedeeld met de partner. Dat laatste is een eerste indicator dat academisch geschoolde mannen ners wordt steeds vaker gevraagd om voor hun kinderen te zorgen of genomen willen worden, zodat ook zij het moeilijker hebben (geworden), de allesomvattende claim van mannelijke gestandaardiseerde wetenschappelijke meer Om te kunnen (of om wil).

1.3 "Linked Lives" - Analytisch kader en vragen van het boek

Samenvattend deze historische en empirische ontwikkelingen feit dat elke tiende paar in Duitsland een academisch paar is is - een trend die zich voortzet met het hoger onderwijs van zowel mannen als vrouwen zal toenemen (vgl. Blossfeld/Timm 2003; Skopek/Schulz/Blossfeld 2009). Ook valt op dat in veel van deze samenwerkingsverbanden de vrouwen vaker aan het werk en de alleenverdienersregelingen zijn aan het tanen, hoewel zij Ook nog steeds altijd niet marginaal Zijn. Eindelijk is naar cons stellen dat ondanks aanzienlijke investeringen in opleiding door beide partners , *sportarrangementen* Nee zijn vanzelfsprekend.

Gezien deze onderzoeksbevindingen en - ontwikkelingen is de centrale De centrale stelling van dit boek is dat de ondervertegenwoordiging van vrouwen in leidende posities in de wetenschap wordt ook veroorzaakt door het feit dat Vrouwen de weg naar een hoogleraarschap in verband met de beroepsloopbaan van hun partner, dat wil zeggen als een *dubbele carrière* , moet slagen (aangezien mannen aan de ene kant zullen waarschijnlijk hun carrière en aan de andere kant een rol niet opgeven ruilhandel en dus discriminatie van mannen is niet wenselijk resulteren in gelijkheid). Bewust van het feit dat de overgrote meerderheid van vrouwen en mannen een partner heeft gemeenschap, afstand doen van een partnerschap voor een carrière, als dit helemaal niet is gunstig, nee gewenst doel zijn.

Duale loopbanen zijn echter onderhevig aan specifieke uitdagingen: aan de ene kant de temporeel-ruimtelijke coördinatie van twee - in de

wetenschappelijke schacht grotendeels langere termijn onzekerder – carrières En aan de andere kant de tegelijkertijd te vervullen vorderingen ten aanzien van partner en, indien van toepassing, ouder schacht. Deze wederzijdse professionele en privé-uitdagingen kunnen de professionele ontwikkelingsmogelijkheden partners meestal de Vrouw
– beperken of helemaal voorkomen. Vandaar de carrièremogelijkheden van (vennootschap gebonden) Vrouwen in meestal naar de wetenschap de kans op realisatie Dubbele carrière gebonden.

In tegenstelling tot andere studies, die of alleen professioneel kijken ontwikkeling van vrouwen (met en zonder kinderen) in vergelijking met mannen of de Arbeidsmarkt- En organisatorische structuren professioneler carrières we nemen daarom systematisch het *paarniveau op* in onze met een. Hiervoor is het niet voldoende om alleen de individuele kenmerken te identificeren tijden van de twee partners in aanmerking worden genomen. Eerder de verwevenheid de professionele ontwikkeling van beide partners en de werkverdeling binnen het gezin ontwikkeling om bijzondere aandacht te schenken aan de dynamiek ervan (vgl. Moen 2003). Deze verwevings- en afstemmingsarrangementen zijn het resultaat en tegelijkertijd centrale beïnvloedende factoren voor hoe paren omgaan met het sociale, cultureel en institutioneel kader in hun professionele en omgaan met gezinsbeslissingen. Zelfs als externe omstandigheden zijn nadelig voor vrouwen – met of zonder partnerschap – dat zijn ze ook ze zijn geenszins deterministisch. Voor vrouwen in partnerschappen betekent dit dat hun carrièremogelijkheden worden beperkt door interne parenregelingen en geslacht terrole toeschrijvingen in van hun Effect versterkt of verminderd worden kan. Welke intra-pair arrangementen zijn er in termen van verweving twee professionele loopbanen en samenwerking met wetenschappers in verschillende loopbaanfasen en welke invloed ze hebben op korte en lange termijn over de carrièremogelijkheden van vrouwen in de wetenschap onderwerp van het boek.

"Gekoppeld leeft" in Wetenschap

Bij het onderzoeken van dit proefschrift of de voorwaarden voor de realisatie ervan van dubbele carrières van academisch geschoolde stellen gaan we uit van één model met drie niveaus, waarin loopbaanfactoren zijn gebaseerd op het individu, extern en paar-intern niveau, de professionele ontwikkeling mogelijkheden de beide partner invloed (zien. Rusconi/Solga 2008; 2010). Loopbaanopstellingen en huwelijksarrangementen van paren Zijn door dit wederkerig interactie de drie niveaus Echter zeker niet stabiel (zie hoofdstuk 2 in dit boek). Ze zijn onderworpen aan die dynamiek. Deze zijn het gevolg van veranderende externe vereisten (door veranderingen op de arbeidsmarkt en organisatie van loopbanen binnen en buiten de wetenschap), via professional Overgangen van één of beide partners, ook door de geboorte van kinderen uiteindelijk door de beëindiging en het nieuwe begin van partnerschappen.

Op de *individueel niveau* invloed processen de professioneel segregatiede carrièrekansen van vrouwen en mannen - ook volledig onafhankelijk van hun betrokkenheid bij een partnerschap (vgl. ook Krimmer/Zimmer 2003). Zoals kort geschetst in paragraaf 1.1, jong ge vrouwen en mannen in hun onderwerpen. Zoals zo vaak in de literatuur bezet is, combineren met deze horizontale segregatie van de academicus ongelijke carrièrekansen op de arbeidsmarkt (verticale segregatieprocessen) in termen van beloning, loopbaanpatronen en doorgroeimogelijkheden (vgl. bijv. Allmendinger/Podsiadlowski 2001; Anger/Konegen-Grenier 2008; Engeland 2005). Toegang voor vrouwen tot leidinggevende functies is ongeveer ook - ongeacht de studierichting - door discriminerende praktijken bekend door werkgevers, bijv. B. door statistische processen Discriminatie, waardoor veralgemeend bij vrouwen uit een laag- er wordt uitgegaan van een hogere productiviteit (vgl. England 2005; Konrad/Cannings 1997; Reskin/Padavisch 1994). De Gevolg Zijn minder mogelijkheden voor Vrouwen bij werving voor of promotie naar leidinggevende functies. Deze horizontale en verticale segregatieprocessen zijn twee verdere segregatieprocessen werden geïntensiveerd: informeel en contractueel verschillen in tewerkstelling van mannen en vrouwen. Laat zo zien Onderzoekt dat professionele netwerken gescheiden zijn naar geslacht En hoog gekwalificeerd Vrouwen minder in de "Hoog vertrouwensrelaties professioneel netwerken inbegrepen Zijn (zien. Allmendinger enz al. 1999; Bij de-sen/Oppen/Simon 1999; Wimbauer 1999). Vrouwen komen niet alleen tekort formaties boven de carrière eisen En -criteria de grotendeels mannelijke selectiecommissies voor het invullen van wetenschappelijke economische posities; niet alleen hebben ze daar minder kans op een "reputatie" die hen kent in wervingsprocedures geeft hen een perceptie mung van hun Diensten En reputatie wint mits. Zij hebben tegelijkertijd minder kans om vertrouwen te wekken, wat echter wel het geval is een essentieel Voorwaarde voor samenwerkingen of een professionele (laad)promotie wel. Daarnaast de professionele ontwikkelingsmogelijkheden Vrouwen worden getroffen door vaak slechtere contractuele arbeidsvoorwaarden. Ze promoveren vaker met een beurs; ze hebben zelden een fulltime baan le (zelfs als u dat wenst); hun arbeidscontracten zijn vaker en korter kortere termijnen dan mannen (vgl. Metz-Göckel/Selent/ Schuermann 2010; Zimmer/Krimmer/Stallmann 2007). Ook dit beperkt hun professionele integratie en professionele ontwikkelingsmogelijkheden (vgl. bijv. Gash/Mcginnity 2007; Webber/Williams 2008).

Deze professionele segregatieprocessen leiden – in

eerste instantie zelfstandig of vrouwen al dan niet in een partnerschap leven - te ongelijk Arbeidsmarkt- En carrièremogelijkheden van Vrouwen En Heren. hoe dan ook die ze nodig hebben voor de interne paarrelaties en verwevingsarrangementen blijven zeker niet onaangetast door twee banen. Omdat deze verschillende loopbaanperspectieven en posities op de arbeidsmarkt tien voor (heteroseksuele) koppelrelaties die carrièrekansen bieden in de Paar zijn ongelijk verdeeld en besluiten in het paar voor of tegen de invloed hebben op de carrières van de een of de ander.

Op *extern paarniveau,* de professionele kansen van vrouwen en mannen beïnvloed door een partnerschap als partner (en eventueel als ouders) leven, zich verplaatsen op de arbeidsmarkt. De Vrijheid van ontwerp en actie voor mannen en vrouwen in partner samenwerkingsverbanden waarin beide partners een carrière (willen) nastreven vanwege de temporele en ruimtelijke, vaak tegenstrijdige professionele vereisten de strijd van de twee partners en de vereisten van het gezin (vgl.Rapoport/Rapoport 1969; zonrt 2005).

Arbeidsgerelateerde ruimtelijke mobiliteit zorgt voor academisch geschoolden Koppels vormen een centrale uitdaging (vgl. Hess/Rusconi/Solga 2011a; Sonnet 2005). Academici verhuizen vaker dan gemiddeld en leven vaker in multilokaal levensvormen (elke dag En weekend woon-werkverkeer en samenwonen) vanwege ruimtelijke mobiliteit een essentieel onderdeel van de professionele ontwikkeling van personen met een een academische graad (vgl. Becker et al. 2011; Büchel/Frick/Witte 2002; snijder et al. 2008). Resultaat zelf mobiliteitseisen op- vanwege twee loopbanen komen deze vaak in conflict met de stabilisatie familie nodig heeft. Het is dan vooral de vrouw die naar haar kijkt Carrière achter de rug – vooral als er kinderen zijn (zie hieronder). En zo blijkt dat vooral vrouwen in partnerschappen vooral bij mensen met kinderen die ofwel minder mobiel zijn dan alleenstaanden of gaan vaker mee met hun partner (vgl. Becker et al. 2011; Schneider et al. 2008).

Een strategie die paren gebruiken bij het omgaan met mobiliteit is daarom vooral om banen te zoeken in regio's waar de twee partners een goede arbeidsmarkt hebben atie belofte (zien. Costa/Kahn 2000; Moen/Wethington 1992). Over het

"Gekoppeld leeft" in Wetenschap

Daarnaast werkgevers (hoger onderwijs le), zoals het delen van banen, dubbel aannemen of ondersteuning bij de zoek naar werk buiten de Universiteit, uit dit Grond in toenemende mate relevant

– zeker op "geïsoleerde" universiteitslocaties. Zelfs als een tewerkstelling op dezelfde plaats kan voordelig zijn voor het partnerschap en het gezin mag, hoeft dat niet noodzakelijk het geval te zijn voor loopbaanperspectieven van beide partners het geval is. Mogelijk de professionele kansen cen een of beide partners elders beter, dus het compromis bij een plek naar leven En naar werk, naar professioneel beperkingen voor één of beide partners leiden en daarmee de realisatie van een lange termijn een dubbele loopbaan kan in gevaar komen (vgl. Rusconi 2002).

Ook op koppel-extern niveau speelt het aanbod van kinderopvang een rol een belangrijke rol. Het hangt er erg van af of en waarin Reikwijdte Koppels met kinderen kunnen zorgvragen externaliseren (zie intra-pair niveau hieronder). Met name in Duitsland is de tongen voor deze erg onvoldoende, daar dag scholen in de Basisschool zijn nog steeds niet de norm, de hele dag kleuterscholen (tot 17.00 uur) in veel plaatselijk en voor de wettelijke uitbreiding van de crèche biedt slechts een doelwit van ca. 35% van de één- tot driejarigen is voorzien. Er is dus een gebrek aan openbare kinderopvang vereist in het algemeen (vgl.

Plantenga et al. 2008) en vooral bij chen who met fulltime en flexibele werktijden van twee veeleisend professionele activiteiten verenigbaar Zijn. In aanvulling is toepasbaar normatief altijd nog steeds de kinderopvang als een verantwoordelijkheid van de moeders, zoals de duidelijke onevenwichtigheid van de geplande partnermaanden, die vadersmaanden genoemd, aangezien het voldoende wordt geacht dat de tweede ouder neemt slechts twee maanden ouderschapsverlof (cf. Henninger/Wimbauer/Dombrowski 2008 net zoals Ook Esping Andersen 2009; Morgan/Zippel 2003).

Met deze algemene voorwaarden worden de Paren - vooral de Vrouwen – loopbaanonderbrekingen of werktijdverkorting naar de compatibiliteit van Beroep En Familie suggereerde. A zo een Verenigbaar- Het kennismodel is echter in tegenspraak met de logica van het carrièrepad in de wetenschap samenleving en de particuliere sector die biografieën over continue werkgelegenheid verwachten tien En vaak Ook leeftijd normen voor de reeks van carrière stappen net zoals de Toegang naar posities erbij betrekken. [4] Maar de Keuze tussen Loopbaanonderbreking of werktijdverkorting lijkt een keuze te zijn gelijk aan cholera en pest. Een loopbaanonderbreking versterkt bijv. B. de veronderstelling van motivatietekorten en versterkt wanneer het treft vrouwen, genderstereotypen; het verhoogt het risico op uitsluiting ses uit professioneel netwerken of de verwijt "verouderd kennis"

---

[4] tot Deel handelingen Het zelf inbegrepen rondom volgens de wet vast normen, Hoe bijv B. de leeftijdslimiet bij de dienstverband.
(zie hierboven: individueel niveau). Een aanzienlijke verkorting van de werktijd (bijvoorbeeld tot 50%) is om

een aantal redenen geen goed alternatief. zichtbaar de carrièremogelijkheden staan voor. Aan de ene kant spreekt tegen deeltijd het fulltime ideaal van wetenschappelijke loopbanen en kan ook gebruikt worden als een motivatietekort worden geïnterpreteerd. Zelfs de vaak voorkomende contractuele chen parttime functies terwijl de Promotie met betrekking tot alleen de Betalen, maar niet de verwachte werktijd. deeltijdse hoogleraren familiale redenen zijn ook schaars. Bestaande parttime Hoogleraren zijn meestal het gevolg van (betaalde) deeltijdbanen tien, zodat de "werkbereidheid" van de eigenaren niet in twijfel wordt getrokken wordt. Voor de anderen wordt deeltijd in de kwalificatie fase beboet, Dan voor de bijtelling van de jaren volgens de twaalfjarenregel schen university is de contractuele arbeidsduur (dwz hoeveel uur gewerkt) irrelevant. Tegelijkertijd wordt de voorziening echter hetzelfde Kwalificatieprestaties in dezelfde periode - ondanks mogelijk verschillende werkuren – verwacht.

Stel de beïnvloedende factoren van het individuele en het paar-extern niveau in de randvoorwaarden waarin vrouwen en mannen in de academische wereld koppel hun – gemeenschappelijke of individuele – familiale en professionele Beslissingen nemen. De genoemde ongelijke behandeling van vrouwen En Heren op arbeidsmarkten, de vaak tegenstrijdig tijdelijk ruimtelijke vereisten van zowel wetenschappelijke loopbanen als de institutionele nel En organisatorisch Voorwaarden van Werk of. Wetenschap en familie leggen wel beperkingen op aan de ruimte voor creativiteit paren, maar op geen enkele manier bedoelen ze noodzakelijkerwijs dat academisch gemengd opgeleide vrouwen in deze paren zien af van hun professionele carrière tien moeten. Hoe de respectievelijk bestaande vrijheid van ontwerp gebruikt wordt, dwz hoe paren omgaan met deze eisen en conflicten is ook afhankelijk van de genderrollen van de twee partners,

de respectieve interpretatie van de externe omstandigheden door de twee partners evenals de bijbehorende en geoefende onderlinge afhankelijkheid en coördinatie arrangementen van het paar.

In dit opzicht *zijn er met het niveau van het interne paar* ook intra-partnerschappen Onderhandelingsprocessen en coördinatiestrategieën met betrekking tot werk – Carrière – Familie in De factuur naar plaats. In hen worden de op de beide voorwaarden gecreëerd op andere niveaus en daardoor verwerkt de potentie van die factoren bij het mogelijk maken of bezig met laden of. preventie van dubbele carrières mede bepaald. Uit de cadeau- de Onderzoek vergunning zelf in dit verband eigenlijk drie verweven van professionele loopbanen in partnerschappen die de paar-interne interpretaties en machtsverhoudingen van de externe carrière Kansen weerspiegelen: a) hiërarchisch, b) individualistisch en c) egalitair manieren van verweven.

"Gekoppeld leeft" in Wetenschap

Met *hiërarchische onderlinge afhankelijkheden* wordt een partner - meestal de man - kende de primaire professionele rol toe, en de andere partner - meestal de vrouw - ondersteunt zijn carrière door verantwoordelijk te zijn voor de privé zaken. Als beide partners in loondienst zijn, is er een definitie van een "leidend" en een "volgend" beroep, het werk eisen op het gebied van werktijden en ruimtelijke mobiliteit/stabiliteit Vereisten de leidend Carrière ondergeschikt worden. De wordt genoemd, professionele beslissingen van ondergeschikte professionele activiteiten worden genomen naar de kijk hoek de Carrière van anderen partners net zoals van samenwonen op dezelfde plaats ontmoet (vgl. bijv. Becker/Moen 1999).

Met *individualistische manieren van verstrengeling* streven beide partners na omdat onafhankelijk van elkaar hun professionele loopbaan. Het partnerschap, dwz de tijd samen en mogelijk op één plek wonen, hier komt een ook een secundaire rol. Relaties over lange afstand of woon-werkverkeer zijn hier mogelijk (hoewel niet noodzakelijkerwijs gewenst) coördinatiestrategie naar kijk naar de carrièremogelijkheden voor beide partners. Met de geboorte van Individualistische coördinatieregelingen verschijnen niet alleen wankelen vanwege deze lokale afstand. Paar-extern als -intern komen met ouderschap, genderspecifieke rolverwachtingen terug naar de Oppervlak. Het is dan aan de twee partners om te beslissen of ze aan de verwachtingen voldoen of dat ze op zoek zijn naar externe of gedeelde opvang op zoek naar kansen. Het onderzoek hier laat die tijdelijke gedachte zien Concessies (meestal van de kant van vrouwen) in deze omstandigheid zijn gigantisch, wat de gok van negatieve roepingsresultaten op de lange termijn weergeeft. komt het op deze manier tot een "vernieuwing" van de gebruikelijke praktijken voor oriëntatie op het toekennen van banen, ook in de kring van deskundigen, dan wordt het op dat moment uiteindelijk een progressief voorbeeld van intra-familiale werkverdeling tussen werk en gezin weg (vgl. Demand/Ernst 2002; Schulz/Blossfeld 2006). dames die een individueel model van afhankelijkheid van kinderen willen behouden of het verlangen om kinderen te hebben uitstellen totdat ze haar roepingsdoelen bevredigt of niet meer in gevaar brengt, zie (verwijs alstublieft naar segment 1.2 en secties 3 en 4 in dit A-boek).

Het is duidelijk ongebruikelijker omdat individualistische methoden om lid te worden het geven, ongeacht de verschillende coördinatieplannen in organisaties. Gezien de omstandigheden lopen ze het gevaar dat de twee handlangers om respectievelijk te leven (in het gevoel van gedeelde algemene setting) het verschil maken wat betreft hun eigen roeping (zie. Bathmann/Müller/Cornelissen 2011; Becker/Moen 1999; Behnke/Meuser 2005). Voor de langdurige erkenning van een vergelijkbaarheid van roeping, organisatie en denkbaar leven als ouder zou daarom zo nodig moeten worden beperkt. van de roepingen van de twee handlangers worden erkend of kunnen op een gegeven moment waarschijnlijk voor het gezin uitgeput raken.

Vragen en opbouw van het boek

De belangstelling voor hoger onderwijs en wetenschapsbeleid in duale loopbanen is dat wel aanzienlijk toegenomen - en er wordt veel gedaan om dit te bereiken. Zo gehad Bijvoorbeeld een groeiend nummer duits universiteiten *dubbele carrières* Oprichting *van kantoren (vgl. bijv.* Gramespacher/Funk/Rothhäusler 2010). Bovendien liegen onderzoeks resultaten naar koppels met dubbele carrière uit de talrijk (ook Duitse) onderzoeken die in de afgelopen tien jaar tot stand zijn gekomen. Dus, voor de een of de ander op dit punt, misschien wel de Stel de vraag: Waarom dit boek? Weten we niet alles al? Het simpele Het antwoord is: we hebben dit boek nodig omdat we lang niet alles weten. Er zijn talloze hiaten in het onderzoek, die we in dit boek niet behandelen kan sluiten. We zullen ons daarom concentreren op enkele, zij het zeer open vragen (moet) beperken. [5]

Onbekend zijn gezien de bovengenoemde spanningsverhouding- verschillende uitdagingen en verschillende beïnvloedende factoren in relatie op wetenschappelijk carrières in (Academische) samenwerkingsverbanden (A) de *Dynamiek van onderlinge afhankelijkheidsregelingen* met betrekking tot werkgelegenheid (alleenstaande vs. tweeverdieners) bij mannelijke en vrouwelijke wetenschappers en (b) welke rol daarin carrière verandert of de geboorte van Kinderspel. De volgende open vragen zijn hiermee verbonden: Zijn dubbel verdienregelingen gemakkelijker in eerdere fasen van de beroepsbiografie bereiken dan in latere, aangezien aan de ene kant de temporeel-ruimtelijke uitdagingen vereisten in de carriere geschiedenis aankomen En aan de andere kant de Gezins- oprichting vaak pas plaatsvindt na professionele vestiging? hoe belangrijk ting is welk verweven patroon de twee partners voor de eerste

Hebben geoefend voor hoe de regeling na de geboorte van het kind kind ziet eruit? En Eindelijk: Vergunning zelf verschillen in verweven ontwikkelingspatronen en hun dynamiek tussen jongere en oudere geboorte jaargangen, en zo ja, leiden ze tot meer gelijkheid tussen mannelijk En vrouwelijk wetenschappers? deze centraal vragen Hoofdstuk 2 van dit boek is hieraan gewijd.

Voor de verbinding tussen kind en carrière lijkt alles hetzelfde te zeggen of te onderzoeken. Maar de volgende zijn nog steeds onbeantwoord Vragen: Welke invloed hebben *de zorgstrategieën die in het paar worden nagestreefd? gi En beoefend zorgarrangementen voor haar Kinderen* op de kennis-academische carrières van vrouwen? Welke onderhandelingsprocessen tussen de beide partners leggen de respectievelijk beoefend zorg patronen eigenlijk omkomen? En zijn de carrièremogelijkheden – zoals velen aannemen – echt beter als de geboorte van het eerste kind wordt uitgesteld is, of zijn de interne zorgregelingen van het paar meer gerelateerd met (extern) zorg diensten door Derde cruciaal? Dit

---

5   voor verder aspecten gelieve te verwijzen Hess/Rusconi (2010); Hess/Rusconi/Solga (2011a, B).

"Gekoppeld leeft" in de wetenschap

Vragen worden beantwoord in hoofdstuk 3. Speciale aandacht zal daarbij – met een vergelijking enerzijds van vrouwelijke wetenschappers met en zonder kinderen en anderzijds door moeders met en zonder carrière – de overkoepelend Vragen gegeven, in welke geval Kinderen niet naar een
"loopbaanonderbreking", maar op een voortzetting van de wetenschappelijke loopbaan re van vrouwen (kunnen) leiden.

In de Onderzoek wordt bovendien altijd nog steeds

van dat ging uit, Dat vrouwen zijn minder carrièregericht of hun professionele succes hierin zien dat werk en gezin gemakkelijk te combineren zijn. Ongevraagde overblijfselen maar waarom vrouwen misschien een andere *definitie van carrière en succes hebben* als mannen. Welke rol speelt het individu en in paren gemaakt Verwerking van externe randvoorwaarden (zie hierboven individueel niveau en match buiten niveau) voor beroepsrichting onderzoekers nee? Dit is het centrale onderzoek dat de makers in deel 4 nastreven. Daarbij kijken ze welke historische richtingen voor Scheidingen van vrouwelijke onderzoekers op het gebied van wetenschapsdruk en regie van gezinsactiviteiten waren. Welke roeping slechte diensten van dames in de wetenschap worden verwacht door dames en hun handlangers, en hoe zou u het aanpakken om uw beroep en leven als team in te richten? Om deze vragen te beantwoorden, deze sectie alleen effectieve vrouwelijke onderzoekers, bijvoorbeeld de individuen die, op het uur van de Between sees een roeping hebben (zie Segment 1.5), vergeleken met elkaar gelijkenissen, maar ook de innerlijke verandering van "effectief" beroep richtingen in het licht van twee of drie groepen sterren en ontmoetingen met de mogelijkheid om externe structuurcondities weer te geven.

Ten slotte komt de vraag naar voren: hoe belangrijk zijn de op gezond verstand gebaseerde voorbeelden op de lange termijn van associatie van eerdere stadia - die in hoofdstuk 2 worden behandeld - voor de latere roeping en kansen op dubbele beroepen van informatiewerkers? Vereist vooruitgang in de wetenschap echt een zorgvuldige normale deskundige geschiedenis à la typische mannelijke memoires? Worden subbrekingen grotendeels beboet? Worden veelzijdigheid of multilokale privéspelplannen gecompenseerd? Om deze vragen te beantwoorden, gaat deel 5 in op de rechtvaardiging van de centrale kwestie: is de "mannelijkheid" van het vrouwelijk leven Is er momenteel de belangrijkste weg naar vooruitgang voor dames, of is er een verleden van de roepingslegende (vgl. Moen 2010; Moen / Roehling 2005) individueel Twee of drie technieken die bovendien open deuren bieden voor damescarrières in de wetenschapsschacht en dubbele beroepen in open paar?

Antwoord hierop Vragen moeten er uiteindelijk ook toe bijdragen erachter te komen welke nuttige omstandigheden of "prestatievoorwaarden" uit de wetenschap - normale beroepen van dames - en de bijbehorende dubbele beroepen - zijn en in hoeverre factoren die we vaak als bijzonder belangrijk beschouwen misschien zijn niet zo belangrijk.

1.4 Verbonden levens door wie? - Gegevensbasis vanboek

Het boek is gebaseerd op een unieke database bestaande uit kwantitatief vijf en kwalitatieve interviews die werden verzameld als onderdeel van het project de. Voor het beantwoorden van onze onderzoeksvragen en het afsluiten van de onderzoekslacunes die hierboven zijn genoemd, is het enerzijds noodzakelijk om wetenschappers hebben die in een paarcontext leven, en aan de andere kant om informatie over beide partners te hebben, wat de partners respectievelijk zelf gegeven worden. Direct informatie voor de Levensloop van de partners vóór het partnerschap evenals subjectieve beoordelingen tongen met betrekking tot arbeidsverdeling of carrière ambities kan niet uit
"derde hand" krijgen. Een dergelijke dataset bestond eerder in de Bondsrepubliek niet.

Er zijn nu een aantal kwalitatieve onderzoeken naar dubbel pels carrières of. naar de Vervlechting van professionele loopbanen in partnerships (vgl. bijv. Behnke/Meuser 2005; Dettmer/Hoff 2005; Hirseland/Herma/ Schneider 2005; Wimbauer 2010). Hun betekenis is echter vanwege het meestal zeer kleine aantal gevallen en de zeer specifieke aard van elk geval monsters beperkt. De bestaande populatie-representatieve gegevens straffen zijn ook niet voldoende om dubbele loopbaan te onderzoeken maat. Hoewel de microtelling een zeer groot aantal gevallen biedt (ook bij Aka- demische paren), Het geeft Echter nauwelijks informatie naar de identificatie van *Dubbele loopbaan* of de werkplek van beide partners. door zijn dwars gesneden ontwerp, overnameconstellaties in partnerschappen zijn ook alleen als punctueel fenomeen detecteerbaar. Onderhandelingspro- gramma binnen het partnerschap processen en besluitvormingssituaties kunnen niet worden gereconstrueerd. Voor de Onderzoek van academische partnerschappen is de aantal gevallen in de bestaande representatieve longitudinale studies, dwz in de socio-economische schen Panel (SOEP) van het Duitse Instituut voor Economisch Onderzoek of in de Duitse levensloopstudies van het Max Planck Instituut voor Onderwijs onderzoek, te weinig. Bovendien zouden ze dat meestal doen als het aantal gevallen hoger was niet helpen, omdat bijv. B. Huisvestingsregelingen van de twee partners in worden niet verzameld in verband met de twee professionele biografieën of werd. Vooral dat laatste kan echter worden beschouwd als een centraal onderdeel van intern vennootschap verweven arrangementen niet buiten beschouwing toegestaan zijn (zie hoofdstuk 5 in dit boek). Verder het gemiddelde het voeren van onafhankelijke kwalitatieve interviews met wetenschappers hun partners - teruggekoppeld naar een groter aantal gevallen - niet mogelijk geweest.

"Gekoppeld leeft" in de wetenschap

voorbeeld ontwerp En inhoud de kwantitatief vragenlijst

Maar het verzamelen van je eigen data is makkelijker gezegd dan gedaan. Want er is geen register voor wetenschappers - en zeker niet niet een, in naar de de partnerschapsstatus geregistreerd waren –, op van wie Op basis daarvan zou een steekproef mogelijk zijn geweest. In het project daarom hebben we de volgende weg gekozen: het onderzoeksinstituut Infas Bonn heeft in de zomer semester 2008 een onderzoek de mappen van medewerkers op de websites van 18 geselecteerde universiteiten (in grote steden en middelgrote steden met grote universiteiten). voor een groot aantal sociale, technische en natuurwetenschappelijke afdelingen (zonder medicijnen) een lijst van personen en een (voor zover mogelijk eerste) classificatie volgens loopbaanniveaus. Op deze basis gevolgd een willekeurige trekking binnenin de na Geslacht, Carrièreniveau, dicipline en regionaal context gedefinieerde cellen (zie tafel 1.1).

In het wintersemester 2008/09, a gestandaardiseerd telefoon Levensloopgesprek (CATI) van infa uitgevoerd in Bonn. Alleen wetenschappelijke medewerkers werden ondervraagd van universiteiten die al minimaal twee jaar een permanent samenwerkingsverband hebben schacht leefde En van wie Partners (voor de tijd van gesprek) OokA had universitaire diploma's.

In de telefonische interviews werd gedetailleerde informatie over alle leerlingen verzameld over school- en universiteitsdiploma's en voor de periode vanaf het hoofdcollege-diploma tot aan het uur van de vergadering en van maand tot maand. Exacte gegevens over bewegingen van elk soort levensverhaal van de expert (incl. storingen door opvoeden van jongeren, werkloosheid of verschillende oefeningen tien) en alle verenigingen en kinderen (gegevens onthouden voor jeugdzorg tot voor de 6e leeftijd). Bovendien houdt deze expert bij elke aflevering rekening met het transcendente privé, winstgevende loon en krijgt hij wat informatie over het plan voor werkverdeling van het paar; verdere subtiliteiten focale systeemcondities en keuzegroepen van sterren.

Veel van deze gegevens kunnen niet of niet solide zijn (zonder "legitimatie" processen) review, dat wil zeggen in het kennen van het verleden, aan de orde gesteld worden. Daarom werden onderzoekers beoordeeld op vier beroepsniveaus, zo "dichtbij" mogelijk om de afzonderlijke keuzeomstandigheden te zijn:

1. niet afgestudeerde vertegenwoordigers (PhD-studenten);

2. doctoraat, waarvan de voortgang de meest extreme drie jaar bleef hangen

3. doctoraat, waarvan de voortgang meer dan drie jaar is achtergebleven en junior-docenten;

4. Hoogleraren (C3/C4 en W2/W3).

Aangezien de gegevens over de vereniging niet en op het beroepsniveau niet algemeen actueel of duidelijk op sites open zijn, werd over een korte startscreening gegarandeerd dat het individu voldoet aan de examenmaatregelen (logische vertegenwoordiger van deze hogescholen, gedurende maar liefst twee jaar in een organisatie met iemand die eveneens op school is onderwezen medeplichtige levend en karakterisering in een van de vier beroepsniveaus). kon bovendien een telefoonnummer aan haar partner geven teln (aangezien het partnergesprek ook belangrijk was voor het onderzoek, zie boven). Indien dit het geval was, is een (volledig) interview afgenomen. Nadat het gesprek is afgerond, gaat de partner voor de vaste gestandaardiseerd partnergesprek en de doelgroepen voor een kwalitatief tieven Interview geselecteerd (zie hieronder).

Tabel 1.1: Gerealiseerde interviews met wetenschappers en hun Partners op carrièreniveau, geslacht en discipline (absoluut aantal)

M = Heren, F = Vrouwen
Bron: dossier "Samen Carrière maken"; eigen berekeningen

Voor elk van de vier carrièreniveaus waren er voor mannen en vrouwen en de drie Vakgroepen elk 30 of voor hoogleraren 35 standaard ted Sollicitatiegesprekken gericht op (in totaal 750 Sollicitatiegesprekken). In aanvulling zou moeten Met hun partners worden 500 gestandaardiseerde interviews afgenomen. realiseerde werd uiteindelijk 767 Sollicitatiegesprekken met wetenschappers En 552 met hun partners. Niet alle groepen konden dat echter doelaantal gevallen kan worden bereikt (zie tabel 1.1). Dit geldt in het bijzonder vooral de groep vrouwelijke hoogleraren technische wetenschappen (at die de universum al extreem klein is) net zoals de groep de

"Gekoppeld leeft" in Wetenschap

Wetenschappers die niet langer dan drie jaar geleden gepromoveerd zijn. laatst tere kon grotendeels met interviews van het doctoraat, hun doctoraat meer dan drie jaar geleden, gecompenseerd te worden.

De plaats van tewerkstelling en de tewerkstelling of niet-tewerkstelling van de Partners de ondervraagd wetenschappers moest niet in de op de universiteit of in de academische wereld zijn. Dit betekent dat heel anders De constellaties worden vergeleken: beide partners in de wetenschap (wetenschappelijk homogene koppels); één partner binnen en één buiten de wetenschap senschaft in loondienst (beroeps heterogene koppels); een partner in de wetenschap samenleving en de andere niet-werkende partner (alleenverdieners in de Wetenschap). Worden niet in aanmerking genomen in onze analyses - als ze zelf op de Ontvang de tijd van het interview – dus "alleen" tweeverdiener en eenverdienersparen buiten de academische wereld, evenals paren waarin beide partner niet in dienst Zijn. Alles dit sterrenbeelden kan niettemin voor de periode *vóór* het interview ook in het geval van de tien verschijnen in paren en daarmee rekening mee gehouden worden.

Hetzelfde geldt voor het selectiecriterium "Leven in een maatschap". Ten tijde van het interview hadden de wetenschappers die we interviewden een partnerschap voor minimaal twee jaar. Daarmee is het echter niet afgelopen uit, Dat zij in de keer voor met tussenpozen geen partner had. In de Gegevens-De enige gegevens die niet zijn opgenomen, zijn degenen die op het moment van het interview dat ook niet deden tijdelijk geen partner had of (tot het moment van het interview) nooit samenwoonde. Hoe groot dit aandeel is, is moeilijk te zeggen schatting, omdat er geen betrouwbare database is om dit te berekenen (zie hierboven). Desalniettemin, gezien de wildgroei aan partnerschappen Ook voor universitair afgestudeerden kan worden aangenomen dat met deze referentie steekproef A substantiëler Deel de bij hogescholen werken Kennis- schafler En de meerderheid de daar maken wetenschappers opgenomen worden (zie paragraaf 1.2).

De gestandaardiseerd Levensloopgesprekken werd voor de Hoofdstuk van boek in diverser Manier beschrijvend En multivariaat geëvalueerd. Inbegrepen vergunning zelf twee belangrijk evaluatie strategieën differentiëren:

(a) *historisch* evaluaties voor de individueel carriere geschiedenis de Wetenschappers of over de verwevingsregelingen in het paar (bijv gerealiseerd als distributiegrafieken van het betreffende individu of in paren Loopbaanstatus gedurende een bepaalde periode en evaluaties met behulp van sequentie- en regressieanalyses) en (b) *gebeurtenisgerelateerde* evaluaties (bijvoorbeeld tot een doctoraat of een van de volgende carrièrestappen in de Postdoc-fase – zie paragraaf 1.5 - ook bij de introductie van jongeren).

Bij de verhelderende beoordelingen - voor zover het geen subject-expliciete vissen zijn - werd door een vergelijkende weging rekening gehouden met de verschillende casusnummers voor de drie aanwezige disciplinegroepen. Bezo gen z. B. op het algemene voorbeeld zijn bij de dames uit de natuurwetenschappen logische vakken met 139 bijeenkomsten een groter aantal bijeenkomsten dan bij de sociologie (128) en specialistische wetenschappen (96) chern. Bij mannen is er een klein leeuwendeel van de sociologie schaftler (140) in tegenstelling tot de gespecialiseerde en reguliere onderzoekers (134 en 130). Vergelijkbare tegenstellingen doen zich bovendien voor wanneer individuele roepingenbijeenkomsten of alleen die gevallen worden beoordeeld waarin bijeenkomsten van de partners toegankelijk zijn. Gezien de verschillende beroepsredenen in deze drie vakbijeenkomsten (vgl. Hess/Rusconi/Solga 2011a), leidt een ongewogen gebruik van de informatie in onmiskenbare onderzoeken tot de Rationales van de disciplines die met hogere casusnummers worden aangesproken, door zouden raken en in deze manier waarop de generaliseerbaarheid zou worden beperkt. In de boeiende onderzoeken gaan we in op de afzonderlijke gevallen van de drie disciplines, dus met een ander gewicht, wat garandeert dat geen enkele bijeenkomst te zwaar is of dat elk van de drie bijeenkomsten op dezelfde manier bijdraagt aan het resultaat. Bij de multivariate onderzoeken wordt dit inconsistente aantal gevallen door het beoordelen van vergelijkingscoëfficiënten goed overwogen.

Ontwerp En inhoud de kwalitatief vragenlijst

Het tweede deel van het project was een kwalitatief onderzoek met een Selectie uitgevoerd door wetenschappers en hun partners. Tegen- De status van deze kwalitatieve interviews waren het subjectieve planningsgedrag, de actiestrategieën en evaluatiedimensies van de interne partner, de onderhandelingsprocessen in het paar, evenals de anticipaties, interpretaties en Verwerking van de institutionele omgevingsfactoren van wetenschappelijke loopbanen tussen partnerschap en gezin. Aan het einde van de *standaard* Daarom werden alle gesprekspartners *verspreide levensloopgesprekken* rondom haar goedkeuring naar een verder vragenlijst vroeg. De toegekend 96% van de wetenschappers en 97% van de heel hoog. Uiteindelijk is de echte bereidheid om deel te nemen aan een kwalitatief interview wat lager. Van de 47 kennis arbeiders zou kunnen 33 voor A interview won worden. Over het Daarnaast zijn er zoals gepland twaalf interviews gehouden met partners uit deze wetenschap voerde uit.

Alle wetenschappers die bereid waren deel te nemen aan het panel waren dat steekproefprocedures geïntroduceerd bij de selectie voor de kwalitatieve interviews inbegrepen. De daarin gedefinieerde groepen contrasteren theoretisch Netjes vastgelegde criteria, met een variatie op deze categorieën maximale heterogeniteit van de kenmerkcombinaties wordt weergegeven in de steekproef ("model van opzettelijk bemonstering van heterogeniteit" na Campbell/kok 1979). Na naar de van Glaser/Strauss (1967) geformuleerd verzadigingsprincipe

"Gekoppeld leeft" in Wetenschap

voor kwalitatief Sollicitatiegesprekken voldoen tien voor twaalf themagericht onder standpunten met experts op het te onderzoeken onderwerp, als verdere inter- weergaven bieden geen aanvullende informatie die relevant is voor het onderwerp. Dit Vergelijkingsgroepconstructie maakt later contrasterende casestudy's mogelijk dezelfde bepaalde subgroepen (vgl. Kluge/Kelle 2001).

hoofdkwartier selectiecriteria waren de Paar carrière sterrenbeeld voor de Tijdstip van interview en aansluiting bij discipline. bij het koppel carrière constellatie (voor de interview tijd de gestandaardiseerd huwelijk beweging) onderscheiden we de volgende groepen: (a) vrouwelijke wetenschappers, bij die beide partner een Carrière hebben (d.w.z koppels met een dubbele carrière, n=15), (b) vrouwelijke wetenschappers, waar alleen de man (n=9) of (c) alleen de vrouw had een carrière (n=9). Van de 33 geïnterviewde vrouwen en waren elf vrouwelijke hoogleraren, 24 van de vrouwen hadden kinderen en negen hadden (nog) geen. Daarnaast is de vak- en beroepenveldconstellatie van de paren ten tijde van het gestandaardiseerde interview. 14 vrouwen met een wetenschappelijk homogene partner en 19 Geïnterviewde vrouwen met een professioneel homogene partner. meeste kennis op het moment van het interview deel uitmaakten van de groep pro-gepromoveerd, wiens doctoraat meer dan drie jaar geleden was. Over en voorbij Ook 'frisse' doctoraten (loopbaanniveau 2) en vrouwelijke hoogleraren werden het ondervraagd.

De geïnterviewde partners van twaalf van deze wetenschappers waren geselecteerd op basis van de volgende criteria: Leeftijd tussen 30 en 49 jaar (of geboren tussen 1960 en 1979), van dubbele carrière en enkele carrière zowel paren als paren met een typische en egalitaire taakverdeling in huiszojuist. Daarnaast zijn alle drie de disciplinegroepen en partners betrokken professionele activiteiten binnenkant en buitenkant van wetenschap vertegenwoordigen Het onderzoek van de kwalitatieve interviews volgde de strategie die was gecreëerd in de SFB 186 ckelten-techniek voor probleemgerichte interviews (vgl. Witzel 2000). Op basis van een assistent met een inventarisatie van punten die ervoor zorgt dat alle fascinerende onderwerpen worden behandeld en, indien nodig, follow-up wordt gevraagd, dit soort interview maakt het mogelijk om te focussen op vooraf gekarakteriseerde takken van kennis en beïnvloedende factoren. Door open verhaalprompts te verbinden met dialogische testarrangementen, biedt de Aansluiting op specifieke roeping- en organisatiefasen deze interviewstructuur voldoende ruimte voor zelfpromotie van de geïnterviewden. Over het geheugenwerk en het recreëren van de echte volgorde van het beroep en de relatie die geleidelijk aan gemakkelijker wordt in de vergadering, is afgezien van de informatie van de kwantitatieve studie die voor elke geïnterviewde individuele geschiedenis is gemaakt. De bijeenkomsten richtten zich op de geregistreerde groeperingen, de geïntrigeerde (institutionele) schijn

"bepalende momenten" en andere emotioneel kritische "bepalende momenten". Deze procedures, de op het archief gebaseerde samenvatting, maken een over het algemeen uitstekende associatie mogelijk met kwantitatieve levensgeschiedenisinformatie en subjectieve ontwerpen van belang.

hoofdkwartier kenmerken de ondervraagd wetenschappers

Ten tijde van het interview waren de gestandaardiseerde ondervraagde wetenschappers punt ooit na Carrièreniveau (in de mediaan) tussen mager 29 En 54 jaaroud (Tabel 1.2). Bij de professoren gaf Het duidelijk leeftijd schiede: Vrouwelijke hoogleraren waren gemiddeld zes jaar jonger dan mannelijke hoogleraren (dit wijst op een nog grotere ondervertegenwoordiging van vrouwen in vroeger generaties). Bij de eerste universitaire opleiding waren het de mannen Wetenschappers op alle loopbaanniveaus gemiddeld 26 jaar oud, een jaartje jonger lopen. In de mediaan, de wetenschappelijke studenten en professoren van begin dertig, dus ongeveer vijf jaar later (eerste) universitair diploma, doctoraat. Ook hier was er nauwelijks sprake van geslacht verschillen. Bij de habilitatie is de situatie anders. Ze was van de Hoogleraren - mediaan - 14 jaar na afstuderen ben, door de vrouwelijke hoogleraren na 15,5 jaar.

De *mediaan* geeft informatie over de leeftijd, tot in aanvulling bij 50% van monsters de respectievelijk "Gebeurtenis" heeft plaatsgevonden. In tegenstelling tot het rekenkundig gemiddelde (gemiddelde) is de mediaan niet vatbaar voor extreme gevallen. Daarnaast laat hij evenementen toe die (nog) niet bij iedereen personen van monsters gebeurd hebben (bijv B. geboorte van Eerst kind of revalidatie), de geheel steekproef voor de berekeningen naar rekening houden met.

M = Heren, F = Vrouwen

Bron: dossier "Samen Carrière maken"; eigen berekeningen

"Gekoppeld leeft" in Wetenschap

Zoals de duur van de partnerschappen ten tijde van het interview laat zien, is het acteren zijn langdurige koppelrelaties. De gehechtheid aan een partner was al wijdverspreid aan het begin van iemands professionele carrière. Bijna drie vier een deel van alle wetenschappers leefde al toen ze hun eerste universitaire graad behaalden in een maatschap; bij driekwart van hen duurt (deed) het tot de inter- tijd bekijken. De ondervraagde vrouwelijke wetenschappers leefden iets vaker in een partnerschap dan hun mannelijke tegenhangers (78% vs. 71%) iets vaker met dezelfde partner tijdens hun - vanaf de eerste Universitair diploma geobserveerd tot het moment van het interview - professional carrière (79% van de vrouwen versus 74% van de mannen). Dit hoge aandeel van (lange tijd) partnerschappen is gedeeltelijk de voorbeeld constructie verschuldigd. Mensen die nog nooit of langer in een maatschap hebben gewoond Tijden zonder partner waren, hadden geen of statistisch lager Kans om als doelpersoon in het onderzoek te worden opgenomen (zie boven). Toch is dit geen tekortkoming voor de analyses, aangezien het juist met de verweven van professionele biografieën *in de vennootschap* A onderzoekstekortbestaat (zie sectie 1.3) en dit de onderwerp van het boek is.

De wetenschappers waren ongeveer 23 Maanden (mediaan) jonger als hun partners, wetenschappers daarentegen, elf maanden ouder dan hun partners- naar. Bij de helft van de wetenschappers studeerde de partner nog toen hij hun studie al hadden afgerond (vs. 31% van de vrouwelijke wetenschappers, de naar tijd van de universitaire opleiding van hun partner).

Wat de kinderen betreft, waren er alleen duidelijke onder de professoren Verschillen: 85% van de hoogleraren was vader (gemiddeld twee kinderen dern), maar "slechts" 61% van de vrouwelijke hoogleraren had (gemiddeld) een kind. Driekwart van de gepromoveerde wetenschappers had er (minstens) een Kind; van de promovendi daarentegen heeft driekwart er (nog) geen (biologische) kinderen. Voor de tijd van de geboorte van het eerste kind is er hetzelfde voor jou duidelijk verschillen net zoals tussen de als Ook binnenin van de loopbaanfasen: 50% van de gepromoveerde vrouwen had hun eerste kind tegen zeven jaar na haar eerste universitaire opleiding en dus twee jaar eerder dan hun mannelijke tegenhangers. Daarentegen is de pro- fessorinnen de geboorte van het eerste kind gemiddeld twaalf jaar later academische graad en daarom vier jaar later zoals bij jouw collega's in plaats daarvan.

Deze verschillen tussen de loopbaanfasen zijn een verdere wijst erop dat vrouwen met kinderen het moeilijker hebben in de wetenschap. De vermindering van het aandeel kinderen, evenals de toename van de leeftijd, wanneer deze kinderen werden geboren bij de vrouwelijke professoren in vergelijking met de Afgestudeerden zijn indicatoren dat postdocs vrouwelijke wetenschappers zijn met (vroege) kinderen minder kans hebben op een hoogleraarschap Heren.

Deze interpretatie lijkt passend als het leeftijdsverschil verschilde alleen tussen de vrouwelijke promovendi en vrouwelijke hoogleraren gemiddeld tien jaren bedraagt (gelieve te verwijzen Tafel 1.2). Daarmee waren Het erg vraag lich, dit verschillen als "Generatieverschillen" naar interpreteren. De bevindingen voor de (oudere) vrouwelijke hoogleraren zijn dan ook niet alleen op hen gericht beperken. Integendeel, ze kunnen ook worden gebruikt om een meer frequente "Aus- rose" uit de wetenschap van vrouwen met kinderen in de (jongere) pro- verhuisd anticiperen (zie ook hoofdstuk 3 hierin Een boek).

zinvolheid de data

De Gegevens, gebruikt voor de analyses in dit boek niet representatief voor alle academici aan Duitse universiteiten. Om het positief te zeggen, sta de resultaten voor het volgen Groepen mensen:
- Personen met een hbo-opleiding die op zijn minst een bepaalde hebben Tijd (in ieder geval op het moment van het interview) bij een van de 18 geselecteerde Universiteiten (in Groot en middelgrote steden) waren bezig;
- Wetenschappers die een samenwerking van minimaal twee jaar hebben gehad met een ook academisch had goed opgeleide partners;
- wetenschappers uit disciplines de Technologie-, Natuur- En Maatschappijwetenschappen (om redenen van anonimiteit onthouden wij ons van gegeven kwalitatieve interviews over de naamgeving van de geselecteerde specialisaties op dit drie disciplinegroepen).

Deze werkgroep is verantwoordelijk voor het beantwoorden van de hierboven geformuleerde vragen Vragen van het boek over *wetenschappelijke carrières in (heteroseksueel) samenwerkingsverbanden* zeer geschikt. [6] De afweging van de drie disciplines nen – technologie (sterk door mannen gedomineerd), natuurlijk (door mannen gedomineerd) en Sociale wetenschappen (gemengd tot door mannen gedomineerd) – beschermt ook tegen disciplinaire verkortingen als gevolg van verschillende loopbaanlogica's of geslacht proportioneel werkelijkheden.

Sommige passen ook bij deze constructie van de onderzoekspopulatie beperkingen. Ten eerste hebben we te maken met meer positiefs keuze van mensen met betrekking tot het verblijf in de wetenschap. Alle Mensen die – om wat voor reden dan ook – in het algemeen tegen de de wetenschap heeft besloten dat ze niet in de steekproef zijn opgenomen (hoewel "Repatrianten" zijn inbegrepen die af en toe - vóór het overzicht - niet in de wetenschap zaten). De exit uit de wetenschap kan dus niet zonder meer worden geïnspecteerd, maar uitsluitend door het contrasteren van mannelijke kwaliteiten komen de bijeenkomsten van promovendi, postdocs en docenten voor (zie het model hierboven voor jongeren). Er moet aan worden herinnerd dat onderzoekers die (nog) nooit een vereniging hebben gehad of wiens handlanger geen universitair diploma heeft, niet essentieel zijn voor de bevolking (zie hierboven). Trouwens hebben in ons voorbeeld

6 interviews met onderzoekers in dezelfde twee of drie connecties blijven in het licht van de te lage cijfers in de examens die dit boek heeft afgewezen.

"Gekoppeld leeft" in Wetenschap

meer wetenschappers kinderen dan in andere studies, aangezien we alleen die hebben die in een maatschap wonen en dat dus vaker zullen doen waarschijnlijk ook kinderen krijgen als alleenstaanden. Eindelijk kunnen we derde worden doe geen uitspraken over de geesteswetenschappen en culturele studies en ook niet over kleine universiteiten waarin niet alle drie de disciplines vertegenwoordigd zijn, en naar kleinere steden. Hier geen rekening mee houden is pragmatisch voor onderzoek cale redenen, dwz de kostenbeperking met betrekking tot het aantal zaken, verschuldigd.

1.5   Duale carrière - wat is het?

In zowel oudere als recentere studies *worden koppels met een dubbele carrière* zelden expliciet gemaakt en uniform gedefinieerd en geoperationaliseerd (vgl. Hiller/Dyehouse 1987; Saraceen 2007). Met het is de vergelijkbaarheid meer anders voor Onderzoeksresultaten over verschillende studiepopulaties en de In de loop van de tijd slechts beperkt mogelijk. Dit feit is Echter minder een "Onzorgvuldigheid" de onderzoekers verschuldigd liever grotendeels het echte probleem om te definiëren wat werkelijk is is een carrière (vgl. Moen 2003; 2010), en daarbij ook wat een dubbele loopbaan is. In dit opzicht zullen we geen universeel geldige worden definitie geven kan, hoe dan ook zou willen Wij ons definitie openbaren rechtvaardigen.

Laten we eerst eens kijken naar de tekortkomingen van de bestaande definities of operationalisaties van dubbele carrières gevoelig. Eerst worden (nog) vaak *tweeverdienersparen* met *tweeverdieners* gelijkgesteld (vgl. bijv. Aldous 1982; Bernasco/De Graaf/Ultee 1998; Bloss- feld/Drobnič 2001). Dit betekent dat elke deelname aan (betaalde) betaalde arbeid – ongeacht niveau, loopbaanniveau of andere kenmerken van de uitgevoerde activiteit - een "carrière".

Ten tweede, zelfs in studies die een dergelijk onderscheid maken, zijn die er geen uniforme criteria voor het definiëren van een *loopbaan* . Gebruikt zeer verschillende structurele kenmerken van de werknemers bekwaamheid, zoals professionele positie (vgl. bijv. Gross 1980; Lucchini/Sarace- no/Schizzerotto 2007), het vereiste opleidingsniveau om a activiteit (vgl. bijv. Rusconi/Solga 2007) of het uitoefenen van een beroep (vgl. bijv. Bryson/Bryson 1980; Dettmer/Hoff 2005; Poloma/Pendelton/Gar- land 1981).

Ten derde worden subjectieve indicatoren vaak echte indicatoren carrière afgeleid. Dit is hoe sommige auteurs carrière definiëren op basis van subjectieve loopbaanattitudes of -ambities - vaak samengevat onder naar de Uitdrukking van "functie inzet" (voor een kritiek gelieve te verwijzen Hiller / Dye-huis 1987; Levy/Bühlmann/Widmer 2007) - en stel dit met de werkelijkheid gelijkstelling van loopbanen.

Ten vierde wijzen sommige auteurs daar terecht op Carrières moeten niet statisch, maar dynamisch als één geheel worden gedefinieerd ontwikkeling, wat echter zeer zelden gebeurt. Daarom moet de kaart definitie van de overweging van de (vorige) algemene biografie en zijn Inclusief cumulatie en richting van ontwikkeling (vgl. Bielby/Bielby 1984; Hiller en Dyehouse 1987; Levy/Bühlmann/Widmer 2007).

Deze verscheidenheid aan definitiecriteria en hun operationalisering is ook aan de oorspronkelijke loopbaandefinitie van Rapoport en Rapoport (1969). Definieer dubbele carrières in de eerste post ze carrières (in tegenstelling tot werkgelegenheid) als "banen die hoog zijn ly saillant persoonlijk, hebben A ontwikkelingsstoornissen reeks ander vereisen A hoog mate van betrokkenheid" (Rapoport/Rapoport 1969: 3). In de vorige Bij de berekening wordt echter alleen rekening gehouden met individuele afmetingen, en slechts zelden wordt de multidimensionale aard van loopbanen hier geformuleerd geïmplementeerd.

Daarnaast wordt besproken of duale carrières van toepassing zijn op *koppels* of betrekking hebben op *gezinnen*. De titel van de eerste studie van Rapoport en Rapoport (1969) over dubbele carrières verwees niet naar het koppel maar naar "The Dubbel carrière *gezinnen* ". Hier onderzocht zij Dus koppels, bij die beide (huwelijks)partner een Carrière *En* ten minste A kind had. Een nieuwer studie definieert kinderen als een *voorwaarde* voor een dubbele loopbaan - met de rechtvaardiging men dat alleen door "de bijbehorende taken en het 'gezin' arbeit'" zouden de professionele carrières van beide partners moeilijk te realiseren zijn (Cle- ment/clemens 2001: 255). Uit dit perspectief hebben Wij Het zo te zeggen met een dubbele dubbele loopbaan naar Doen: de realisatie twee Beroepsloopbanen en hun verband met de geboorte en opvoeding van kinderen. Dit definitie is Echter uit twee Gevonden problematisch. Eerst wordt ermee de relatie en het huishouden van paren zonder kinderen a priori als "a academisch vak" gedevalueerd; ten tweede wordt op dit Manier normatief set, Dat Kinderen behoren tot een (perfecte) koppelrelatie, want kinderloze koppels zou kunnen door definitie Nee dubbele carrière hebben. Het geeft Dus Maar niet alleen talloze studies voor verschillende landen die aantonen dat de Geboorte van kinderen, kansen van vrouwen op betaald werk en Loopbanen – en daarmee de kans op dubbele loopbanen – verlaagd (vgl. bijv. Levy/Bühlmann/Widmer 2007; Levy/Ernst 2002; Luc- Chini/Saraceno/Schizzerotto 2007; Rusconi/Solga 2007; Schulz/Blossfeld 2006). Er is net zo veel bewijs dat de onderlinge afhankelijkheid van twee professionele biografieën *zonder* kinderen is noch vanzelfsprekend noch vanzelfsprekend ongecompliceerd of. altijd succesvol is (zien. bijv. B. Becker/Moen 1999; Bielby/Bielby 1992; Hertz 1986; Klein 1996; Rusconi/Solga 2007). De vaak met carrières verwant vereisten in tijdelijk En ruimtelijker Daar-

"Gekoppeld leeft" in Wetenschap

Zichtbaarheid is niet alleen een grote uitdaging voor koppels als ze kinderen zijn (gelieve te verwijzen Artikelen 1.2 en 1.3 en de verder hoofdstuk van dit boek).

definitie van loopbaan en duale loopbaan in dit Een boek

gegeven dit onderzoek En discussie situatie differentiëren Wij in dit Een boek expliciet tussen werkgelegenheid En Carrière. De naaktheid Hoewel betaald werk een noodzakelijke vereiste is, is het niet voldoende kenmerkend voor het bestaan van een carrière. Voor deze sub echtscheiding gebruiken wij hanteren de volgende criteria.

Als Eerst moeten Het zelf rondom de oefening een *educatief voldoende* activiteit, dwz de uitgevoerde activiteit moet overeenkomen met de eerder verworven activiteit wedstrijd kwalificaties. Hierbij gaat het niet om het inkomen, maar om de functieinhoud besluitvol. ten tweede is – Hoe al van rapport En rapport (1969) uitgevoerd

– het vooruitzicht op *professionele (verdere) ontwikkeling* is belangrijk. carrières binnen verschillend beroepen, gebieden van activiteit En economische sectoren gevolgen dat is verschillend logica's En Vereisten met betrekking tot loopbaanpatronen en professionele culturen; Wat ze echter allemaal gemeen hebben, is dat ze inclusief doorgroeimogelijkheden. Dit komt ook overeen met de loopbaandefinitie van het woordenboek van een (snelle, succesvolle) professionele carrière, een professionele vooruitgang en het onderliggende Frans Woord "carrière" (circuit, carrière) (vgl. Drosdowski 1989). overeenkomstig Dienovereenkomstig moeten loopbanen *longitudinaal worden gedefinieerd om* Ven en opwaartse veranderingen in *kwalificatie , professional om positie* en *sociale vooruitgang te kunnen observeren* . het bestaan een carrière zijn gaat dus uit van de gerealiseerde professional Ontwikkeling of het vooruitzicht daarop *volgens* het leven. of beter gedefinieerd door deze institutionele leeftijd (zie hieronder). Zo zou bijv. B. een plaats innemen van de wetenschap waarop gepromoveerd kan worden, vijf jaar later Studie afronden in lijn met je loopbaan, maar niet tien jaar later.

Kinderen net zoals "functie inzet" En carrière ambities worden als definitie criterium van ons niet rekening mee gehouden. Zij kan zeker vertegenwoordigen belangrijke beïnvloedende factoren voor het realiseren van loopbanen - wat zou echter empirisch moeten worden getoetst (Levy/Bühlmann/Widmer 2007: 264; zie ook hoofdstuk 3 en 4 in dit boek); ze definiëren zichzelf echter niet, als een professioneel, in de zintuigen een carrière is succesvol of niet.

Deze overwegingen resulteren in de volgende operationalisering van de Carrièreconcept in dit boek, dat ook is gebaseerd op de verzamelde gegevens gestandaardiseerde interviews kunnen worden geïmplementeerd. Zijn deze criteria Als beide partners aan de criteria voldoen, is er sprake van *een dubbele loopbaan* voor. Figuur 1.2 toont onze belangrijkste criteria voor een loopbaan in de wetenschap volgens de wetenschap naar de institutioneel leeftijd en de Carrièreniveau.

Opmerking: T_0 definieert het tijdstip van de eerste studieverbinding, T_6 staat voor "zes jaren na afstuderen" enz.

Met betrekking tot het *verwerven van kwalificaties,* zes jaar na de eerste universitair diploma, het doctoraat en 16 jaar later de habilitatie beschikbaar zijn (zie onderste deel van figuur 1.2). Een junior hoogleraarschap werd tot maximaal 17 jaar na afstuderen als voldoende gedefinieerd ned. Als je kijkt naar degenen die (al) een hoogleraarschap hebben gevonden hebben behaald (met het doctoraat na gemiddeld vijf jaar en de Habilitatie na twaalf jaar, zie

tabel 1.2), geven wij
met deze drempelwaarden iets "meer tijd" in vergelijking met de loopbaanlogica onder druk (vgl. ook Zimmer/Krimmer/Stallmann 2007:103). (Nog) langere tijd voor het bereiken van deze carrière- stappen vertegenwoordigen een "afwijking van de heersende norm" en gaan waarschijnlijk ook nadelen met zich mee qua verdere professionalisering Ontwikkeling of carrière.

Met betrekking tot de *educatief voldoende professioneel positie* (bovenste Deel uit figuur 1.2) zijn hooggekwalificeerde banen of wetenschappelijk alle werknemersposities met de juiste salarissen of toeslagen (ten minste KNUPPEL IIa, TVL of TVöD 13, A13 of C1) alsbasis de definitie

genomen. PhD-beurzen worden tot hoogstens zes jaren na naar de academische graad En revalidatie beurzen tot tien jaren daarna als loopbaanconform beschouwd. Tien jaren

"Gekoppeld leeft" in Wetenschap

na de wetenschappelijke graad zou het een goed idee zijn voor een bepaalde vrijheid of. verplichting tot uitvoering is voldaan. Om deze reden is de basis "De leidinggevenden van ondernemingen met ongeveer één werknemer (incl. understudy-arbeiders)". Eindelijk een periode van 18 jaar na afstuderen voor verhuizing naar een extreem duurzame residentie of hoofdfunctie of vergelijkend gegeven; dwz alle mensen die vanaf dat moment nog steeds in de wetenschap zitten, maar niet op zo'n positie, werden rond die tijd "niet-roeping" gedelegeerd. In de huidige informatie veranderde de aangesproken leraren eerder iets eerder - 15 jaar na haar meest memorabele academische graad (midden)

- over haar meest memorabele residentie of hoofdfunctie (zie ook kamer/bloedrood/

stalknecht 2007: 103).

Ook voor vaardigheidsoefeningen buiten de Bètaberoep maatregelen of data waarop de verwerving van administratieve functies zou moeten worden gekenmerkt.

1.6 Ons record: obstakels voor en realisatie voorwaarden van een dubbele loopbaan in academische partnerschappen

In paragraaf 1.3 zijn een aantal open onderzoeksvragen geformuleerd, die in de volgende hoofdstukken worden beantwoord. zorg van onze boekhouding bij dit Functie is Het, gebaseerd van belangrijk bevindingen uit dit Hoofdstukken vatten de centrale vraag van het boek "Wat zijn Belemmeringen voor en wat zijn de voorwaarden voor de realisatie van wetenschappelijk chen loopbanen van vrouwen en de bijbehorende dubbele loopbanen in Academische partnerschappen?". Onze eerste stelling was dat dubbele carrières in academische partner maatschappen zijn fragiele arrangementen die op elk moment kunnen worden gewijzigd door partijen buiten de maatschap en interne factoren (zie paragraaf 1.3) kunnen ter discussie worden gesteld. Want wie zet de "toon" in deze partnerschappen - hij, zij of beide - of hoe het ritme van de loopbaantrajecten van de twee partners eruit ziet het wederzijdse resultaat van de instellingen van de arbeidsmarkt of de wetenschappelijk systeem, waarvan de interpretaties en verwerking in de partnerschap en de daaruit voortvloeiende intra-partnerschapspraktijken verweven arrangementen. Deze laatste vertegenwoordigen ook de "onderling verbonden systemen" de geslachtsgebonden status biografieën de beide partner in Onderwijs, Arbeidsmarkt en gezin en dragen zo bij aan een (re)productie of afname de ongelijkheden in de carrièremogelijkheden van Vrouwen en mannen binnen en buiten het partnerschap. Echter, hoe doen deze samengestelde systemen uit, En welke Invloed hebben zij op de realisatievan dubbele carrières?

Hoofdstuk 2 laat zien dat *tweeverdienersregelingen* zowel in moties en in de postdoc-fase met respectievelijk 55% en 58% manier weven de van ons onderzocht academische partnerschappen Zijn. Inbegrepen bestaan uit opvallend verschillen tussen Vrouwen En Heren

–   maar niet tussen de disciplines, zodat de verschillende deel in de respectieve professioneel Omgeving ben ermee bezig heeft geen invloed. Een *eerste* verschil is dat al in de doctoraatsfase Eenmansconstellatie, waarin alleen de man werkzaam is, met de mannen beduidend vaker en in aanzienlijke mate. vinden is (35% vs. 13% bij vrouwen), terwijl vrouwen 66% in a leven in een tweeverdienersconstellatie. Dit verschil is duidelijk bij paren zowel met als zonder kinderen; het ligt dus niet aan de tewerkstelling breking van Vrouwen door Kinderen veroorzaakt. Dat dit verschillen in de werkgelegenheidsconstellaties van het paar wetenschappers wetenschappers zijn relatief onafhankelijk van de aanwezigheid van kinderen onthoud ook dat er een hoge mate van stabiliteit is in de manieren van verweven vóór en na de geboorte van kinderen daar.

Ten tweede leven vrouwelijke wetenschappers veel vaker onder dubbel loon nerarrangementen dan hun mannelijke tegenhangers. Dat wil zeggen, wetenschappelijk vrouwen moeten hun professionele carrièredoelen veel vaker volgen dan mannen overeenkomen met de functie-eisen van hun partners. Een belangrijke voorwaarde De reden hiervoor is zeker dat u en uw partners op de lange termijn - in het doctoraat atie *En* postdoc-fase – A tweeverdienersregeling oefening. Dit slagen een familielid enorm Deel. Meer als de half de koppels, de in de doctoraatsfase in een wetenschappelijk homogene tweeverdiener regeling leefde LED dit weg (57%), en verder 13% werd Beroeps heterogene tweeverdieners, waarin overwegend de man verliet de wetenschap na zijn promotie. Een vergelijkbaar patroon komt op voor de partnerschappen van vrouwen die in de doctoraatsfase zitten beroepsheterogeniteit regeling beoefend hebben.

Ten derde, de enige bezoldigde bezigheid van de man als er kinderen zijn zijn net zo wijdverbreid onder wetenschappers met 40% als tweeverdienersregeling. Maar ook vrouwelijke wetenschappers leven voort de geboorte van kinderen meestal (meer dan 50%) in een dubbel inkomen regeling. De betekent dat wetenschappelijke carrières voor vrouwen moeten in duidelijk sterker Dimensies onder de Voorwaarden, niet de Steun
"een stilzwijgend achtergrond werk" van partners naar hebben (zien. Wenk Gernsheim 1983) en tegelijkertijd de uitdagingen van twee banen het combineren van activiteiten en kinderopvang kan worden gerealiseerd. Heren Echter begin niet alleen vaker als enige verdiener haar Carrière, liever

"Gekoppeld leeft" in Wetenschap
42% blijft zo in de fase na het doctoraat of daarna hele carrière. Slechts een derde van hen stapte over op een dubbelganger bekkeninnerlijke opstelling. Niettemin moet worden benadrukt dat mannen, als ze omdat het leven in een partnerschap met een vrouwelijke wetenschapper, zelfs in sterker voor een groot deel met de uitdaging om dubbele inkomsten te realiseren nerarrangementen, zoals de bevindingen over de wetenschappelijke goten laten zien

Echter, als het relatief hoge aandeel tweeverdieners vooral vooral onder vrouwelijke wetenschappers, ook voor - voor de wetenschappelijke belangrijke carrières van vrouwen – *duale carrières* ? De eerste is Opgemerkt moet worden dat ondanks de aanzienlijke investeringen in dubbele loopbanen Zowel studies en doctoraten als duale arbeid zijn niet automatisch plaats. De bevindingen in hoofdstuk 5 laten zien dat twaalf jaar na de Diploma uitreiking alleen 53% de wetenschappers En 40% de Kennis- schaftler had een dubbele carrière als koppel. Echter, terwijl de De meeste wetenschappers (namelijk 86%) hebben toch een carrière kon bereiken (hoewel 45% als enige in het paar), kon slechts 73% van de vrouwelijke wetenschappers (met 20% als enige carrière in Paar). Deze – gezien het hoge opleidingsniveau en de arbeidsparticipatie van beiden Partner – maar een groot deel van de carrières van mannen krijgt voorrang in pair (45% in de samenwerkingsverbanden van wetenschappers en 23% in de wetenschappers) was naar begin de professionele carriere – d.w.z H. in de Eerstzes jaar na zijn afstuderen aan de universiteit – veel minder uitgesproken. Hier zou kunnen nog steeds 55% de wetenschapper En 77% van hun vrouwelijke collega's realiseren een carrière samen met hun partners, en alleen elk derde paar kreeg voorrang *aan hun carrière.* In totaal mislukte met twee keer zoveel vrouwelijke wetenschappers vanaf de zesde Een jaar na haar afstuderen aan de universiteit begon de dubbele carrière als koppel bij *haar* Carrière in de Vergelijking naar haar mannetje Collega's.

Maar wat kenmerkt koppels die een dubbele carrière hebben en het nodige lenige maar moeilijkere carrières voor vrouwen konden concurreren met de mislukte koppels? Met betrekking tot de arbeidsparticipatie is uit de bevindingen van Hoofdstuk 5 Interessant, Dat Vrouwelijke wetenschappers die al lang een tweeverdienersregeling hebben volbracht hebben, *Eerst* Nee hoger Carrière- En dubbele loopbaan kans dan vrouwen met onderbrekingen en dat ze nog *tweede worden* niet de dezelfde carrièremogelijkheden Hoe haar mannelijk collega's hadden. Naar toe wordt twee dingen duidelijk. dubbele carrières in academische partnerschappen van de vrouwen faalt niet vanwege kinderen als de partners En zorg regeling vinden, Dat haar A opnieuw invoeren waarborgt

als Ook (Eerst) met een verminderd Werkuren. Voor de anderen punt Deze bevindingen wijzen er echter ook op dat onderlinge afhankelijkheden tussen partners bestaan arrangementen extern carrière barrières voor wetenschappers kan slechts gedeeltelijk compenseren. Ze zijn echter geenszins irrelevant, omdat voor de partnerschappen van de wetenschappers blijkt dat het laag betere carrièremogelijkheden voor hun vrouwen door middel van traditionele prioriteitenstelling zijn loopbaan via een eenverdiener of een éénbaansregeling ment wordt veroorzaakt – die kinderen echter voor deze traditionele arbeidsverdelingNee rol gespeeld.

Zijn kinderen zinloos voor je carrière? Nee ze zijn niet. Bovenstaande bevindingen maken echter duidelijk dat vrouwen in wetenschap enerzijds minder vaak dan hun mannelijke tegenhangers, zelfs zonder kinderen collega's een carrière of samen met hun partners een dubbele carrière slaagt. Aan de andere kant is er de kwestie van loopbaanonderbrekingen en hun Duur is de sleutel. Daarbij horen niet per se kinderen, maar hecht bijzonder belang aan de respectieve *zorgarrangementen, zoals* Hoofdstuk 3 laat zien. Een carrière kon vrouwen met kinderen vooral toen beseffen of ze - gezien het zeer wijdverbreide gebruik van een traditionele nel arbeidsverdeling tussen de beide partners – al in de Eerst Leeftijd van het kind Externe opvang in combinatie met Ondersteunende diensten gebruiken die worden aangeboden door particuliere derden. Zo vroeg tijdige en flexibele uitbesteding stelde hen in staat om Het begin, samengebonden met een groter flexibiliteit met betrekking tot de dagelijks Werktijden, omdat deze niet overeenkomen met de openingstijden van de zorgvoorzieningen gebonden waren, maar tegelijkertijd ook door het gebruik van de zorgvoorzieningen routebeschrijvingen overweldigden hun netwerken niet. Verder is een par- doorwerken tijdens (kort) ouderschapsverlof als voorwaarde voor succes wat resulteert in een continue integratie in professionele netwerken verlicht (gelieve te verwijzen Sectie 1.3). geslaagd dit niet, duur een duidelijk hoger risico op loopbaanonderbreking of zelfs beëindiging.

–   Dit laat de vraag onbeantwoord waarom niet alle academici paren volgden dit zorgarrangement.

Wat waren de voordelige Voorwaarden voor de totstandkoming van een dergelijke regeling? Voor optredens Hoofdstuk 3 Eerst, Dat Het niet bij *motiverende verschillen* leggen. Vrouwen met kinderen hadden nog meer kans op een carrière in *de wetenschap* dan vrouwen zonder kinderen (77% vs. 63%). Toch kan worden opgemerkt dat succesvol maar kinderloze vrouwen krijgen voor dit doel vaker hun kinderwens nog had het niet gerealiseerd, maar wilde ook niet zonder kinderen in het algemeen tien. verschillen in de loopbaanoriëntaties de Vrouwen waren ermee niet van de verlangen om kinderen te krijgen liever voor alles – Hoe Hoofdstuk 4 shows – door hun ervaringen met het externe kader meer wetenschappelijk loopbaan en de professionele situatie van het paar. Er is eerst vasthouden Dat de professioneel situatie de mannelijk partner in de regel veiliger was dan die van vrouwen (voor uitleg zie toelichting in paragraaf 1.3, individueel niveau). Tegen de achtergrond hiervan dezelfde Ervaring *in de Paar* net zoals van hun respectievelijk eigen Ervaringen met

"Gekoppeld leeft" in Wetenschap

Vrouwelijke wetenschappers hebben ook contracten voor bepaalde tijd of werkloosheid enerzijds het mannelijke beroepsethos van de wetenschap (zie paragraaf 1.2) geïnternaliseerd en anderzijds alleen meten op basis van deze ervaringen - en niet qua geslacht - het probleem van het combineren van werk en gezin een hogere prioriteit dan hun echtgenoten en mannelijke collega's. *succesvol* wetenschappers ontwikkelen inbegrepen erg verschillend professionele oriëntaties die hen helpen omgaan met deze compatibiliteit probleem: Sommigen van hen geven de individuele vervolging op de carrièredoelen van beide partners over het gezin een ander deel heeft daarentegen een gelijke gezinsoriëntatie rechts. Voor deze laatste gaat de "roeping tot wetenschap" verder dan de inhoud, geen vooruitgang, en in de academische wereld blijven is afhankelijk van de mogelijkheden flexibeler Arbeidsvoorwaarden afhankelijk gemaakt. De Carrière- Het succes van deze wetenschappers is echter afhankelijk van de samenwerking assertief, omdat hij de steun van de man nodig heeft via een in vanuit een professioneel oogpunt, een egalitaire paarrelatie en een veilige relatie bezigheid of een goed inkomen van de man.

Centraal stond welk zorgarrangement in het paar werd beoefend de, waren geen motiverende situaties, maar de *ondersteunende strategieën van de Paren en hun onderliggende genderideeën* met betrekking tot lich moederschap en vaderschap van de twee Partner. Figuur 1.3 laat dit zien de drie belangrijkste patronen die zijn waargenomen in de analyses van hoofdstuk 3 zou kunnen worden. Opvallend is dat in de eerste plaats de traditionele opvattingen over gelijkheid paren met een grotere externalisering van kinderopvang en niet - zoals velen hadden verwacht - hand in hand gaan met een lagere kan. ten tweede moeten egalitair noties van gelijkheid de Vrouwen, als zij niet op hetzelfde voor jou egalitair fantasieën bij jouw partners ontmoeting, niet tot zo'n grotere veruiterlijking leiden. Dit Vrouwen lopen dan echter het risico de hoofdbaan tegen hun wil in te nemen. de verantwoordelijkheid en hoofdlast van de zorg voor de kinderen op zich nemen – zonder hulp en daardoor loopbaanbeperkingen ervaren.

Het is hier niet de plaats om deze drie patronen in detail te beschrijven om uit te leggen hoe ze tot stand zijn gekomen (zie hoofdstuk 3 in dit boek). Het is op dit punt van belang met het oog op de afweging van de realisatie voorwaarden van wetenschappelijke loopbanen voor vrouwen en dubbel om de traditionele noties van arbeidsdeling te benadrukken in de kinderopvang *komt niet* overeen met de traditionele loopbaanambities vrouwen moeten meegaan; toch is het belangrijk dat vrouwen zich eraan houden vasthouden aan het zien van beide partners als *gelijken op het werk* , zodat deze vrouw en vervolgens externe ondersteuning zoeken en hun loopbaan voortzetten (zie Groep 1 binnen figuur 1.3).

* Vermelding van de disciplinegroepen waarin dit patroon het meest voorkwam Bron: compilatie van bevindingen uit Hoofdstuk 3 in dit Een boek

Omgekeerd het recht van vrouwen op gelijkheid in de kinderopvang ung, die een traditioneel rolmodel van de man tegenkomt, naar a latere betrokkenheid van "derden". De aanspraak op gelijkheid Partner wordt (te) lang aangehouden. Legitimiteitsstrate- gieën ontwikkeld door deze vrouwen om uit te leggen waarom hun partner niet meer *kan* (bijv. traditionele gender rolaannames van de kant van de werkgever voor de mannelijke partner anti- geciteerd); Maar zelfs deze en de conflicterende geschillen over het gebrek aan deelname van de partner aan het paar (waarin ook de traditionele de houding van de partner wordt zichtbaar, want desondanks expliciet e onderhandelingsprocessen bij het niet betrokken koppel) leiden daar niet toe dit Vrouwen vroeg na extern Steun of. afvoer zoeken.

Wat betreft professionele continuïteit na de geboorte van kinderen evenals het succes van de externe ondersteuning in hun zorg toont Kap- tel 3 dat ze beter kunnen worden beheerd met "slechts" één kind. Professioneel succesvolle moeders hadden meer kans om slechts één kind te krijgen (48% vs. 74% van moeders zonder carrière). Voorbij het zorgarrangement – maar zeker ook als een gunstige factor voor het gebruik van externe ondersteunende diensten – is ook het *tijdstip van de geboorte van het kind* significant. Vrouwelijke wetenschappers die na hun doctoraat hun kinderen opvoeden ontvangen en/of uit een succesvolle carrière dan hebben ze meer kans om hun loopbaan voort te zetten dan vrouwen die op vrij jonge leeftijd beginnen moment in hun wetenschappelijke carrière hun kinderen hebben gekregen of in een tijd dat ze niet succesvol waren in hun carrière. essentieel che factoren voor dit Voordelen van later tijden Zijn verschillen in de financieel bronnen voor (flexibel) extern Zorg, in de carrière

"Gekoppeld leeft" in Wetenschap

middelen *van beide* partners, in de aannames van motivatie van de kant van de donateurs en collega's evenals in de mogelijkheden van voortzetting of herverbinding bij al gevestigd professioneel netwerken. Voor Herenhet stichten van een gezin heeft (tot nu toe) geen invloed gehad op de carrière nieuwe kansen - zelfs niet als ze bij een wetenschapper zijn (met een carrière) samenleven.

daarvoor geenszins worden opgevat als een pleidooi die jonge vrouwen en hun partners strategisch plannen en verhuizen naar achteren en zo dus noodzakelijkerwijs voorrang op de eisen van de professionele sfeervanwege. Wel maken ze duidelijk dat de uitwendige verzorging mogelijk is tien en de interne zorgstrategieën van het paar zijn van bijzonder belang bij het realiseren van een carrière met een kind – en kan daarom ook gezien worden als een indicatie van noodzakelijke veranderingen over de relatie tussen carrièrekansen voor vrouwen en het gezin oprichting en de timing ervan (zie hieronder). Dit zou ook zijn daarom de moeite waard omdat de vraag naar het juiste tijdstip – waar veel van de geïnterviewd academische paren in de deed plaats – voor veel van hen emotioneelnaal is erg bedroevend.

Hoe belangrijk zijn *ruimtelijke mobiliteit* en *woonarrangementen* in academische partnerschappen? Hoofdstuk 5 laat zien dat slechts 60% van de academisch homogeen en 66% van het beroepsveld heterogeen dubbel paren woonde op dezelfde plek. Maar ook met wetenschappers werkloze partners was dat slechts 70%. multilokale woonwijk regelingen zijn daarom (althans tijdelijk) voor velen wetenschappelijk studenten in het dagelijkse gezinsleven. Maar ze zijn niet per se een succesfactor voor één dubbele carrière. Dat lieten bijvoorbeeld de analyses in hoofdstuk 5 zien dat in wetenschappelijk homogene paren vrouwelijke wetenschappers met multilo-   De huisvestingsarrangementen van Kalen hadden geen grotere kans op een dubbele carrière dan die van hen Collega's die met hun partner op één plek woonden. Belangrijker dan dat woonsituatie was veel meer de Vragen, of de werkgever in de cursus van de professionele biografie is gewijzigd, omdat gezien de loopbaanpatronen in wetenschap gaat om ruimtelijke stabiliteit met een significante reductie de kans op het realiseren van individuele en dus duale loopbanen bij wetenschappers langs. De wordt genoemd, de Wonen bij verschillend plaatsen, de niet door Verandering van werkgever wordt veroorzaakt draagt niet bij aan loopbaan bij. Omgekeerd neemt de strategische benadering van werkgever en dus toe loopbaangerelateerde baanveranderingen die beide partners mogelijk moeten verhuizen naar één locatie kan ertoe leiden dat het koppel een dubbele kaart krijgt met betrekking tot slagen. Hier shows zelf beurtelings: Beide – extern loopbaan voorwaarden op de lokaal arbeidsmarkten samengebonden met paar intern loopbaanstrategieën

– draagt bijdragen aan een grotere kans op een dubbele loopbaan realiseren.

De samenvatting van deze bevindingen laat zien dat zelfs met academische partnerschappen zorgen voor professionele gelijkheid voor mannen en vrouwen in vorm van duale loopbaan is allerminst de regel en bovendien ook *niet* voldoende Voorwaarde voor een gelijkwaardigheid de geslachten in de taakverdeling binnen het gezin. Omgekeerd een egalitaire relatie regeling over werk en gezin in de maatschap is niet voldoende noodzakelijke voorwaarde voor gendergelijkheid op de werkplek markt.

Dubbele loopbanen worden bevorderd door egalitaire of individualistische koppelrelaties trekt – met die een te snel traditioneel prioritering de mannelijke carrière door mannelijke gestandaardiseerde externe omstandigheden professioneel carrières verhinderd worden kan – dat is liever mogelijk, Maar niet noodzakelijkerwijs afdwingbaar. Verantwoordelijk hiervoor zijn institutionele genderrollen en "individualistische" professionele kardinaal wederzijdse patronen die elkaar "conflicterend" kruisen in het partnerschap. de Ver- vlecht van levenslopen naar dubbele carrières is ermee meer als alleen een kwestie van logistiek of de coördinatie binnen het partnerschap institutionele aanspraken.

hoe dan ook zou moeten de intra-partnerschap perspectief niet onder- worden gewaardeerd – en ook niet door de koppels. Een belangrijke voorwaarde voor het realiseren van duale loopbanen is het gereflecteerde hal met loopbaanpatronen En kinderopvang net zoals met de deconstructieideeën over genderrollen buiten en binnen het partnerschap paar - en dus een passende beoordeling van de respectieve situatie. Enerzijds is dit belangrijk om ongelijkheid in carrièrekansen bij het paar te vermijden naar herkennen En aan de andere kant bij Vereiste Mogelijkheden de eliminatie ontdekken.

Figuur 1.4 laat op dit punt echter een grote discrepantie zien: Beide wetenschappers overschatten duidelijk de realisatie van een duale loopbaan in hun partnerschap. Subjectief is de de overgrote meerderheid van hen gelooft dat ze een dubbelganger hebben Carrière Leidt; echt Zijn Het Maar in iedereen carrière stadia duidelijk minder.Hierdoor wordt in veel van deze samenwerkingsverbanden de druk van het probleem niet onderkend en de belemmeringen voor de loopbaan van vrouwen (omdat, zoals hierboven uitgelegd, tern de - objectieve - duale loopbaan meestal op hun loopbaan) niet actief tegengekomen. Zo doorgaan leidt echter tot een verstarring van de gelijk aan in de Paar.

Bijzonder merkbaar is de discrepantie in de wetenschappelijke arbeiders (met een Verschil van 41 percentage punten), bij die de laatste carrièrestap naar het hoogleraarschap is nog aan de gang, hetgeen gezien de meestal ontbreekt objectief bereikte carrière met deze valse perceptie zal waarschijnlijk niet gemakkelijker of waarschijnlijker zijn. Verder, lich, Dat wetenschapper in iedereen carrière stadia vaker een omgevormd

"Gekoppeld leeft" in Wetenschap

Perceptie van de realisatie van een dubbele carrière in hun partnerschap hebben dan hun vrouwelijke collega's - en ook gerechtvaardigd door tien(er) actie nodig met betrekking tot de professionele carrièremogelijkheden van hun zie vrouwen. Zowel mannen als vrouwen laten zien dat *de verdiensten verdubbelen ner* arrangementen te vaak al met *dubbele carrières* gelijkgesteld zijn – een vergelijking die echter net als de analyses in dit boek laten zien door bij te dragen aan het feit dat vrouwen minder carrières in de wetenschap hebben kan doen).

Contrasten tussen de objectieve aanwezigheid van dubbele beroepen en de abstracte beoordeling

Bron: record "Samen Beroep maken"; eigen schattingen

Dus voor het geval we ons eindelijk afvragen wat er mogelijk zou moeten zijn, opent onze eigen show Ontdekkingen die roeping verder ontwikkelen deuren voor dames in de wetenschap en aanverwante dubbele beroepen, zowel redelijke uiterlijke structuurvoorwaarden in de expertwereld als uitgebreide reflectie, Exchange en coördinatieadministraties die in de organisatie worden verwacht. Een deskundig beroep voor de twee handlangers - met gelijktijdige Het is daarom belangrijk om het onderhoud van de organisatie en, indien fundamenteel, het leven als ouder meer flexibele werkrelaties te geven, met die eveneens de benodigdheden die het gezin kan bieden; het vereist een groter aanpassingsvermogen en met de functionerende scène afgestemde externe kinderopvangkantoren (althans afhankelijk van de specifieke portemonnee van de paren) en gewijzigde modellen in verbinding met oriëntatie en roeping in de organisatie en ook in de vereniging zelf. geesten bovendien, Hoe deze blik zou kunnen, hebben zich gevormd in een pamflet met autonome activiteiten (vgl. Hess/Rus-coni/Solga 2011b).

2.   verweven arrangementen in de paar geschiedenis

2.1 De verweving van loopbaantrajecten bij parentussen structurele omstandigheden en adaptieve strategieën

Voorwerp dit hoofdstuk is de studie van patronen van onderlinge afhankelijkheid van arbeidsverleden in paren, ofwel de combinatie van (arbeids)aandelen levensvatbaarheid van de twee partners, en de vraag of bepaalde professionele en familie gebeurtenissen leiden tot veranderingen in de onderlinge verbondenheid. De voorwaarde Het weefpatroon is bedoeld om duidelijk te maken dat de combinatie dat niet is selectief - dus alleen op een enkel moment (bijvoorbeeld maand of jaar) -, maar vond plaats in levensfasen op lange termijn of kenmerkte ze. [1] Zoals besproken in het vorige hoofdstuk, een essentiële vereiste voor dubbele carrières, Dat beide partner een bezigheid nastreven. Dan zeker bij deze zogenaamde tweeverdieners, overstel de vraag in hoeverre beide partners daartoe in staat waren om een professionele functie te bereiken die past bij hun respectievelijke opleiding en hun institutionele leeftijd was.

Verstrengelde patronen in paren zijn het resultaat van de interactie van geslachtsspecifiek processen op verschillend niveaus (voor een Discussie zie Rusconi/Solga 2008; Rusconi/Solga 2010). op het sociale sociale, culturele en institutionele kaders beïnvloeden omstandigheden – zoals B. genderspecifieke segregatieprocessen in opleiding en op de arbeidsmarkt of baanspecifieke werkcultuur en loopbaanlogica, maar ook de sociale verwachtingen van hen Organisatie van zorg voor familieleden (vooral kinderen) – wie integratie mogelijkheden van Vrouwen En Heren in partnerschappen. Zoals geïllustreerd in de term " adaptieve gezinsstrategie ", familie en en hun leden volgen de institutionele richtlijnen echter niet zomaar passief en randvoorwaarden. Koppels werken eerder aan deze specificaties en verwerken deze ben En kan aangepaste strategieën ontwikkelen, met die zij poging,

---

1   im als vervolg op wordt alternatief Ook de Uitdrukking regeling gebruikte haar professioneel En privaat Doelen naar bereiken (zien. Moen/Wethington 1992).

"Het concept van strategie roept de actieve (in plaats van de passieve) rol van het gezin op eenheid en onderstreept het dynamische karakter van het gezinsleven; families mobiliseren en wijzigen hun plan ander gedrag leuk vinden hun omstandigheden wijziging." (Moen/Wethington 1992: 246)

Vind dergelijke processen op het niveau van extra- en intra-partnerschappen niet naast elkaar, maar in een wederkerige relatie verbinding met elkaar (vgl. Geissler/Oechsle 2001; Moen/Wethington 1992). Wijzigingen in de randvoorwaarden kunnen leiden tot aanpassingen in de verwevenheid en veranderingen in strategie kunnen op hun beurt de (relatieve) positie veranderen één of beide partners op de arbeidsmarkt en daarmee de kans entiteit structuren voor bijzonder verweven arrangementen uitstellen. Bovendien kunnen strategieën in de loop van het partnerschap evolueren veranderingen in de Taken, prioriteiten En Vereisten, Maar Ook in de doelen van een of beide partners in de verschillende stadia van relaties en individuele loopbanen (vgl. Levy/Ernst 2002; maandag 2003; Nok 1998).

, zijn de empirisch gevonden patronen van onderlinge afhankelijkheid *geen van beide* partnerschapsstrategieën , *noch* als de som van beslissingen van de om individuele gezinsleden te begrijpen. Allereerst omdat ze resultaat van het

samenspel van beslissingen binnen het partnerschap –
inclusief (expliciete of stilzwijgende) compromissen en
overeenkomsten tussen de partners - met het niet-
partnerschapskader dingen vertegenwoordigen. Dit
betekent dat het verweven van patronen ook kan het
gewenste resultaat zijn van partnerschapsstrategieën,
als bijv. B. na a als tijdelijk beperkt bedacht
loopbaanonderbreking de opnieuw invoeren niet
succesvol in de baan. En ten tweede omdat
machtsverhoudingen tussen familieleden (zien.
Bloed/Wolf 1960), vaak gestratificeerd door Oud en
geslacht (zie Saraceno 1989), de
besluitvormingsprocessen. invloed aanzienlijk, zodat de
gezins- of koppelstrategieën dat niet doen (moet)
overeenkomen met de wensen en belangen van beide
partners (vgl. de hoofdstuk 3 en 5 inch dit Een boek).

Onderzoeksvragen van dit hoofdstuk zijn welke
verweven patronen van de Arbeidstrajecten zijn
praktiserende wetenschappers en aan welke dynamiek
ze onderhevig zijn door bepaalde beroepen en familie
Evenementen? In welke mate en bij wie is het maar
tijdelijk veranderingen of te "veranderingen" op de
lange termijn?

Verstrengelingsarrangementen in de loop van het paar

2.2   verweven patroon En "Oefening Punten"

Dit hoofdstuk gaat uit van een levensloopperspectief dat dit mogelijk maakt mogelijk, zowel structurele aspecten als individueel en intra-partnerschap Factoren in een temporele (historische, maar ook biografische) context menhang naar brengen (zien. Kohli 1985). Ook rekening mee gehouden zo een een perspectief Ook de Vragen na naar de Invloed eerder levensgebeurtenissen, -voorwaarden En beslissingen voor de verder levensles (zien. Mayer 1991). De focus van dit hoofdstuk ligt op de dynamiek van de patronen van de arbeidstrajecten van wetenschappers en hun partners ner boven de carrière cyclus aan de ene kant En boven de familie cyclus aan de andere kant. Omdat veranderingen in beide sferen paren met nieuwe kunnen presenteren uitdagingen vormen, maar ook nieuwe mogelijkheden voor hen openen, wat nieuw verweven patronen leiden (zien. Levy/Ernst 2002; maan 2003; Nok 1998). Het onderscheid tussen professionele en gezinssfeer is alleen te begrijpen als een analytische scheiding, omdat het in werkelijkheid is Heren En Vrouwen gelijktijdig in specifiek professioneel En familie fasen,
bv. B. in de doctoraatsfase en tegelijkertijd moeder of vader van een kind van.
In de *professionele sfeer* , werkgelegenheid in de wetenschap beheert de kwalificatiefasen centraal. Voor een carrière op een hoogtepunt school of niet-universitaire onderzoeksinstelling, het doctoraat is enkele uitzonderingen essentieel. Ook het behalen van het doctoraat markeert de enige centrale stap in de professionele ontwikkeling van het management krachten in het openbaar bestuur, de politiek en de particuliere sector en levert ermee Ook hier A belangrijk factor bij de beklimmen de carrièreladder (vgl. Enders/Bornmann 2001; Hartmann 2002). De mogelijkheid Het oppakken van verantwoordelijke

(management)taken gaat vaak hand in hand hand met de verwerving van het doctoraat. In aanvulling, vorm van tewerkstelling En omvang van het werk voor Activiteiten, de een Promotie neem bijvoorbeeld in de wetenschap aan: afgezien van sommigen disciplines En geslachtsverschillen worden na de Promotie Subsidies komen minder vaak voor en voltijdse arbeidsovereenkomsten komen vaker voor (vgl. Hess/Rusconi/ Solga 2011a; Zimmer/Krimmer/Stallmann 2007). Wat betreft de financiële bescherming en baan- en carrièremogelijkheden maakt een pro beweging heeft een positief effect op veel professionele gebieden. De bijbehorende waardoor enerzijds koppels met meer financiële middelen in staat worden gesteld eerder individualistische modellen van de onderlinge afhankelijkheid van hun arbeidstrajecten praktijk (vgl. Bathmann/Müller/Cornelißen 2011; Dettmer/Hoff 2005), want dit betekent bijvoorbeeld aparte woningen, woon-werkverkeer, maar ook externe Kinderopvangoplossingen zijn betaalbaarder - en dat betekent dat beide partijen relatief onafhankelijk van elkaar hun betaalde arbeid kunnen uitoefenen. aan de andere kant open zij paren Ook de Mogelijkheid, op een (tweede) Onthoud van betaald werk, vooral als naast financieel bronnen de professioneel Vereisten na de Promotie Ook is opgekomen En paren voor (In)compatibiliteitsproblemen worden gevraagd.

Met de overnemen van leidinggevende taken is de taak vaak niet meer "alleen" de Schrijven de eigen kwalificatie werk En mogelijk. de samenwerkingop een project, maar ook de acquisitie en uitvoering van een project project en de begeleiding van medewerkers. Het is dus een kwestie van cadeaus, de met groter ruimtelijke temporele beschikbaarheid eisen kan hand in hand gaan. Bovendien nemen de eisen vaak toe ruimtelijk mobiel te zijn vooruit aan je eigen carrière.

Een Onderzoek PhD wetenschappers En engineering loop binnenin En buiten de Wetenschap zou kunnen show, Dat na het doctoraat, de eerste vier jaar van professionele vestiging zijn het meest mobiel Fase vertegenwoordigen en dat een positieve relatie tussen beweegt en professioneel succes (Becker et al. 2011: 42f.). Vooral vrouwen met leidinggevende functies (vanuit het middenkader) waren vaak mobiel mannelijke dan hun vrouwelijke collega's in lagere beroepsfuncties (Becker et al. 2011: 42). Een onderzoek naar werkgerelateerde ziekten kwam tot vergelijkbare conclusies mobiliteit van academisch En niet academisch geleerd personen in Duitsland: Mobiel Zijn voor alles personen met leidende positie in de middenkader. Aan de andere kant, de baangerelateerde verhuizing en woon-werkverkeer mobiliteit in de hoger carrière stadia weg (Snijder et al. 2008: 134). Deze vormen van mobiliteit zijn er dus om de carrièreladder te beklimmen nodig. Zodra echter een toppositie is bereikt, is ofwel de mobiel Kwaliteitseisen lager of de Mogelijkheden groter, zelf dit Vereisten naar dwarsbomen (vgl. Schneider et al. 2008). Over en voorbij de verhuismobiliteit is bovengemiddeld voor mensen die tijdelijk zijn zijn druk; dwz beroepsonzekerheid verhoogt ook de behoefte ding ruimtelijke mobiliteit (Schneider et al. 2008: 135).

Vanwege lange kwalificatiefasen doorgaans tijdelijk arbeidsrelaties zijn precies loopbaantrajecten in de wetenschap in vergelijking met andere beroepsvelden door een langere fase van onzekerheid veiligheid gemarkeerd. Eerst de roeping op levenslang (hoogleraarschap) in een relatief late levensfase staat voor een veilige (onbeperkte) werkgelegenheid (vgl. Zimmer/Krimmer/Stallmann 2007). loopbaantrajecten binnen de Wetenschap Zijn niet alleen relatief lang, liever Ook erg riskant, Dan een hoogleraarschap verkregen luidruchtig schattingen van jason,

Schomburg en Teichler (2006: 70, 72) alleen elke tiende promotie en elke derde "serieuze kandidaat". Dienovereenkomstig zullen universitaire carrières ook als bijzonder "precair loopbaan" (vgl. Enders 2003).

Professionele taken en eisen, maar ook tijd en geld ciële mogelijkheden verschillen voor en na het doctoraat. Van daarom zet zelf de Vragen, op welke manier dit beide loopbaan fasen met

Ineengestrengelde arrangementen in de loop van het paar

verschillend verweven patronen de arbeidsverleden de Kennis- medewerkers en hun partners. Zal de toename ruimtelijke temporele functie-eisen in de postdoc-fase met een toename van partnerschappen voor eenverdieners vergezeld? Bestaan uit gegeven de hoger onzekerheid wetenschappelijk carrières wetenschappelijkEnerzijds zijn partnerschappen eerder samengesteld uit tweeverdieners, maar zij aan de andere kant bijzonder "onstabiel" verweven patroon staan voor, daar in Bij deze koppels werken beide partners in het 'risicovolle' vakgebied van de wetenschap Zijn?

Uit een groot aantal onderzoeken is bekend dat in de *privésfeer* de geboorte van het eerste kind leidt tot aanpassingen in de patronen van onderlinge afhankelijkheid van tewerkstelling kan leiden tot partnerschappen (vgl. bv. Becker/Moen 1999; Klein 1996; Schulz/Blossfeld 2006). Direct de sociaal Verwachtingen van ruimtelijk-temporele beschikbaarheid en verantwoordelijkheid van de moeder voor haar kind(eren) staat vaak op gespannen voet met professioneel chen-vereisten (Hardill/van Loon 2007: 169) en leidt vaak tot Tewerkstellingsonderbrekingen en loopbaan(vertrek)onderbrekingen (cf. Hoofdstuk 3 in dit Een boek; Gen 1993; Vogel/Hinz 2003). Vaders daarentegen gericht op het veiligstellen van het gezin en dus op professionele vooruitgang, Maar (nog) niet hun ruimtelijke en temporele beschikbaarheid voor het gezin (vgl. Hardill/Van Loon 2007). De verwevenheid van leven en werk loop in partnerschappen dus wint bij complexiteit, als van koppels families worden (vgl. Hess/Rusconi/Solga 2011a), vooral sinds de tijdelijke en ruimtelijke eisen aan de professionele en privésfeer volledig verschillend logica's resultaten, terwijl misschien niet eens omgekeerd zijn. Het is opmerkelijk dat dames er na de introductie van hun eerste bijna zeker van zijn dan mannen dat ze hun winstgevende werk binnendringen, maar welke taak doet het interlace-ontwerp voor de geboorte? In welke paren zijn slechts kortstondige veranderingen en welke veranderingen op de lange termijn? longen - en waarom?

Deze onderzoeken worden hieronder besproken terwijl de logische splitsing tussen werk en gezin werd geïnspecteerd. Terwijl in Area 2.3 de getoonde technieken en definities worden, is Segment 2.4 de Toegewijd aan onderzoek van afhankelijkheidsontwerpen bij doctoraatsexamens en Segment 2.5 de verbindingsontwerpen de introductie van het eerste kind.

2.3 *methoden En definities*

De data met de wetenschappers dienen als basis voor dit hoofdstuk gestandaardiseerde levensloopgesprekken gevoerd (zie hoofdstuk 1 in dit sem Een boek). Als Eerst loopbaan fase wordt de PhD-fase onderzocht.

Deze fase heet de drie jaar voor gepromoveerde wetenschappers gedefinieerd voor het behalen van een doctoraat, terwijl wetenschappers de ten tijde van Sollicitatiegesprekken nog steeds had geen doctoraat de drie jaar voordat het interview werd overwogen. [2] Voor de fase na de promotie Alle gepromoveerde wetenschappers (incl. professoren met doctoraat) die in de analyse zijn opgenomen en hun onderlinge afhankelijkheidspatronen tot en met onderzocht tot zes jaar na het verwerven van deze kwalificatie. Voor de Vergelijking van de onderlinge afhankelijkheidspatronen in de loop van het gezin, alle kennis betrokken bij ten minste één biologisch kind in de analyse genen die minstens twee jaar voor de geboorte van het eerste kind zijn waargenomen werd. Als "meest intense" gezinsfase werd de verweven patronen tot zes jaar na de geboorte van het eerste beschouwde kind.

Over de vraag naar de dynamische onderlinge afhankelijkheid van arbeidsverleden om partnerschappen na te streven, was voor elke maand van de respectieve carrière- of gezinsfase, of het nu de wetenschappers zijn waren überhaupt betrokken bij een partnerschap. [3] een maatschap aangaan voorheen combineerde elke maand de activiteit van de twee partners overwogen en tussen de aan- of afwezigheid van onderscheid te maken tussen twee banen. [4] Als je maar één baan hebt Er werden twee categorieën gevormd: [5]

- verdiener: Alleen de partner/de partner ging een bezigheidna.
- enige verdiener: Alleen de wetenschapper was in dienst. In het geval van onderlinge afhankelijkheden met twee banen, de combinatie naties van de professionele velden van de activiteiten van de twee partners drie categorieën zeker:
- wetenschap homogeen tweeverdiener: Beide partner waren in de wetenschap wetenschappelijk systeem in dienst.

---

2 Wetenschappers met een kortere observatieperiode werden uitgesloten van de analyse uitgesloten, wat 16% van de wetenschappers trof (voornamelijk ten tijde van Sollicitatiegesprekken niet-doctoraatsstudenten).

3 Voor beide professioneel En familie fasen werd wetenschappers uit de analyse uitgesloten degenen die met meer dan één partner waren. Dit kwam zelden gevonden in onze steekproef: slechts 6% van de wetenschappers had meer dan één deel- nerschap in de drie jaar voorafgaand aan het doctoraat en 6% gedurende de zes jaar na het doctoraat Promotie. Slechts vier mannelijke en twee vrouwelijke wetenschappers woonden in meer dan één Partnerschap in de twee jaar vóór de geboorte van hun eerste kind. alle wetenschap studenten bleef in de dezelfde vennootschap in de zes jaar daarna.

4 subsidies met een financieel Financiële steun worden als betaalde arbeid beschouwd.

5 Strikt genomen zijn beide categorieën alleenverdieners, aangezien er maar één partner is wordt ingezet. Het conceptuele onderscheid tussen de categorieën single en kostwinner dient alleen om te onderscheiden wie in dienst was van de maatschap: deel- ner of Wetenschapper.

Verstrengelingsarrangementen in de loop van het paar

- Beroepsveld heterogene tweeverdieners: de

wetenschappers waren binnen, de partners buiten de wetenschap bezet.

– dubbele verdiener buiten de Wetenschap: Beide partner ging Hij- commerciële activiteiten buiten de wetenschap na.

Eindelijk al die koppels waarin beide partners waren niet in dienst.

Omdat dit hoofdstuk gaat over de onderlinge afhankelijkheid in bepaalde beroeps- en familierelaties retentiefasen en niet alleen op een enkel moment (bijvoorbeeld maand of jaar), de verkennende methode van "optimale afstemming" voor sequentieanalyse (vgl. Brzinsky-Fay/Kohler/Luniak 2006). Voor de betreffende professional of familie retentiefasen waren het combineren van de activiteiten van de twee partners voor maandelijks bepaald (zie hierboven) en in hun chronologische volgorde reeks naar opeenvolgingen samengesteld. Dit opeenvolgingen werd Dan vergeleken met het maken van een afstandsmatrix, 6 welke de vormden het uitgangspunt voor de clusteranalyse. Met haar dan groepjes van Sequenties – dat wil zeggen onderzoekers met vergelijkbare sequenties van vlecht - geïdentificeerd. 7 De homogeniteit binnen de clusters en de Heterogeniteit tussen de clusters maakte het mogelijk om de inhoud te classificeren van de (bestaande) verwevenheid die kenmerkend is voor deze fasen patroon.

Langs de analytische scheiding tussen beroeps- en gezinsfase in de volgende sectie wordt eerst beschrijvend onderzocht welke vlecht patroon de wetenschappers voor En na de Promotie beoefend en de dynamiek daarvan tijdens de twee beroepsfasen onderwerp. Vervolgens, met behulp van multivariate analyses, de invloed beroepsstructuur, herkomst en koppelkenmerken voor bepaalde relaties verwevingspatronen worden onderzocht en de betekenis van eerdere verweving afstanden die later worden onderzocht. Hiertoe in paragraaf 2.4.3 hypothesen goed geformuleerd. Met dezelfde structuur wordt in paragraaf 2.5 de vlecht patroon na de geboorte van het eerste onderzochte kind.

---

6 Zoals gebruikelijk in onderzoek is rekening gehouden met de kosten voor vervangingen tot 2, de indelkosten (invoegen en verwijderen) ingesteld op 1 (vgl. Brzinsky-Fay/Kohler/Iuniak 2006).

7 Hierbij is gebruik gemaakt van de Ward-methode (hiërarchische methode). Daar echter conventionele statistische tests zijn niet van toepassing met sequentiegegevens, de finale aantal clusters door inhoudelijke verschillen - en voldoende zaaknummers - is juist (Brzinsky-Fay 2007: 413).

2.4 Afspraken over onderlinge afhankelijkheid tijdens het werk

2.4.1 Patroon de verweven

De analyse van de onderlinge afhankelijkheid van de loopbaantrajecten van wetenschappers en hun partners in de drie jaar voor het doctoraat maakt zes Patroon (Figuur 2.1).

Afbeelding 2.1: Verweven patroon van arbeidsverleden vóór doctoraatde wetenschappers *
dv = dubbele verdiener
Alle wetenschappers de minstens drie waargenomen jaren voor het afstuderen werd. Voor niet-doctorandi is dit de periode drie jaar ervoor Interview.
Bron: dossier "Samen Carrière maken"; eigen berekeningen
De meest voorkomende regeling waren beroepsveld heterogeen dubbele verdiener (31%, patroon #2), [8] dwz paren waarin de wetenschappers had een baan op wetenschappelijk gebied terwijl de partners een werkgelegenheid in een anderen professionele veld achtervolgd. De seconde

---

[8] kwantitatief beschrijvingen werd met betrekking tot van geslacht, de Carrièreniveau En Disciplines worden zo gewogen dat - zoals voorzien in het bemonsteringsplan (cf. Hoofdstuk 1 in dit Een boek) – altijd naar dezelfde aandelen staan voor Zijn.

Ineengestrengelde arrangementen ontstaan in de loop van het paar

meest voorkomende groepen waren voor de A alleenverdienersregelingen, Dus Koppels waarbij alleen de wetenschapper een baan zoekt ging (24%, patroon nr. 4), en anderzijds wetenschappelijk homogeen dubbel verdieners (23%, patroon #1), dwz koppels waarbij beide partners in de Wetenschap in dienst waren. Ook vanwege De onze bemonstering was slechts een minderheid van de wetenschappers in de doctoraatsfase overwegend single (11%, steekproef #6). [9] Ook zeer zeldzaam waren regelingen waarbij alleen de partner werk zoekt ging (7%, patroon #5), evenals tweeverdienersregelingen buiten de Academisch, dat wil zeggen koppels waarbij beide partners niet studeren of. in de wetenschappelijk gebied (3%, monster nr. 3).

De verdeling dit zes verweven patroon verschilt zelf duidelijk tussen geslachten en loopbaanfasen. [10] Reeds in de doctoraatsfase waren er drie belangrijke verschillen tussen kennis leren En wetenschappers. *eerst* : De drie tweeverdiener arrangementen samen waren de meest voorkomende verweving van beide geslachten ter. Ze kwamen echter vaker voor bij vrouwelijke wetenschappers dan bij hen Collega's (66% vs. 50%, figuur 2.2). Ongeveer een derde van de mannen Voorafgaand aan zijn promotie was de wetenschapper de enige kostwinner in de partner gemeenschap, terwijl slechts een minderheid van de vrouwen dat deed (35% vs. 13%). *ten tweede* geeft Het A duidelijk geslachtsverschil in de Verspreiding van wetenschappelijk homogene samenwerkingsverbanden. Op bijna een derde van de vrouwelijke wetenschappers, maar minder dan een vijfde van hen mannelijke collega's, beide partners waren actief in de wetenschap (29% vs. 17%). *Ten derde* oefenden meer dan twee keer zoveel vrouwelijke wetenschappers net als wetenschappers de alleenverdienersregeling (10% vs. 3,5%). Gemeen- Er waren echter verschillen in de verspreiding van heterogeen naar partnerschappen net zoals van de enkel patroon En van tweeverdiener arrangementen buiten van wetenschap.

9 Door aselecte steekproeven behoorden geen van de gegevens op het moment van het interview tot dit patroon niet-doctorale studenten (zie hoofdstuk 1 in dit boek). Deze groep omvatte 23% van de ten tijde van het interview mannelijke en vrouwelijke postdocs en 13% van de hoogleraren soren en 15% van vrouwelijke professoren.

10 Ook zijn er verschillen tussen disciplines, die vanwege ruimtegebrek niet beschrijvend worden genoemd zal nader worden behandeld. Er moet hier slechts kort op worden gewezen dat mannen leuk vinden Homogene partnerschappen kwamen vaker voor bij vrouwen in de natuurwetenschappen dan in de andere disciplines (vgl. Hess/Rusconi/Solga 2011a). Bijna 40% van de natuurwetenschap vrouwen en minstens een vijfde van hun gespecialiseerde collega's deden mee aan een onderzoek wetenschapper paar. Voor vrouwen van de andere disciplines geldt echter deze regeling is ook geen uitzondering: 27% technische en 22% sociale wetenschappen behoorden tot de academisch homogene groep. In de technische en sociale wetenschappen wetenschappers waren Het 15% of. 16,5%.

Bron: dossier "Samen Carrière maken"; eigen berekeningen; gewogen Verklaringen

Samenvattend wordt duidelijk dat er meer vrouwelijke wetenschappers zijn dan senschaftler geconfronteerd met de uitdaging nog voor het doctoraat Zijn, twee betaalde arbeid in de gewoon indeling van Beroep en familie te overwegen. Bovendien vindt deze onderlinge afhankelijkheid plaats bij Vrouwen hielden het veel vaker vast dan hun mannelijke tegenhangers Beroepsveld (dwz in de wetenschap). Door een "gedeelde kennis" en "wederzijds begrip" van de regels, eisen en Mogelijkheden om het gemeenschappelijke beroep vorm te geven, kunnen zo zijn ondersteuning voor de professionele ontwikkeling van beide partijen ner (vgl. Hess/Rusconi/Solga 2011a). Sinds in academisch n partnerschappen zijn beide partners echter relatief riskant en een onzekere carrière nastreven, zo'n match kan ook zorgen voor extra stress en risico op mislukking. Met Deze "voor- en nadelen" zijn vaker vrouwelijke wetenschappers dan schafler geconfronteerd.

De vergelijking van de onderlinge afhankelijkheidspatronen tussen wetenschappers, die zich op het moment van het interview in verschillende loopbaanfasen bevonden gevonden, maakt echter duidelijk dat dit ook geldt voor mannelijke wetenschappers Partnerschappen voor tweeverdieners in de PhD-fase in toenemende mate de Regel worden. Dus register de drie tweeverdienersregeling naar-samen A duidelijk Stijging van 37% onder de huidige professoren 50% voor postdocs en zelfs 68% voor degenen die (nog) niet zijn afgestudeerd. In de In ruil daarvoor was er "slechts" bijna een derde van de mannelijke niet-doctorandi en postdocs zijn de enige kostwinners in de samenwerking terwijl deze bijna loopt de helft van de professoren had gelijk (46%). Verder blijkt dat met name wetenschappelijk homogeen partnerschappen als verweven patroon bij betekenis

Ineengestrengelde arrangementen in de loop van het paar

winnen. Bijna een derde van de mannelijke nietgepromoveerden, maar slechts een vijfde van de mannelijke postdocs en 6% van de hoogleraren ren in de doctoraatsfase een academisch homogeen partnerschap. [11]

Vanwege deze duidelijke toename van tweeverdienerspatronen over de hele wereld gemeenschappelijke en het wetenschappelijk homogene patroon in het bijzonder jonge mannelijke en vrouwelijke wetenschappers in soortgelijke samenwerkingsverbanden. Worden vrouwelijke wetenschappers altijd al geconfronteerd met de uitdaging al vóór het doctoraat twee loopbaantrajecten combineerde weven, is dit een Taak, de tegenwoordig ook steeds meer op die van hen mannelijk collega's (zie hoofdstuk 1 in dit Een boek).

2.4.2 *dynamiek de verweven patroon*

De verstrengeling van roepingsmanieren in verenigingen komt door geportretteerde veranderingen. Vanuit één gezichtspunt, hoewel in alle voorbeelden overheersend - zoals in figuur 2.1 getoond - duidelijk een mix van de oefeningen van de twee medeplichtigen, maar er zijn ook onderzoekers in elk voorbeeld, die af en toe een alternatieve mix van hun professionele oefeningen verfraaid oefenen. Aan de andere kant verschuiven relatieontwerpen ook over de richting van een beroep. De verwevenheid van het werk verklaart het urenlange vergaderen van afgestudeerde onderzoekers en docenten voor de periode tot zes jaar na de promotie, vertoont de twee gelijkenissen en contrasteert bovendien met de gang van zaken vóór de promotie (Figuur 2.3). Na het doctoraat waren er vijf bijeenkomsten, elk met een enigszins unieke spreiding om ontwerpen tijdens de voortgang te matchen. 12 Bovendien is er nog een Gathering, de straight through one blend verschillende mixen van de oefeningen van de twee medeplichtigen is (design #6). 13

11 Met betrekking tot de verspreiding van academisch homogeen en tong Qua verdiensten zijn er slechts kleine verschillen van niet meer dan 5 procentpunt. Beide Vrouwelijke wetenschappers is het grootste verschil tussen de carrièreniveaus in de Verspreiding van heterogene regelingen op het gebied van beroepen: hun aandeel daalt van 39% onder niet- promoveerden op 23% van de hedendaagse vrouwelijke hoogleraren. Dit verschil is meestal vanwege het hogere aandeel vrouwelijke hoogleraren die gles waren.

12 Net als voor het doctoraat voert ongeveer de helft van de wetenschappers een beroepsopleiding uit rogen

(31%, patroon nr. 2) of academisch homogeen partnerschap met twee inkomens (21%, patroon #1). Alleenverdieners (12%, Patroon #4) en tweeverdienersregelingen buiten de academische wereld (5%, patroon #3). Er is ook een enkele groep significant minder vaak na het doctoraat (4%, patroon #5). Na het doctoraat is er echter geen eenduidige eenverdienersregeling van een niet-werkgelegenheid van de Wetenschapper.

Een verder onderverdeling dit patroon brengt twee verder groepen verschijnen (niet afgebeeld). Enerzijds een combinatie van beroepsveld heterogene dubbele verdiensten telefoongesprek En alleenverdienersregelingen, bij die de partner niet in dienst was. dv = dubbele verdiener

* afgestudeerd wetenschappers (incl. professoren)

Bron: dossier "Samen Carrière maken"; eigen berekeningen.

Een onderzoek naar de verzamelparticipatie wanneer het doctoraat zowel langdurige spelplannen als veranderingen laat zien. Uit de informatie en onderzoekers die voor hun promotie een expertisegebied hadden, hoorden heterogene organisaties iets minder als het deel van de mannen en iets anders als het deel van de dames. 54%). er zijn echter meer duidelijke contrasten tussen mensen tussen de individuen die na hun afstuderen van mesh-ontwerp zijn veranderd. Terwijl 17% van de Scholastici die een deskundig heterogene medeplichtige hadden voordat ze promoveerden, de enige aanbieder waren na het afronden van hun doctoraat, was er bij geen enkele onderzoeker een verandering. Slechts in uiterst zeldzame gevallen gezien als een expert

---

Anderzijds een combinatie van beroepsmatig

heterogene tweeverdieners en overeenkomst dienstregelingen waarbij de wetenschapper niet in dienst was. De eerste Combinatie komt vaker voor bij mannelijke dan bij vrouwelijke wetenschappers (17,5% tegen 10%), terwijl de Tegenovergestelde bij de seconde combinatie de geval is (6% tegen 18%).Omdat deze groepen veel gecensureerde zaken hebben (dwz het interview vond eerder plaats dan zes jaar na het doctoraat) wordt besproken in de volgende toelichtingen en analyses dit groepen niet dichterbij ontvangen.

Verstrengelingsarrangementen komen in de loop van het paar tot stand

veld verandering – in de zintuigen een Opname van activiteiten in de Wetenschap

– van de partners (minder dan 4% van zowel mannen als vrouwen). [14] Een vergelijkbaar hoogte stabiliteit de verweven patroon was bij Wetenschap- om studenten te vinden die, voordat ze promoveerden, werkzaam waren gemeenschappen: 52% van de mannen en 57% van de vrouwen deed dit in de als vervolg op zes jaren. Bij dit groep gaf Het Echter Ook ge slecht type wijziging de verweven patroon: Na de Promotie werd 17% de Wetenschapper, Maar alleen een wetenschapper voor de enige verdiener. Nog eens 13% van de vrouwen, maar slechts 3% van de mannen verandert naar de beroepsveld-heterogene tweeverdienersregeling, dwz hun partners ner waren niet meer in wetenschappelijk systeem in dienst. [15]

Wetenschappers waren dus niet half leidend, zelfs voordat ze promoveerden even vaak een wetenschappelijk homogeen samenwerkingsverband als hun collega's, maar Ook anderen bleven wat minder vaak bij deze regeling Cursus. dezelfde is toepasbaar voor beroepsveld heterogeen partnerschappen: Minder Wetenschappers als wetenschappers woonden permanent op zo'n plek Regeling. Stabiliteit daarentegen is evident voor mannelijke wetenschappers in het alleenverdienerspatroon: 42% van hen bleef in het patroon beweging met deze opstelling (vs. 14% van de wetenschappers), en alleen een derde van de wetenschappers schakelde over op een van de drie duale nerpatroon. Voor de vrouwen in deze groep was dat 29% hun partners, die voorheen geen betaalde baan hadden, nemen een baan in de wetenschap en voor nog eens 14% werden de partners buiten de wetenschap gevonden schacht in dienst.

In vergelijking met de doctoraatsfase bestaat de postdoc-fase uit om samen te vatten dat de proliferatie van tweeverdieners partnerschap licht gestegen (van 55% naar 58% van de gepromoveerden en professoren sores). Enerzijds wordt deze ontwikkeling veroorzaakt door het feit dat Meerderheid van wetenschappers die promoveerden in de enkele groep behoorde na de Promotie Deel een tweeverdieners paar werd (52% van de wetenschappers en 65% van de wetenschappers in deze groep). Aan de andere kant een derde van de mannelijke wetenschappers die eerder werkten waren de enige verdiener van het doctoraat, aan een van de drie dubbele verdieners groepen. Dit "laat" Opname een werkgelegenheid van de kant de partner wordt ook in verband gebracht met het kenmerkende leeftijdsverschil bij koppels verschuldigd: Omdat vrouwelijke partners doorgaans jonger zijn dan de wetenschappelijke ler (zie hoofdstuk 1 in dit boek) zodat ze op een later tijdstip kunnen worden gebruikt haar Studies afstuderen en een baan krijgen opnemen.

---

14 Ongeveer 30% van de wetenschappers uit de voorheen heterogene groep stapte over naar de gemengde groep. Toegegeven, zo'n verandering kwam vaker voor bij vrouwen dan bij mannen vinden, de geslachtsverschil is Echter met alleen 5 percentage punten erg geringe hoeveelheid.

15 Ongeveer nog een vijfde van de wetenschappers van de voorheen wetenschappelijk homogene groep veranderd naar de gemengd Groep. Hier bestaat Nee geslachtsverschil.

Niettemin waren en bleven mannelijke wetenschappers niet alleen zuiniger in dubbelverdienersregelingen dan hun vrouwelijke collega's; ging ook naar ze veel vaker een verandering in het verwevingspatroon met a onderbreking van de professionele activiteiten van hun partners. Als kennis vrouwelijke wetenschappers lieten daarentegen een tweeverdienerspatroon achter, toen daarvoor alles vanwege een wijziging in de werkterrein van partners (voor alles in wetenschappelijk homogene samenwerkingsverbanden). Dat betekent in alle professionele sen vindt de betaalde arbeid van vrouwelijke wetenschappers voornamelijk plaats in kader van een tweeverdienerspartnerschap. Deze paren zouden echter vanuit één perspectief het potentieel moeten hebben voor dubbele roepingen (zie secties 1 en 5 in dit boek); aan de andere kant worden ze geconfronteerd met de extra moeilijkheden waarmee ze worden geconfronteerd, de twee posities voor gezamenlijke voorbereiding en ontwerp van Bellen en Familieadres. Dat het aanpassen van deze moeilijkheden een moeizame onderneming is waarop medeplichtige organisaties vaak met een (tijdelijke) verzaking aan productief werk van de medeplichtigen in reageerden, blijkt uit de resultaten voor het verstrengelde ontwerp van de mannelijke onderzoeker.

2.4.3 *Tussen benadering En volhouden verschilde*

In de vorig afwerkingen werd verschillen in de verweven patronen de wetenschappers En wetenschapper duidelijk. In de Hieronder wordt ingegaan op de redenen waarom een bepaalde verstrengeling ontstaat regeling werd geoefend en of het geslachtsverschil door een geslachtsspecifiek effect van dezelfde kenmerken en/of iets dergelijks zogenaamde compositie-effecten (dwz een andere groepssamenstelling instelling betreffende bepaalde kenmerken) uitleggen kan laten.

Enerzijds *worden kenmerken van de beroepsstructuur gebruikt als verklarende factoren* rekening gehouden met: de discipline van de eerste academische graad en de afstudeer cohort. Vooral sinds het begin van de jaren negentig is de participatiegraad gestegen van academisch geschoolde vrouwen is sterk gestegen (vgl. Anger/Konegen-Gre- sinds 2008). Dit moet de kans op een tweeverdiener verkleinen wetenschappen – zowel onder mannelijke wetenschappers als in de wetenschap schacht - gunst. Dienovereenkomstig zouden de geslachtsverschillen moeten zijn Wetenschappers die hun eerste academische graad sinds 1990 hebben behaald verworven kan lager zijn dan in het oudere afstudeercohort. niettemin moeten rekening mee gehouden worden, Dat Vrouwen in typisch mannelijk disciplines benadeeld waren en zullen blijven in hun kansen op werk (vgl. Solga/ Pfahl 2009), dat is een hoger risico op (onvrijwillige) loopbaanonderbreking en bijgevolg ge Eenverdienersregelingen kunnen het gevolg zijn.

Verder *wordt rekening gehouden met kenmerken van herkomst* : de geboorteplaats in West- of Oost-Duitsland En de werkgelegenheid de Moeder terwijl

Ineengestrengelde arrangementen in de loop van het paar

je eigen jeugd. Niet alleen voor de Wende maar ook vandaag de twee delen van Duitsland verschillen aanzienlijk in termen van één Aanvaarding van en ondersteuning van de tewerkstelling van vrouwen (vgl. Dressel 2005) – een belangrijke voorwaarde voor het realiseren van dubbele verdiensten arrangementen. Dienovereenkomstig, het verschil in de onderlinge verbinding stern tussen west duits wetenschappers En wetenschappers groter zijn dan hun Oost-Duitse collega's. Evenzo moet- ten een "meer egalitaire" socialisatie en het rolmodel van de werknemers moeder de kans op geslacht-typische single of single verdienregelingen voor zowel mannen als vrouwen verminderen. Dit zou moeten naar minder verschilde tussen wetenschappers En wetenschappers mee werkende moeders leiden.

Eindelijk worden *sociodemografische paar eigenschappen* rekening mee gehouden: de leeftijdsconstellatie en de aanwezigheid van kinderen. vorig bedrijf zoekt naar de Betekenis van leeftijdsconstellatie voor arbeidsregelingen in paren van academici tonen – zij het niet ondubbelzinnig – dat dubbel Dienstknechtenregelingen zijn beter afdwingbaar wanneer vrouwen ouder zijn dan hun partners (vgl. Rusconi/Solga 2007; Solga/Rusconi/Krüger 2005). Over het Daarnaast is het te verwachten dat partners van dezelfde leeftijd in de eerste plaats de mogelijkheid zullen krijgen wetenschappelijk homogeen Patroon beperken zou kunnen. Bij dit paren bepaalde (en soortgelijke) loopbaanstappen en vereisten moeten tijdgebonden zijn gelijkelijk worden beheerst, terwijl paren van heterogene beroepen verschillende beroepslogica's althans gedeeltelijk een gelijkschakeling van de vereisten kan ondersteunen. Ten slotte is uit de literatuur bekend dat kinderen verhogen het risico op gendertypische eenverdienersregelingen kip (zie paragraaf 2.2 evenals hoofdstuk 3 in dit boek). Daarom zou moeten de verschillen tussen mannelijke en vrouwelijke wetenschappers kinderen groter zijn dan tussen kinderloze individuen.

In de bijlage zal worden geanalyseerd welke impact woordgerelateerde constructie-, toekomst- en matchattributen op de verbinding van specifieke beknellingsbundels hadden voor de tijd vóór het doctoraat. Zoals weergegeven in segment 2.4.1 zijn er duidelijke contrasten tussen mannen en vrouwen Onderzoekers in de verspreiding van de spelplannen voor een enkele werknemer en een enkele werknemer, evenals het experimenteel homogene ontwerp voor dubbele werknemers. De kans op een plek bij een van deze bijeenkomsten werd bepaald met behulp van geïnspecteerd door directe kans op recidieven. De algemene kansen van vrouwelijke onderzoekers contrasteerden met mannelijke senschaftlern: de waarde 1 impliceert dat mensen een vergelijkbare waarschijnlijkheid hebben voor een bepaald verweven ontwerp, waarden die prominenter zijn dan 1 betekenen een hogere waarschijnlijkheid voor vrouwen, en aan de andere kant hebben waarden onder de 1 een lagere kans. als arbiter De referentieclassificatie voor het relatieontwerp werd heterogeen in de gekozen woordgerelateerde veldactie, dwz koppels, bij degenen die de onderzoeker bij

werd gebruikt op een universiteit of onderzoeksinstelling tijdens de gezochte medeplichtige met een roeping buiten de wetenschap. Net als in de in het verleden onderzochte gebieden was dit de meest bekende ter voor mannelijke en vrouwelijke onderzoekers en de bijeenkomst met het minste onderscheid in seksuele geaardheid.

Afbeelding 2.4: Relatieve waarschijnlijkheid van vrouwen in vergelijking met mannen voor alleenstaande, eenverdiener en academische homogenenpatroon voor het doctoraat (referentie: berufsfeldhete- rogeen patroon)

M0 : geslacht; *M1* : kenmerken van de functiestructuur; *M2* : functiestructuur + herkomst kenmerken; *M3* : beroepsstructuur + herkomst kenmerken + paar eigenschappen
Bron: dossier "Samen Carrière maken"; eigen berekeningen

Figuur 2.4 geeft de relatieve kansen van de wetenschap weer in vergelijking met wetenschappers, de enige kostwinner, Eenverdieners- of academisch homogene tweeverdienersregeling in behoren tot de doctoraatsfase. Als er geen andere functie is dan de slecht overwogen, wetenschappers zijn twee keer zo waarschijnlijk waarschijnlijkheid van hoe vrouwelijke wetenschappers de enige verdieners zijn in de partner schacht (M0). [16] Omgekeerd geldt voor vrouwelijke wetenschappers een meer dan dubbele waarschijnlijkheid tegenover jouw Collega's, in een overeenkomst

---

[16] De kans op een eenverdienerpatroon in vergelijking met heterogeen gen tweeverdienersregeling was 54% (versus 28% bij wetenschappers).

Ineengestrengelde arrangementen in de loop van het paar

om als bediende te leven (dwz alleen de partner is in loondienst). [17] Heren en vrouwen daarentegen verschillen slechts weinig in termen van hun waarschijnlijkheid een wetenschappelijk homogeen tweeverdiener vergeleken met een heterogeen beroepsveld. Met één uitzondering blijven dit geslachtsverschillen Ook na overweging de beroepsstructuur, herkomst en paarkenmerken zijn relatief onveranderd (M1-M3 in figuur 2.4). Alleen voor het alleenverdienerspatroon zal de geslachtsverschil kleiner; te beginnen met het model dat turelle Functies overwogen.

Met betrekking tot de *beroepsstructuur kenmerken* toonde zelf aan de ene kant, dat in vergelijking met het beroepsveld heterogene tweeverdienersregelingen in oudere en jongere afstudeercohorten de kans op kennis vrouwen om de enige kostwinner in het partnerschap te zijn, slechts de helft even groot was als hun leeftijdsgenoten (figuur 2.5). Aan de andere kant, solvabele vrouwtjes in het jongere cohort hebben twee keer zoveel kans A eenverdienersregeling vanwege een eigen niet-werkgelegenheid respectievelijk. Hierin verschillen afgestudeerden van mening venten van het oudere cohort nauwelijks van elkaar. Deze bevindingen spreken elkaar tegen de verwachting van toenemende gelijkenis in de partnerschappen van de jongere afgestudeerden, omdat in de cohortvergelijking de Het verschil tussen mannen en vrouwen in het éénverdienersmodel nam slechts licht af is toegenomen en zelfs gestegen in het geval van het alleenverdienerspatroon. alleen uit lich van het wetenschappelijke of niet-wetenschappelijke beroepenveld Partners is er een duidelijke toenadering: terwijl mannen en Vrouwen de jonger cohort met meer vergelijkbaar waarschijnlijkheid kennis- gemeenschap- homogene of -heterogene regelingen met twee inkomens toegepast tien was dit niet het geval in het oudere cohort. Vergeleken met een beroepsveld heterogene opstelling waren wetenschappers van de oudere cohort drie keer meer kans dan hun leeftijdsgenoteneen paar wetenschappers.

Met betrekking tot verschillen tussen disciplines bleek dat sociaal in vergelijking met hun gespecialiseerde collega's (meer dan het dubbele pels dus) een hoog risico hadden op een eenverdienersregeling door a eigen niet-werkgelegenheid leiden. Mannelijke en vrouwelijke wetenschap wetenschapper onderscheidend zelf Echter niet van elkaar. De familielid Waarschijnlijkheid van vrouwen in vergelijking met mannen in de techniek wetenschappen kunnen niet worden berekend, want hoewel 18% technisch wetenschappers, Maar geen van hun mannelijk leeftijdsgenoten dit ver

---

17 De kans op een eenverdienerspatroon ten opzichte van het beroepsveld is heterogeen een tweeverdienersregeling was 24% voor vrouwelijke wetenschappers (versus 10% voor vrouwelijke wetenschappers wetenschappers).

Afbeelding 2.5: Relatieve kans van vrouwen ten opzichte van mannen voor alleenstaanden, alleenverdieners en wetenschappers senschafthomogeen patroon vóór het doctoraat volgens geselecteerde kenmerken (referentie: beroepsmatigheterogeen patroon)

Bron: dossier "Samen Carrière maken"; eigen berekeningen

Verstrengelingsarrangementen in de loop van het paar

gevlochten patroon. [18] De verwachting dat technisch en natuurlijk arbeiders gegeven van hun in de Vergelijking naar Heren slechter kansen op de arbeidsmarkt een grotere kans op (ongewenst) inkomen verdienpatronen hebben, kan daarom alleen worden bevestigd voor de eerste. Een mogelijke verklaring voor de grotere kans op sociale wetenschappers waren, Dat Het in de sociale wetenschappen in de Vergelijking naar de anderen disciplines een precairder professioneel situatie daar, bijv. B. met betrekking tot het werkloosheidspercentage en de tijdslimieten voor tewerkstelling traag (vgl. Diaz-Bone/Glöckner/Küffer 2004). Zelfs als in deze discipline plin vrouwen ervaren minder nadelen dan vrouwen in typisch mannelijke disciplines (vgl. hoofdstuk 1 in dit boek), worden ze nog steeds bedreigd hoger risico om werkloos te worden dan hun leeftijdsgenoten. samenvatting De verwachtingen ten aanzien van de structurele kenmerken van de bezetting konden worden verzonden geen van beide volledig bevestigd nog steeds weerlegd worden.

In tegenstelling tot de verwachting van toenemende gelijkenis in de vlechtpatronen bestonden voor wetenschappers ook de jongste afstudeercohort verschillende kansen, Een- of alleenverdienersregelingen in een eerdere loopbaanfase respectievelijk. De toenemende openstelling van het werkveld van de wetenschap - op de lagere carrièreniveaus – voor vrouwen betekende echter dat jonge wetenschappers mannelijke en vrouwelijke wetenschappers met dezelfde kans tweeverdienersregeling in de dezelfde professionele veld beoefend.

Ook wat betreft de invloed van de *kenmerken van herkomst,* de resultaten niet ambivalent. Met betrekking tot de kans op een enkele of eenverdienerspatroon in vergelijking met een heterogene dubbelganger in het beroepsveld inkomensregeling is, zoals verwacht, het verschil tussen Westduitsers cal mannen en vrouwen het grootst. West-Duitse mannen waren met hen een bijna tweemaal hoger waarschijnlijkheid als haar vrouwelijke collega's de enige verdiener, terwijl West-Duitse vrouwen, in tegenstelling tot hun plaats A dubbele Dus hoog risico voor A eenverdienersregeling had. De verschillen tussen Oost-Duitse mannen en vrouwen waren gen minimaal. De verwachting Dat de werkgelegenheid de eigen Moeder vergroot echter de kans op tweeverdienerspatronen niet worden bevestigd. Dat de tewerkstelling van hun eigen moeder niet is maakte het waarschijnlijker dat vrouwelijke wetenschappers de enige kostwinners zouden zijn in beroepsveld heterogeen Partnerschappen voor tweeverdieners leefde tegendeel- spreekt niet tot de verwachting van een meer "egalitaire" socialisatie (omdat in beide de vrouwen zoeken een baan). Echter lijken mannelijk wetenschapper niet in hetzelfde Ook Scope profiteert ervan hebben: Want zelfs in vergelijking met hun mannelijke collega's met niet- in dienst Moeder had zij een iets hoger Waarschijnlijkheid, de

---

18   niettemin is de risico een zo een arrangementen voor wetenschappers in de technologie engineering lager als in de sociale wetenschappen.

om de enige verdiener te zijn. Hierdoor is het geslachtsverschil tussen wetenschappers met werkende moeders groter dan tussen degenen van wie de moeder geen baan had. Ook waren de gescheiden tussen dit wetenschappers En wetenschappers bij de Patroon alleenverdieners groter dan bij inactieve moeder ter. In dit geval was de kans echter groter voor zowel vrouwen als mannen met werkende moeders ook iets minder dan voor hun Benen met niet-werkende moeders. De verwachting van een gunstige invloed voor tweeverdienersregelingen vanwege een "egalitaire ren" socialisatie door een werkende moeder kan dus alleen maar kan echter niet ondubbelzinnig worden bevestigd voor mannen. Dit zou kunnen wijst erop dat eerder voor het verweven van regelingen in partnerschappen van

Betekenis is, of de moeders van de vrouwen (wetenschappers of vrouwelijke partners) in dienst waren, en minder wat de moeders van de mannen (wetenschapper of partner) gemaakt hebben.

Met betrekking tot de *paarkenmerken* heeft de leeftijdsconstellatie een significante betekenis dezelfde invloed, vooral voor patronen van eenverdieners. Het grootste verschil bestond tussen wetenschappers van dezelfde leeftijd gen partnerschappen. In vergelijking met een professioneel heterogene opstelling Er was een grotere kans op mannen met een leeftijdsvoordeel waarschijnlijkheid voor de patroon van de enige kostwinner als bij jouw Collega's met partner van dezelfde leeftijd, maar hetzelfde gold ook voor de (weinig) vrouwelijke partners met jongere partners, zodat voor deze groep van verschil was erg klein. Aangezien vrouwen dat echter veel minder vaak doen dan mannen een leeftijdsvoordeel had, kan [19] deel uitmaken van het geslachtsverschil in de spreiding van de alleenverdienersregeling ook op een composiet ioneneffect kan worden toegeschreven. De verwachting is ook de Bevindingen: De (weinig) wetenschappers met oudere partners waren bij ons minder waarschijnlijk dan hun collega's met andere leeftijdsconstellaties atie enige verdiener. Echter duur voor wetenschappers met oudere partners een nog lagere kans, dus hiervoor sterrenbeeld het geslachtsverschil blijft. Deze bevindingen bevestigen dat tweeverdienerspatronen (hier heterogeen in beroepsvelden) de neiging hebben om in te zijn leeftijd-atypische partnerschappen zijn mogelijk; dat wil zeggen waar de vrouwen (Partners of wetenschappers) ouder dan hun echtgenoten zijn. Maar zoals de term "atypisch" al suggereert, dergelijke (gunstige) Leeftijdsconstellaties zeer zeldzaam. Voor mannen en vrouwen, aan de andere kant, de De verwachting kan niet worden bevestigd dat vooral wetenschappers in leeftijdsgenoten partnerschappen met minder waarschijnlijkheid kennis- schacht-homogeen als beroepsveld heterogeen patroon van tweeverdieners realiseerde

---

19 Wetenschappers waren gemiddeld ongeveer een jaar ouder en vrouwen twee jaar jonger dan hun partners (Hess/Rusconi/Solga 2011a: 76). Slechts 7% van de wetenschappers loop tegen 53% van hun Collega's had A leeftijd voordeel van ten minste een Jaar.

Verstrengelingsarrangementen in de loop van het paar

tien. [20] Een mogelijke verklaring voor deze bevinding zou zijn dat in dit vroege stadium andere professionele fase, het gelijktijdig omgaan met vergelijkbare professionele vereisten was toch makkelijk te organiseren of net zo goed als anders professionele velden. Echter interpreteren de Resultaten Ook daarop, Dat de fundamentele vraag bij partnerschappen van dezelfde leeftijd is of er überhaupt twee zijn Er is (kan) betaald werk worden gerealiseerd. Want vooral bij mannen Wetenschappers met een partner van dezelfde leeftijd is de kans voor A eenverdienersregeling relatief hoog. A verweven patroon, wat bij deze koppels van dezelfde leeftijd niet het geval is verklaar de door leeftijd vertraagde intrede op de arbeidsmarkt van de partner maar eerder op de moeilijkheden om er tegelijkertijd mee om te gaan professionele vereisten duidt op.

Ten slotte moeten de kinderen worden genoemd. Het feit dat man Wetenschappers twee keer zoveel kans als hun leeftijdsgenoten naar enige verdiener waren, opgehangen niet – ten minste niet naar dit tijd

– met de aanwezigheid van kinderen. Zelfs kinderloze mannen hadden meer kans om de enige verdieners te zijn in vergelijking met hun kinderloze collega's. Bovendien was er geen verschil tussen wetenschappers met en zonder kinderen. [21] Aan de andere kant, voor moeders in Twee keer zoveel kans als vaders om het daarmee eens te zijn bediende opstelling vanwege de eigen niet-werkgelegenheid naar leiden, terwijl kinderloze wetenschappers alleen hier zijn weinig van elkaar verschillen. Deze hogere waarschijnlijkheid of dat hoger risico van moeders ten opzichte van vaders staat er *echter niet* op toegeschreven aan het feit dat moeders meer kans hebben om te verdienen zenuwachtiger dan kinderloze collega's. Het waren de vaders die in vergelijking met hun kinderloze collega's aanzienlijk lager kans om zelf geen baan te hebben. Voor man Wetenschappers vinden we dus een eerste indicatie dat vaders van sociaal verwachting dienovereenkomstig de Familie door een eigen veilige baan. Voor vrouwen – wetenschappers en partners Bij de één lijken echter andere factoren dan kinderen een rol te spelen niet-werkgelegenheid naar toneelstuk.

Samenvattend kan worden gesteld dat wetenschappers en wetenschappers wetenschappers geslachtstypisch mogelijkheden voor bijzonder verweven

---

20 Voor mannelijke en vrouwelijke wetenschappers is de kans groot een wetenschappelijk homogeen tweeverdienersregeling in de Vergelijking naar een professioneel- veldheterogeniteit het laagst onder degenen die jonger zijn dan hun partners. De het kleinste geslachtsverschil was tussen mannelijke en vrouwelijke wetenschappers naar met jongere partners te vinden.

21 Het is niet verrassend dat dit ook gold voor vrouwen. Vergeleken met een heterogeen beroepsveld

tweeverdienersregeling was de kans op een eenverdienersregeling voor vrouwelijke wetenschappers met en zonder kinderen ca. 20% (vs. ongeveer 40% voor hun reu chen Collega's).

ontwikkelingspatronen in de doctoraatsfase. Vooral wat betreft de verspreiding van eenverdienersregelingen in vergelijking met de beroepsbevolking veld-heterogene tweeverdieners patroon is de verwachting van een toenemende de gelijkenis van wetenschappers En wetenschappers duidelijk weerlegd geweest. Alleen met betrekking tot van professionele veld de Partners gevonden bij tweeverdieners vindt een onderlinge aanpassing plaats. U kunt ook vinden Tips op discipline En geslachtsspecifiek risico's op naar de arbeidsmarkt, dus vooral met betrekking tot de beperkingen op de tewerkstelling activiteit van sociale en technische wetenschappers. Hij speelt ook de sociale en familiale context van herkomst spelen een belangrijke rol. Voor vooral vrouwen (hier wetenschappers) profiteerden van socialisatie door een werkende moeder in de zin van "vasthouden" aan a werk en in een tweeverdienerspatroon. Eindelijk laten zien de resultaten laten zien dat tweeverdienersregelingen vaker voorkomen in partnerschappen zijn mogelijk waarin de vrouwen (partners of wetenschappers naar) ouder zijn dan hun echtgenoten.

Maar in hoeverre zijn de verweven patronen hiervan zien vroeg loopbaan fase langetermijn van Betekenis, d.w.z voor de verweven arrangementen na het afstuderen?

2.4.4 *Alles bij de oud of worden de kaarten herschikt?*

Net als vóór het doctoraat tonen de ontdekkingen van multivariate dissecties aan dat, in tegenstelling tot het woordgerelateerde veld, heterogene two-fold worker game-planonderzoekers met minder waarschijnlijkheid als haar partners die de enige leveranciers in de organisatie waren. Aan de andere kant woonden ze met mij twee keer zo waarschijnlijk in een logisch homogene organisatie. Figuur 2.6 toont de kansen voor informatieonderzoekers die vertrouwen op het interliniëringsplan van het doctoraat, een experimenteel homogene of enige om na het afstuderen een plaats te hebben met werkerontwerp. De referentie is zoals in het verleden gebied dat woordgerelateerde veld heterogeen voorbeeld.

Ondanks de woordgerelateerde constructie, begin- en matchkwaliteiten en de connectie met een van de zes voorbeelden voordat het doctoraat wordt overwogen (Figuur 2.6), is het heel goed te zien dat de onderzoekers die de meeste kans hebben op een model van een eenzame werknemer in tegenstelling tot een woordgerelateerd heterogeniteitskwaliteitsplan, waren degenen die op dat moment waren opgesteld voordat het doctoraat dit verbindingsspelplan repeteerde. De verschillen tussen mensen op deze bijeenkomst zijn hoe dan ook ronduit: onderzoeker, die de enige werkers in de doctoraatsfase waren, bleef na de beweging met meerdere keren de kans om als onderzoekers toe te treden.

Verstrengelingsarrangementen in de loop van het paar

Afbeelding 2.6: Waarschijnlijkheid van mannen en vrouwen voor tong tweeverdienerspatroon dat homogeen is in termen van bedienden en academici na het doctoraat volgens geselecteerde onderlinge afhankelijkheid ter van de doctoraatsfase (referentie: beroepenveld heterogeen Patroon)

2.5 De onderlinge afhankelijkheid van wetenschappers in defamiliegeschiedenis

Zoals besproken in het tweede deel, kunnen familiegebeurtenissen dat ook leiden tot een "verandering van onderlinge afhankelijkheid". Om te onderzoeken hoe paren na de geboorte van hun eerste kind een andere huwelijksregeling om hun activiteiten te oefenen, is het eerst nodig om de patronen in de te begrijpen twee jaren voor de geboorte van Eerst lichamelijk kind kort te representeren rondom Dus een vergelijking met de latere arrangementen toelaten.

De analyse van de onderlinge afhankelijkheid van arbeidstrajecten van wetenschappelijke ouders en hun partners vóór de geboorte van hun eerste kind blijkt vier patroon (niet getoond). Ongeveer 40% van de wetenschappers en de wetenschappelijke vrouwen leefden in een beroepsmatig heterogene tweeverdienersregeling verstand. In de verdeling zijn significante sekseverschillen terug te vinden van wetenschappelijk homogeen En Alleenverdienersregelingen: voormalig waren duidelijk vaker bij wetenschappers (32% versus 18% in de mannen), de laatste onder mannelijke wetenschappers (33% vs. 13% voor vrouwen). Voor 10% van de wetenschappers en 14% van de wetenschappers arbeiders was de verweven door onderbrekingen de Kennis- zakelijke activiteit, zij het als gevolg van betaald werk de partner buiten het wetenschapssysteem of niet-werkend capaciteiten van de wetenschapper. In wezen dus de onderlinge relaties patroon voor de ouderschap die in de PhD-fase erg vergelijkbaar
–   onder andere omdat de meeste wetenschappers er pas achter komen het doctoraat werden ouders (zie hoofdstuk 3 in dit boek; Hess/Rusconi/ Solga 2011).

Figuur 2.7 laat zien dat naast de wetenschappelijk

homogene en ruffelheterogeneen patronen van tweeverdieners (Patroon 1 En 2) En naar de eenverdienersregeling (Patroon 3) in de zes jaren na de geboorte

---

Dat betekent, dat, hoe in de Sectie 2.4.3 uiteengezet, Nee Eenverdienerspatroon door de niet-werkgelegenheid de wetenschappers na de Promotie naar vinden is. van het eerste kind was er een extra verwevingsregeling die wegens een relatief lange onderbreking van de academische loopbaan gekenmerkt door inactief te zijn (9%, patroon #4 in Figuren 2.7). [24] Daarnaast alle patronen voor de periode na kind desgeboorte vaker fasen met een anderen combinatie de activiteiten op. Een vergelijking van verstrengelingspatronen voor en na de geboorte eerste kind maakt *in de eerste plaats* duidelijk dat de spreiding van dubbele verdiensten stel na de geboorte VERWIJDERD heeft; namelijk van 72% op 53% – En dit zelf Dan, als naast de beide wetenschappelijk homogeen En
-heterogeen tweeverdieners Ook de aandelen voor tweeverdieners de ge gemengde groep. *Ten tweede,* mannelijk che en vrouwelijke wetenschappers na het ouderschap duidelijk in hun Arrangementen: Vier keer zoveel mannelijke als vrouwelijke wetenschappers waren enige verdiener (40 versus 7%). Aan de andere kant bijna een vijfde van Vrouwelijke wetenschappers (17%), maar slechts twee wetenschappers zelf werkeloos. Echter, iets meer dan de helft van de wetenschappers nen evenals 40% van de wetenschappers waren ook na de geboorte van de eerste kind deel van een tweeverdieners paar. De geboorte van een kind was het gevolg Dus niet onvermijdelijk naar langer loopbaanonderbrekingen de Vrouwen (noch voor de partners, noch voor de wetenschappers). de op Juridische instandhouding van

tweeverdienersregeling leugens - zoals de analyse zal blijken in hoofdstuk 3 van dit boek – in de onderhandelingsprocessen in de Paar maar ook externe ondersteuning.

Een vergelijking van de verstrengelingspatronen voor en na de geboorte van de eerste kind op individueel niveau laat ook zien dat de helft van de kennis die, vóór de geboorte van hun eerste kind, mogelijk een verweven arrangement gehad, dit ook achteraf beoefend (54% van de wetenschappers en 58% van de wetenschappers). Terwijl 15% van de vrouwen in deze groep doorwerkt voor a langere tijd was dit voor geen enkele man het geval. Echter bijna een vijfde van de wetenschappers en slechts één vrouw ner.

22

Een iets hoger stabiliteit de verweven patroon had Kennis- arbeiders in voor beroepsveld heterogeen partnerschappen: 66% de Mannen en 63% van de vrouwen zetten dit verstrikkingspatroon voort. Maar zelfs in deze groep werd bijna een vijfde van de mannen en geen van de vrouwen Eenverdiener, terwijl 9% van de vrouwen en slechts één man na de bevalling van het kind hun baan onderbroken.

---

24 Er is ook een gemengde fase voor de fase na de geboorte van het eerste kind groep (20%; patroon nr. 5) waarin geen dominante maar afwisselende verstrengeling is regelingen en veel (gecensureerde) gevallen, dwz waar het interview voor de zesde Verjaardag van kind vond plaats.

Verstrengelingsarrangementen komen in de loop van het paar tot stand

het eerste kind Verstrengelde patronen echter die mannelijke wetenschappers die al *eerder zijn* de geboorte enige verdiener waren (80% tegen 36% de Vrouwen). Echter Een kwart van de wetenschappers in deze groep onderbrak hun dienstverband terwijl de partner in loondienst ging (27%). De rest van Na de geboorte van hun eerste kind schakelden wetenschappers over op sociaal homogeen en in enkele gevallen tot beroepsmatig heterogeen dubbel verdiener regelingen (respectievelijk 18% en 4%).

Samengevat betekent dit: Weliswaar tweeverdiener maatschappen vooral voor vrouwelijke wetenschappers na de geboorte van hun eerste kind vertegenwoordigen de meerderheid verweven arrangement, heeft ouderschap een scherpe en gendergerelateerde betekenis voor mannen en vrouwen vrouwen en voor de verwevenheid van arbeidsverleden in parenrelaties gen. Dit familie Evenement Leidt direct bij wetenschappers En hun partners tot grotere veranderingen dan het professionele evenement van Promotie. De belangrijkste reden hiervoor is de persistentie van geslacht meer typisch rollenpatroon, de Ook bij academisch geleerd Heren En

vrouwen zijn gebruikelijk. Hieronder wordt onderzocht welke eigenschappen van de wetenschappers en hun partners om een slechte typische alleenverdiener of alleenverdiener na de geboorte van Eerst kind uitleggen kan En op welke manier eerder verweven afspraken hebben later effect.

Multivariate analyses laten zien dat wetenschappers - ook daarna aandacht voor beroepsstructuur, afkomst en paarkenmerken - met tien keer meer kans dan hun leeftijdsgenoten na de geboorte van het eerste kind zijn voor langere tijd de enige kostwinner. wetenschap wetenschappers onderbroken Echter haar eigen werkgelegenheid met dubbele zo'n grote kans zoals hun collega's. [25]

Hoe Ook voor de verweven patroon in de professionele geschiedenis getoond werd, geen toenadering tussen mannelijke en vrouwelijke wetenschappers van de jongere afstudeercohort. Integendeel: binnen gelijk aan een (wetenschappelijk homogene of -heterogene) dubbelganger bediende regeling gaf Het bij de afgestudeerden de jonger cohort zelfs een grotere kans voor geslachtstypische single of Eenverdienerspatroon dan afgestudeerden die vóór 1990 zijn afgestudeerd hadden verworven. Wat betreft de disciplines, de kennis geen verschillen, terwijl mannelijk technisch en natuurlijk wetenschappers waarschijnlijker dan sociale wetenschappers Partnerschappen voor alleenverdieners leefde. samengevat kan voor de *beroepsmatige structurele* kenmerken worden vastgelegd die gendertypisch zijn Verstrengelingspatronen na de geboorte van kinderen in grotere mate jongere afgestudeerden en mannelijke wetenschappers daarin benoemde door mannen gedomineerde disciplines (technologie en natuurwetenschappen tien) werden geoefend.

Met betrekking tot de *kenmerken van herkomst* kan gesteld worden dat zoals verwacht Eenverdienersregeling na de geboorte van het eerste kind met hoger (bijna twee keer) waarschijnlijkheid onder West-Duitse wetenschappers dan waren te vinden bij hun Oost-Duitse collega's. De verschillen tussen West- en Oost-Duitse vrouwelijke wetenschappers in termen van eenverdienerspatroon waren Echter significant lager. Nee opmerkelijk verschillen worden daarentegen gevonden tussen wetenschappers wier moeders tijdens van hun jeugd overweldigend in dienst waren, En die van wie moeders waren meestal huisvrouwen. Dit betekent dat een traditionele arbeidsdeling in het gezin van herkomst verkleint de kans überhaupt tewerkgesteld zijn (zie paragraaf 2.4.3), maar als dit Vrouwen in dienst Zijn, Dan plaats zij na de geboorte van Eerst kind

---

25 Vanwege de ruimte zijn de geschatte (lineaire waarschijnlijkheids) modellen voor de verstrengeling ontwikkelingspatroon na de geboorte van het eerste kind niet getoond. Je bent bij de auteur op Navraag beschikbaar.

Verstrengelingsarrangementen in de loop van het paar

haar werkgelegenheid net als weinig naar de aanleg Hoe haar vrouwelijke collega's uit gezinnen van herkomst met een meer egalitaire arbeidsverdeling.

Ten aanzien van de *leeftijdsopbouw* in de maatschap geldt: a verschillende invloed op de verweven patronen van de mannelijke en vrouwelijk Wetenschapper. mannelijk wetenschapper met atypisch Leeftijdsopstelling (dwz waarin de partner of de wetenschapper ouder was) beoefend na de geboorte van Eerst kind met groter Kans op een geslachtstypische enigekostwinnersregeling dan haar Collega's met anderen leeftijd sterrenbeelden. Echter onderscheidend vrouwelijke wetenschappers die wat hun betreft ouder waren dan hun partners Kans op regelingen voor alleenverdieners niet van hun leeftijdsgenoten met een typische leeftijdsconstellatie of die van dezelfde leeftijd. Voor de familie fase na de geboorte van het eerste kind kan niet worden bevestigd, Dat de waarschijnlijkheid van tweeverdienersregeling bij oud atypische paren is hoger. Al deze bevindingen wijzen op een significante Aanhoudende genderrolpatronen na de geboorte van kinderen daar.

Met betrekking tot het belang van eerdere patronen van onderlinge afhankelijkheid, het bewijs vond een duidelijke stabiliteit van het verstrengelingspatroon (Figuur 2.8). De hoogste waarschijnlijkheid voor A eenverdienersregeling

Afbeelding 2.8: Waarschijnlijkheid bij mannen en vrouwen voor single en Eenverdienerspatroon na de geboorte van de eerste kind erna geselecteerde verwevingspatronen voor de geboorte (referentie renz: academisch homogeen en professioneel heterogeen Patroon)

enige verdiener na bevalling   alleenverdiener   na bevalling

2.6 Conclusie

In dit hoofdstuk worden de verweven patronen van de arbeidsverleden in paren academici en hun dynamiek. In wezen bestaan- vier verstrengelingspatronen: twee patronen waarin beide partners actief zijn (beroepsveld heterogeen en wetenschappelijk homogeen dubbele verdiensten nerarrangementen), en twee patronen waar slechts één van de twee partners in loondienst is (onderzoeker of partner). De verspreiding van dit verweven patroon is dat echter wel chen professioneel En familie fasen net zoals tussen wetenschappers En Vrouwelijke wetenschappers 'ongelijk' verdeeld.

Partnerschappen voor tweeverdieners neerzetten voor wetenschappers de vertegenwoordigen de meeste patronen van onderlinge afhankelijkheid in alle professionele en gezinsfasen, terwijl ze onder hun mannelijke collega's iets minder frequent zijn en volgens geboorte van het eerste kind waren vergelijkbaar met het patroon van de alleenstaande kostwinner. Ook vanwege De onze studie populatie – wetenschappelijk medewerkers

– de (tijdelijke) uitval van wetenschappers was relatief zelden, maar in twee levensfasen, vooral bij vrouwelijke wetenschappers naar naar vinden: in de PhD-fase En na de geboorte van Eerst kind

Verstrengelingsarrangementen in de loop van het paar

des. Het enige dienstverband van de wetenschapper kwam daarentegen binnen alle fasen, maar kwam vaker voor bij mannelijke wetenschappers in de PhD-fase En voor alles na de geboorte van Eerst kind naar. In In alle beroeps- en gezinsfasen waren er dus gendertypische kansen voor bepaalde patronen van onderlinge afhankelijkheid en voor veranderingen in onderlinge afhankelijkheid na het doctoraat of de bevalling van het eerste kind.

Benadrukt moet worden dat deze geslachtstypische verdeling van één-, één- en tweeverdienersmodellen is *geen* "verouderd" Fenomeen dat vooral wetenschappers van de oudere afstudeercohorten. Precies de verwachting van een herstellen gelijkenis tussen wetenschappers En wetenschappers de jonger afstudeer cohort zou kunnen niet bevestigd worden. Nogal in de Omgekeerd: zowel voor de doctoraatsfase als voor de fase erna geboorte van Eerst kind gaf Het bij de afgestudeerden de jonger Cohort zelfs een hogere kans voor de geslachtsspecifieke Patronen met één kostwinner oefenen. De bevindingen voor de mannelijke wetenschappers suggereren dat de voorwaarden voor verdubbeling bekkeninnerarrangementen verslechterd hebben. opgestaan Vereisten voor de wetenschappers - zoals een hogere loopbaanrelevantie van derde-fondsenwerving, publicaties in Engels sprekende tijdschriften (zien. Munch 2006) En verblijft in het buitenland – samengebonden met een verder Precariteit van de wetenschappelijke middenfaculteit (vgl. Gülker 2010). enerzijds het risico op een eenverdienerspatroon (bijvoorbeeld door onvrijwillige eng loopbaanonderbrekingen) toename, aan de andere kant Maar Ook de een eenverdienerspatroon bij pogingen om met inactiviteit om te gaan de partner het flexibele gebruik onder voortdurend bewijzen van de kennis schafts toelaten.

In dit verband moet ook worden benadrukt dat Genetische tweeverdienersregelingen zijn relatief riskant of onstabiel Zijn. Dit geldt met name in de partnerschappen van mannelijke wetenschappers om te bepalen. Na het doctoraat van de wetenschappers met een voor wetenschappelijk homogeen patroon van tweeverdieners was een langdurige niet-tewerkstelling bij de partners van de wetenschappers dubbele Dus waarschijnlijk Hoe bij de partners de wetenschappers. Bij laatstgenoemd gevonden liever A Verandering van beroep als niet-werkgelegenheid in plaats van. gegeven De onze studiepopulatie, in de alleen onder de Partners zijn mensen die de wetenschap hebben verlaten, is van dat uitgaan Dat de hier gepresenteerd Resultaten de Uitgangvan vrouwen in de wetenschap zelfs onderschatten.

De bevindingen laten echter ook een duidelijke stabiliteit van de onderlinge afhankelijkheden zien ontwikkelingspatronen in de professionele en gezinsfasen. Na de promotie en na de geboorte van het eerste kind (het beroep is heterogeen of. wetenschappelijk homogeen) patroon van tweeverdieners voor alles bij die om paren te vinden die al zulke verweven patronen in de fasen hebben voor. De "punten" voor het verweven van arbeidsverleden in Dus al vroeg in de carrière werden partnerschappen aangegaan. dit geldt maar ook voor mannelijke wetenschappers en hun partners alleen verdienerspatroon: Ze hadden ook een grote kans dat ze zetten dit patroon voort in latere levensfasen. Aan de andere kanthebben de neiging om het patroon van één verdiener over te nemen onder wetenschappers en hun partners tijdelijke regeling 26 –

Eindelijk is benadrukken Dat Partnerschappen voor tweeverdieners zijn heel gebruikelijk en onder wetenschappers ook na de geboorte van de eerste kind vertegenwoordigen het meerderheidspatroon van onderlinge afhankelijkheid. hoe dan ook het is een mythe dat academische koppels meestal tweeverdieners zijn. Zelfs onder de vrouwelijke wetenschappers – een positief geselecteerde groep – vertoont langdurige (!) onderbrekingen. Het fenomeen is nog groter onderschat bij het overwegen van de arrangementen van hun mannelijke collega's of van de partners van de onderzochte collega's. Dat betekent promotie van rantsoen van vrouwen in de wetenschap moet duidelijk worden verbeterd de algemene voorwaarden voor tweeverdieners, En dit al in eerder loopbaan fasen (promotie en postdoc-fase), evenals voor één Keer terug naar het werk in het algemeen en naar de wetenschap speciaal.

---

26 Sinds vrouwen (en mannen) die wetenschap doen vanwege hun eigen niet-beroep maar niet samenleven met een wetenschapper, zijn niet opgenomen in onze steekproef, de verspreiding van de nerpatronen onderschat.

3. Carrière met een kind in de wetenschap – Egalitaire claim en traditionele realiteit van gezinszorgarrangementen succesvol Vrouwen En hun partners

3.1 Carrièrebarrière kind?

'Oh, mevrouw Neubert, zit u nog in de wetenschap? Je hebt er nu twee Kinderen." (Professor, drie kinderen) Wetenschap vertegenwoordigt een beroepenveld waarin vrouwen met kinderen zich bevinden leidinggevende posities zijn zeldzaam. Slechts elke derde tot vijfde professor sorin, maar meer dan elke tweede professor heeft één of meer kinderen (vgl. Linde 2008; Metz-Göckel/Selent/Schuermann 2010). In verband met de Vragen na carrièremogelijkheden van hoog gekwalificeerd Vrouwen wordt de Het hebben van kinderen is nog steeds het "grootste obstakel voor een carrière" besproken. In dit hoofdstuk willen we specifiek ingaan op de vraag welke invloed van kinderen op de loopbaanontwikkeling van vrouwen in de wetenschap hebben.

Universiteiten en hogescholen zijn een werkterrein waarin die succes voor degenen die hun hele leven op wetenschap baseren en onderzoek (vgl. Engler 2001). Een wetenschappelijke carrière met betrekking tot is in de Regel met een hoog persoonlijk Missie net zoals lang arbeidsuren en lange kwalificatiefasen (vgl. Beaufaÿs 2005). De klassieke kenmerken van professionele activiteit als Wetenschappers komen in veel opzichten daarmee overeen andere academische beroepen met zelfstandige verantwoordelijkheidsgebieden en managementtaken: Hoge en flexibele tijdsbeschikbaarheid vaardigheidseisen (bij de dag, wekelijks En jaarlijkse werktijd) net zoals hoge eisen aan geografische mobiliteit. Toegevoegd aan dat een carrière in de wetenschap gedurende een lange periode Nee zeker arbeidsperspectief aanbiedingen. Niettemin is een lichte tendens draai van het bekende beeld van kinderloze vrouwelijke wetenschappers waarneembaar: De Deel PhD Vrouwen met kinderen En PhD Vrouwen zonder

Kinderen in leidinggevende posities is hetzelfde binnen en buiten de academische wereld hoog (vgl. Schubert/Engelage 2010), en vrouwelijke professoren met kinderen een gezin vroeger in het leven dan hun oudere collega's (vgl. Zimmer/Krimmer/Stallmann 2007). Vrouwen nader bekeken die een wetenschappelijke carrière nastreven met een kind laat zien dat ze krijgen vaak niet het gewenste aantal kinderen omdat ze bij de geboorte worden geboren meerdere Kinderen negatief gevolgen voor haar wetenschappelijke carrières anticiperen. Ook schat wetenschappers haar professioneel Toekomst nogal pessimistisch, hoewel ze centraal staan in hun beroep studiebeurs En in deze een aantrekkelijk loopbaan perspectief zien (zien. Linde 2008). Over het algemeen moeten hooggekwalificeerde vrouwen met gezinnen de helft van de wetenschap met nadelen wat betreft hun professionele mobiliteit en het daarmee gepaard gaande inkomensverlies aanvaarden (vgl. Schu- Bert/Engelage 2010).

De hier beschreven loopbaannadelen van vrouwen in de wetenschap ga echter niet per se terug naar het stichten van een gezin, maar naar de met de kinderopvang verwant professioneel Beperkingen, Hoe enkele maanden loopbaanonderbreking, werktijdverkorting, lager Aanwezigheidstijden of de beperking van ruimtelijke mobiliteit, zoals nieuwe onderzoeksresultaten show (zien. Metz-Göckel/Selent/Schuermann 2010). Vooral in het eerste levensjaar, maar ook later, wetenschappelijk De meeste vrouwen leren de belangrijkste verantwoordelijkheid voor de zorg voor hun kinderen (vgl. Hess/Rusconi/Solga 2011a). Hun mannelijke tegenhangers hebben vaker partners, de Niet of alleen beperkte werkgelegenheid Zijn, zodat vaker "de rug wordt vrijgehouden" voor hun carrière (vgl. Hess/ Rusconi 2010). Vrouwelijke wetenschappers delen slechts in zeldzame gevallen informatie jouw partners de zorgtaken al in de Eerst leeftijd van kind (bijna) gelijk. Een exclusieve kinderopvang via de partner komt vaak noch voor de vrouwen, noch voor de mannen zelf in overweging. [1] Vrouwelijke wetenschappers zijn dus – net als andere (in loondienst) ge) Ook vrouwen – met specifieke maatschappelijke verwachtingen van moed geconfronteerd. De "oproepen tot het moederschap", dat wil zeggen de samenleving wetenschappelijk verwachting bij Vrouwen in modern bedrijven, naast de betaald werk om zichzelf als moeder te bewijzen (vgl. Correll 2010), op gespannen voet met de sterke en alomvattende focus op atie van professionele loopbanen (vgl. Reichart/Chesley/Moen 2007).

Tot nu toe is er weinig bekend over hoe vrouwelijke wetenschappers zonder carrière zitten kromming haar carrières met kinderen doorgaan kan. De getuigenis

---

1 analyseert toonde Dat inbegrepen vaak stereotypen normatief verwachtingen bij ouderschap in geplaatst, en als de partners werken als wetenschappers, Wetenschap geconstrueerd door haar partners als een beroep met ruimtelijk-temporele flexibiliteit die, in tegenstelling tot andere arbeidsverhoudingen, gebaseerd is op vrij te kiezen werkuren de Zorg van kinderen toelaat (zien. Hess/Rusconi 2010).

Carrière met een kind in de wetenschap

te veel wetenschappers met kinderen) show, Dat dit alles ander vanzelfsprekend (vgl. Biller-Andorno et al. 2005). hoe hoog gediplomeerde vrouwen zetten hun loopbaan ook voort met kinderen – soms in zeer verschillende manieren – blijkt uit de studie van Walther en Schaeffer-Hegel (2007) voor niet-academische loopbanen. Over het algemeen Ze vinden dat hoogopgeleide vrouwen de neiging hebben om hun kinderen groot te brengen later in het leven komen, met de keuze van timing niet volgt een consistent patroon en er is geen ideaal tijdstip subjectief of objectief kan worden bepaald. De auteurs kunnen dat echter wel identificeer enkele van de succesfactoren die een professionele carrière met kinderen mogelijk maken chen. Aan de ene kant is dit het gedrag van vrouwen, wat tot uiting komt in de mulatie duidelijker doelen, de open Binnenkomen voor de eigen Interesses En kenmerken de soms hoge veerkracht. Aan de andere kant bevestigen ze auteurs Dat de direct opnieuw invoeren na het zwangerschapsverlof of na een onderbreking van maximaal zes maanden en de mogelijkheid vaardigheid naar de flexibele Werk goedkoper is voor de professioneel Succes van Vrouwen als langdurige loopbaanonderbrekingen of deeltijdbanen gen. Alleen vrouwen kunnen echter continu en volledig in dienst zijn de zekerheid hebben dat hun kinderen (op hoog niveau) worden opgevangen is gegarandeerd. Volgens Walter en Scheffer-Hegel stelt dit meestal een Combinatie van openbare of bedrijfsopvang met aanvullende lich Privaat gefinancierd kinderopvang van tevoren. Niet laatst bewijzen zelf de steun van de partner "van elementair belang voor de succesvolle verzoening van kinderen en carrière" (Walther/Schäffer- Hegel 2007: 19). Partners die kinderopvang delen met hun vrouw delen, ondersteunen de carrières van hun vrouwen niet alleen praktisch, maar ook ook immaterieel en vormen een morele versterking voor de wetenschappers schat.

In welke mate beïnvloeden deze resultaten de carrières van vrouwelijke wetenschappers overdraagbaar zijn, is nog niet voldoende onderzocht. We beginnen het pas te weten hoe de loopbanen van vrouwen met gezinnen zich in de wetenschap ontwikkelen (vgl. Hoofdstukken 2 en 5 in dit boek). Wat nog onduidelijk is, is welk partnerschap onderhandelingsprocessen zitten achter de gerealiseerde kinderopvang verschillen verbergen en in welke mate ze de carrières van wetenschappers beïnvloeden goten beïnvloeden. Beide zijn het onderwerp van dit artikel. We gaan ga ervan uit dat voor hoogopgeleide werkende vrouwen en mannen die leven als koppel in hetzelfde huishouden en hebben kinderen, conventioneel alle *gezinseconomische kosten-batenafwegingen* (vgl. Becker 1991) alleen erg beperkt tot slijtage komen. Ze hebben een specialisatie de partner is minder (minder) aantrekkelijk vanwege betaald werk *of huishoudelijk werk* de hoge opleidingsinvesteringen van beide partners of deze specialisatie wordt bijv. B. ook niet van toepassing wegens kleinere inkomensverschillen streeft. Tegelijkertijd eigen ander economisch uitleg Hoe de *resource onderhandelingsmodel* (vgl. Ott 2001) een zekere verklarende kracht voor de verdeling van de kinderopvang, mits maatschappelijke verwachtingen genen en standaarden zijn inbegrepen. Deze benadering neemt het relatieve onderhandelingskracht tussen de partners voor de een gezin stichten als uitgangspunt om te bepalen hoe de kinderopvang moet zijn tussen de twee vennoten. Uitgaande van deze basis gebaseerd de besluitvorming op rationeel overwegingen de Partner. Ze anticiperen ook op toekomstige kansen op de arbeidsmarkt en concrete vacatures waarvan de loopbaanonderbreking minder ernstig is heeft een negatief effect op de terugkeer naar het werk (vgl. Pfahl/Reuyß 2009). De verwachtingen van leidinggevenden en collega's spelen hier zeker een rol een belangrijke rol. Het feit dat de neiging om de hoogopgeleide te zijn Vrouwen en niet hun partners die ouderschapsverlof opnemen is daarmee dan wel te verklaren dat echtparen moeten worden aangemoedigd of bestraft om een gezin te stichten door de Werkgever voor Vrouwen En Heren verschillend schatten. Zij beslissen dan ondanks al even hoge investeringen in het onderwijs voor de vrouw om ouderschapsverlof op te nemen. Deze besluitvorming enerzijds door de vaak jongere leeftijd van de vrouw (vergeleken met rechtstreeks naar haar partner) en haar daarom niet zo geavanceerde cardio anderzijds door segregatieprocessen op de arbeidsmarkt vrouwen werken vaker in banen met minder doorgroeimogelijkheden aanbod (vgl. Rusconi/Solga 2008).

Met betrekking tot het doen van genderbenaderingen, moet genderongelijkheid eenheden, die worden gegenereerd en gereproduceerd in de acties van paren, maar Ook op cultureel overtuigingen de deelnemers, Hoe bijv. B. veranderd idealen van romantische liefde (vgl. Herma 2009). Zo worden de steeds meer loopbaangerichte levensloopbeslissingen genomen vrouwen met hooggekwalificeerde en goed verdienende partners begrijpelijk (zien. Gildemeister/Robert 2008). Uit dit perspectief wordt het toenemende aantal mannen dat voor hun kinderen moet zorgen cadeaus overnemen en hun werkuren beperken begrijpelijk.

De centrale kenmerken van een academische carrière, zoals de high electiviteit, een lage mate van voorspelbaarheid en een hoge mate van beroepsonzekerheid het bereiken van het hoogleraarschap, suggereren dat *riskante biografische over- zoals het stichten van* een gezin op een later tijdstip in de levensloop of loopbaanontwikkeling kan worden uitgesteld. Door een solide te bereiken positie en de daaruit voortvloeiende consolidatie van het wetenschappelijke Als je te laat bent, is het stichten van een gezin misschien minder riskant voor je verdere loopbaanontwikkeling. Vanuit levensloopperspectief lijkt het voor carrièremogelijkheden voor vrouwen in de wetenschap zijn daarom gunstiger als de overgang naar het ouderschap in de carriere geschiedenis achteraf gedaan.

3.2   Vraag _ En methode

Tegen de achtergrond van deze overwegingen en de resultaten van de In termen van onderzoek behandelt dit artikel twee onderzoeksvragen: Ten eerste wordt onderzocht, voor welke strategieën wetenschappers met kind(eren). ontwikkelen bij het nastreven van hun loopbaan en welke mentorregelingen menten (met hun partners) zijn te vinden bij het stichten van een gezin. Bij- Tot slot wordt gekeken welke invloed de oplossingen van de kinderopvang hebben ung over de carrièrekansen van vrouwelijke wetenschappers. Als onderdeel van dit De focus van dit artikel ligt op de verschillen tussen kennis vrouwen met en zonder carrière. Met deze aanpak kunnen we dat Vrouwelijke wetenschappers op de loopbaanniveaus onder het hoogleraarschap in ons Hierin zijn analyses en bevindingen opgenomen die voorheen alleen voor vrouwelijke hoogleraren waren sjablonen, aanvulling. Voorwaarden voor succes voor de realisatie van familie en wetenschappelijke loopbanen voor vrouwen kunnen dus geschikter zijn show.

een *gezin* betekent de *geboorte van het eerste kind* de. We tellen echter ook niet-biologische kinderen die geboren zijn in de woonde in hetzelfde huishouden. Een gezin stichten is daarom een belangrijk punt Ges biografische gebeurtenis, want met de geboorte van het eerste kind voor de ouders aan de reeds bestaande professionele en privéverplichtingen, nieuw Voeg tijdrovende taken toe. In tegenstelling hiermee vatten we de Geboorte(n) van alle verdere kinderen als gezinsuitbreiding, die wij echter alleen ondergeschikt rekening houden met kan. Omdat wetenschappers En haar Partners zijn het eens over de strategieën en organisatie van de kinderen zorg differentiëren, ontwikkelen verschillend gunstig (of. ongunstige) realisatievoorwaarden voor hun loopbaan na het gezin oprichting.

In onze analyses *wordt het begrip loopbaan in zijn formele betekenis gebruikt* gebruikt in de wetenschap: we definiëren dat een persoon een carrière heeft als ze binnen zes jaar promoveert en de helft van 16 jaar heeft haar habilitatie en een voldoende voltooid een professionele functie bekleedt. In de technische wetenschappen, waarin worden minder vaak gerealiseerd, het overnemen van beheertaken gebruikt worden als gelijkwaardig criterium voor een loopbaan (cf. Hoofdstuk 1 in dit Een boek).

Met *strategie* bedoelen we de manier waarop individuen vervolging van doel En Wens handeling. strategieën eigen een normatieve dimensie die kan worden gereconstrueerd wanneer partners hun mening uiten en ideeën over betaald werk en ouderschap. We gaan ervan uit dat strategieën het handelen in verschillende contexten inhouden. teksten en dus ook gericht aan de wetenschappers gevoelloos En sociaal verwachtingen zijn En proces. Strategisch handeling betekent opzettelijk handelen in de richting van een doel, maar niet in beperkte mate calculerend te werk gaan. Dit betekent dat acteurs niet met instrumenten handelen mentaal naar slechts één deeldoel en kunnen daarom hun eigen strategieën ontwikkelen Ook "bezwijken". [2] Tot zo ver eigen de strategieën de paren met betrekking tot van hun professioneel Ontwikkeling net zoals de vennootschap En Familie A versterken invloed op het eigenlijke ontwerp van kinderopvang.

Bij het organiseren van kinderopvang maken we onderscheid *tussen koppels Zorgarrangementen* van de *zorgdiensten van derden* . voormalig betekent de verdeling van de verantwoordelijkheid voor de zorgtaken onder de partners en de uitvoering van deze verantwoordelijkheden in het dagelijks leven. pak het we gaan terug naar ideaaltypificaties van de zorgarrangementen: In één *traditioneel zorgarrangement,* de vrouw neemt de leiding verantwoordelijkheid voor de kinderopvang. In *omgekeerde traditie len zorgregeling* het is de man. In een *egalitaire uitkleden* splitsen zelf beide partner de zorgtaken gelijkwaardig vriendelijk. De beide Eerst plaats Dus in grensscheiding naar de egalitaire zorgarrangementen vertegenwoordigen hiërarchische parenarrangementen (vgl. Rusconi/ Solga2008). Ondersteuning door derden betekent het gebruik van public Zorgvoorzieningen, gastouders of het betrekken van mensen van particuliere netwerken naar kinderopvang. Beide aspecten, het gepaarde interne zorgregeling en externe zorg werken samen, sinds de uitbesteding van de zorg door één of beide partijen beter georganiseerd moet worden.

Voor onze analyse worden kwantitatieve en kwalitatieve methoden gebruikt weggegooid. In de *Eerst Stap* wordt A kort Overzicht over het gegeven, WHO van de wetenschappers in academische samenwerkingsverbanden een familie bepaalt wanneer dit meestal gebeurt en hoeveel kinderen er worden geboren. De onderzoekspopulatie voor deze en de andere kwantitatieve analyses lyseren bestaat uit de ondervraagd wetenschappers (doelpersonen) met biologische kinderen of kinderen die vanaf de geboorte in hetzelfde huishouden hebben gewoond zojuist leefde. Dit En alle als vervolg op beschrijvend evaluaties werd gewogen naar disciplines en loopbaanniveaus, zodat de disci- plan altijd hetzelfde vaak zijn vertegenwoordigd.

In de *tweede stap* richten we ons op de ondersteuningsstrategieën van de wetenschappers en hun partners. De basis voor deze evaluatie 17 probleemgerichte interviews met vrouwelijke wetenschappers vormen de volgende stap met kind(eren) en elf probleemgerichte gesprekken met hun partner. Alle hier getoond gevallen hebben voor de interview tijd ten minste A persoonlijk

2   Er zijn ook grensgevallen van handelen denkbaar, die met Weber (1992 [1919]) als affectief tieve of traditionele actie kan worden beschreven. In traditionele actie een oriëntatie op de eigen doelen niet meer herkennen; namelijk de sociaal Verplichting heerst.

Carrière met een kind in de wetenschap

ches kind. [3] De interviews zijn afgenomen volgens de procesgestructureerde methode tien onderwerp vergelijking geëvalueerd (zien. grap 2000). De Getuigen de Respondenten over afzonderlijke onderwerpen en het ontwerp van de kinderafdeling zorgarrangementen werd inhoudelijk analytisch opgenomen (zien. meiring 2000), vervolgens gecondenseerd over alle gevallen en met elkaar gecontrasteerd. In snelkoppeling met de kwantitatief verdeling de verschillend Ondersteuningsarrangementen voor wetenschappers en hun partners worden besproken laten we eens kijken naar het belang van deze regelingen voor professionele loopbanen door vrouwen. In de voorstellingen met langsdoorsnede perspectief verwijzen we focus vooral op drie punten in de tijd of tijdsperioden: het eerste jaar van het kind, zijn tweede en derde levensjaar en zijn vierde tot zesde levensjaar. De focus van onze overwegingen ligt op door vrouwelijke wetenschappers met en zonder carrièresucces gematcht *aan de Inter-tijd bekijken* . Over het uit rekening houden met Wij Ook de mannelijk Wetenschappers, aangezien deze dienen als maatstaf voor de context van high school belangrijk Zijn.

In de *derde* stap gebruiken we multivariate methoden om te controleren welke stroom de zorgarrangementen voor de Eerst kind ben ermee bezig eigen, als vooral vrouwen op de verschillende tijdstippen na het gezin opgericht volgens objectieve specificaties hebben een loopbaan in de wetenschap of niet. Aansluitend op de longitudinale overwegingen in de beschrijvingen analyse wordt uitgevoerd met regressiemodellen voor paneldata, om de effecten van de verschillende beïnvloedende factoren in de tijd te onderzoeken chen. [4]

3   Volgens de loopbaandefinitie (zie hierboven) hebben 13 van deze vrouwen een carrière van het bedrijf. Nadat ze een gezin hadden gesticht, konden deze vrouwen dat ook succesvol hun loopbaan voortzetten (dwz een jaar, drie en zes jaar na familie stichting *en* op het moment van het interview) of ze hadden ten minste zes jaar na de Een gezin stichten of succes in de wetenschap op het moment van het interview. Vier meer Vrouwen zonder carrière worden als vergelijkingscasus gebruikt; na het hebben van een gezin, zij vestiging En tot voor de interview tijd continu Nee Carrière.

4   Hiervoor gebruiken we logistische random effects modellen. Daarin staat de foutterm in verdeeld in twee componenten. Een component is een tijdconstante foutterm tussen varieert tussen de onderwijseenheden. Het toont de gemiddelde afwijking van a persoon naar het steekproefgemiddelde bij. De seconde bestanddeel is A foutterm, de zowel tussen de onderzoekseenheden als tussen de observatietijd scoren varieert. De is de echt meetfout (zien. Rabe-Hesketh/Skrondal 2005). Met willekeurige effectenmodellen kan ook rekening worden gehouden met tijdconstante beïnvloedende variabelen. genen die relevant zijn in onze analyses. Dit omvat bijvoorbeeld B. de leeftijdsconstellatie in de partnerschap of de arbeidsstatus van de partner alvorens een gezin te stichten als een nalisatie de onderhandelingspositie of de behoren naar een onderwerp groep.

3.3 Wetenschappelijke carrières van vrouwen in partnerschapmet kind

"Als I In de ochtend rondom acht hier ben, Dan ben I anderhalf Uur lang de Alleen, en als ik om vijf uur vertrek, zal er wat commentaar zijn. fessorin, een kind)

3.3.1 WHO heeft Kinderen, Wanneer En Hoe veel?

Tabel 3.1 geeft een overzicht van enkele demografische indicatoren Gezinsvorming van de wetenschappers, waarnaar we hieronder zullen verwijzen voor de Deel verhalen. Voor de aandelen bij Ouders onder wetenschappersOver het algemeen laat onze steekproef hetzelfde zien uit eerder onderzoek Bekend beeld: Vrouwelijke wetenschappers hadden er minder op het moment van het interview kinderen dan hun mannelijke tegenhangers. Vooral vrouwelijke hoogleraren (61%) hebben beduidend minder kinderen dan professoren (85%), [5] Terwijl de verschillen tussen de seksen op de loopbaanniveaus onder de Hoogleraarschap minder uitgesproken Zijn.

wetenschappers met Familie hebben bij de meest voorkomende twee Kinderen (46%). Echter hebben wetenschappers vaker als haar mannelijk Collega's maar één kind. Dit verschil zit weer bij de professoren bijzonder opvallend: Terwijl 41% van de moeders onder vrouwelijke hoogleraren er maar één is een kind krijgen, geldt dit slechts voor 21% van de vaders onder de hoogleraren. Voor vrouwen is vooral de realisatie van familie- *en professioneel succes* opnieuw een toppositie in de wetenschap bekleden, dus moeilijker dan voor mannen ner.

wetenschappers Zijn bij de een gezin stichten in de Gemiddeldiets jonger als haar mannelijk Collega's (30.7 of. 32 jaren). Dit Het leeftijdsverschil komt ongeveer overeen met dat van de hoogopgeleiden in het algemeen gemiddelde (29,3 of 31 jaar; Federaal Centrum voor Gezondheidseducatie 2005: 7). De gemiddelde leeftijd van academici in Aka- demikerpartnerships, aan de andere kant, is iets hoger dan in het algemeen voor vrouwen en mannen met een universitair diploma. Om de invloed van te bestuderen een gezin stichten op de carrièremogelijkheden, maar het is leerzaam cher, dat niet leeftijd, maar dat tijdstip van de gerelateerd aan het stichten van een gezin op

---

5 In andere onderzoeken krijgen vrouwelijke hoogleraren nog minder kinderen (vgl. Zimmer/Krimmer/ Stallmans 2007). Deze discrepantie kan verband houden met die van ons bevraagde hoogleraren zijn gemiddeld relatief jong en jongere generaties krijgen vaker kinderen dan oudere (vgl. ook Metz-Göckel/Selent/ Schuermann 2010). Een verder Uitleg voor de hoog aandeel vrouwelijke hoogleraren met kind(eren) kunnen een hogere bereidheid hebben om te reageren vanwege een hogere interesse bij de Thema van projecteren.

om te kijken naar de academische kwalificatie en loopbaanontwikkeling. Inbegrepen men kan zeggen dat de helft van de wetenschappers hun eerste kind heeft geboren voor het afstuderen en de andere helft na het afstuderen werd. Voor een niet onaanzienlijk deel van de wetenschappers, de Geboorte van het eerste kind nog vóór hun eerste academische graad (11%). Er zijn echter verschillen in de timing van het stichten van een gezin Afhankelijk van het loopbaanniveau: Voor hoogleraren en postdocs (vanaf drie jaar na de promotie), kwam het stichten van een gezin vaker voor in de periode na de PhD (60%), terwijl promovendi en postdocs (maximaal drie jaar na het doctoraat) was eerder vóór het doctoraat (82%). Deze sub Het verschil is te wijten aan de interactie van twee aspecten: ten eerste tientallen komen carrières in de wetenschap tot stand door selectieprocessen waaraan de minder gevorderde wetenschappers nog moeten voldoen stellage. Ten tweede, de eerder genoemde eerdere timing van de ouderlijke schacht bij aan de jongere wetenschappers.

De overgang naar het ouderschap is geen toeval voor wetenschappers, maar meestal een zeer geplande aangelegenheid. De duidelijke stijging meerderheid van de wetenschappers (72%) verklaarde dat het tijdstip voor de geboorte van hun eerste kind was gepland. Het beroep is echter bij de atie dit privaat Beslissing niet in elk geval bij Eerst Functie. Beroep- Technische overwegingen speelden hier slechts voor 23% van de wetenschappers een rol een belangrijke of zeer belangrijke rol.

Verder gaan dan de gebruikelijke differentiatie naar loopbaanniveau en kijkt naar vrouwen met en zonder succes in de wetenschap Ten tijde van het interview blijkt dat vrouwen met succes nog minder kans hebben om kinderen te krijgen hebben (44%) dan de groep vrouwelijke hoogleraren. Van deze moeders met Carrièresucces Bijna de helft heeft maar één kind (48%) en dat vonden ze In de meeste gevallen verlieten hun families hun families pas na het behalen van hun doctoraat (55%). Voor de De gezinssituatie verandert voor vrouwen die geen succes hebben in de wetenschap significant anders. Een opvallend groter deel van hen heeft kinderen (83%), En de moeders zonder carrière succes hebben minder gebruikelijk alleen A kind (26%), d.w.z ze hebben meestal twee of meer kinderen. Deze wetenschappers begonnen ook hun gezinnen vaker al eerder het doctoraat (59%).

De verschillen in de gezinssituatie tussen vrouwen met en zonderSucces in de wetenschap kan niet worden verklaard door het feit dat minder succesvol wetenschappers bij carrière intenties missend en *daarom* krijgen ze vaker kinderen. Omdat blijkt dat de vrouwelijke wetenschappers met kind(eren) maakten significant vaker vastberaden promotie in de wetenschap willen blijven dan kinderloos (respectievelijk 77 en 63%). Die *met kind(eren)* hebben veel minder kans om succesvol een carrière na te streven dan degenen *zonder kind(eren)* (respectievelijk 51 en 82%). Bovendien kan het worden waargenomen dat vrouwelijke wetenschappers met carrièresucces het stichten van een gezin bespoedigen rär of volledig uitstellen. Ze beperken het aantal kinderen dat ze krijgen of stellen het uit hun gezin beginnen. Want voor de vrouwelijke wetenschappers met een doctoraat laat zien dat de voorheen kinderloze maar succesvolle onder hen in de meervoud van hen verlangen om kinderen te krijgen nog steeds niet hebben gerealiseerd (80%), Maar alleen een malle proportie zelf wil geen kinderen (20%).

3.3.2   *(Nee correcter Tijd?*

Dat blijkt ook uit de subjectieve interpretaties van de wetenschappers de wetenschappelijke loopbaan wordt gezien als een professionele weg die verhinderd zijn door gezinsgerelateerde onderbrekingen of werktijdverkorting Zijn. Alle geïnterviewde vrouwelijke wetenschappers met kind(eren) rapporteren van Zorgen over het "juiste moment" om een gezin te stichten. De bedacht bewustzijn voor negatief Volgen in de Beroep En de Angst voor een "Carrièretegenslagen" na het stichten van een gezin zetten veel vrouwen ertoe aan zelf de Verantwoordelijkheid voor de Slagen van hun carrières toeschrijven. De claim van vrouwen om verantwoordelijk te zijn voor hun eigen carrière act leidt ertoe dat de wetenschappers proberen te bevallen om hun kinderen nauwkeurig en vaak te plannen voor later, professioneel meer patibel tijd uitstellen. A minder planning Handeling in de context de gezinsplanning wordt van de respondenten als "onverantwoordelijk"gadegeslagen.

De centraal motivatie voor de uitstel de een gezin stichten isde wens om eerst (minstens) te promoveren, dat staat centraal ler carrière stap de wetenschappelijk carrière gadegeslagen wordt (zie paragraaf 3.1). [6] Het vooruitzicht op een redelijk zekere baan lich Perspectief, de in de Wetenschap Eerst naar een relatief die op een laat tijdstip wordt bereikt, wordt beschouwd als een ander motief voor wetenschap geadviseerd om te wachten met het stichten van een gezin. Naast je eigen professional Vooruitkomen en financiële zekerheid is voor velen ook belangrijk Vrouwen belangrijk in de aanloop naar het stichten van een gezin, waarbij de partners op dezelfde plek kunnen wonen *en werken.* Woont samen op hetzelfde niet mogelijk op één plek zonder (grote) professionele compromissen te sluiten, er is een meerderheid van ofwel een uitstel van de kinderwens en/of afstand doen van kinderen. Het wordt heel duidelijk dat de ruzie over het "juiste moment" voor de geboorte, een hoog emotioneel belasting voor de wetenschappers (meer dan voor hun partners ner). Ze proberen als het ware de kloof tussen te dichten verschillende acterende institutionele logica's van professionele carrière en gezin overbruggen. De absurditeit van dit rationeel plannende gezin getrokken evenementen weerspiegelt zelf niet alleen in de Angst voor professioneel nadelen, maar ook binnen de angst voor het ouderschap voorkomen tegendeel.

Tegen de achtergrond van de kwantitatieve en kwalitatieve bevindingen die samen op de enorm moeilijkheden aanwijzen met die Kennis- arbeiders rondom rondom de een gezin stichten geconfronteerd Zijn, rechter Wij in de als vervolg op drie secties de Weergave op de wetenschappers en hun partners: welke strategieën proberen de wetenschappers te gebruiken? en hun partners de professionele en gezinsvereisten volgens de om recht te doen aan het stichten van een gezin?

3.3.3 *Als niet zij, Dan Hij? zorg strategieën van Vrouwen*

"Er is hem nooit gevraagd: 'Man, hoe gaat het met je? En hoe gaat ze daarmee om? Zelfs nog steeds wetenschapper En nu Moeder. I werd eenmaal in de Week vroeg: Hoe gaat hij daarmee om? Man, kan hij er überhaupt tegen? Heeft hij al ontwenningsverschijnselen verschijningen?" (Wetenschappelijk werknemer, een kind)
De Domein, met naar de de wetenschappers En haar partner in de betrokken zijn bij de zorg voor de kinderen in het eerste levensjaar, zijn er drie verschillende strategieën van vrouwelijke wetenschappers om kinderen met elkaar te verzoenen en herken carrière.

---

6 als alternatief wordt van sommige Vrouwen Ook genaamd, Kinderen mogelijk vroeg, d.w.z H. voor Diploma van studie krijgen.

De *eerste groep* omvat vrouwelijke wetenschappers die geen egalitair karakter hebben delen van hun partners in de zorg voor de kinderen in het eerste levensjaar verwachten en eisen ze helemaal niet of slechts in zeer beperkte mate. De strategie dit Vrouwen merken zelf veel meer door dit, Dat zij devervolging van hun professioneel Doelen naar backuppen poging, waarin zij de zelf voor hun kind zorgen – en zonder de steun van hun partners – overnemen. grotendeels grijpen zij inbegrepen op de Steun van derde partij dat wil zeggen ofwel kinderopvang, gastouders en/of gedraaid, opbrengst. De zool overnemen de primaire verantwoordelijkheid de Kinderopvang wordt gerechtvaardigd door biologische argumenten, zoals dat Borstvoeding als een verplichte reden voor de vrouw om aanwezig te zijn, of met het sociale economische omstandigheden en waarden, die vooral belangrijk zijn voor vrouwen van de oudere cohorten kan niet in twijfel worden getrokken in hun normativiteit (zou kunnen tien). Dat is nemen zelf de wetenschappers tegenover jouw partnersin het beroepsveld als gelijken, voor het gezinsleven is het verschil Het verschil tussen vrouwen en mannen is echter constitutief. Ook met kennis arbeiders dit Groep, de jonger cohorten behoren, is toepasbaar de hoofdverantwoordelijke overnemen de kinderopvang als een zelf- standvastigheid. niettemin differentiëren zelf de interpretaties de Vrouwen de oudere en jongere cohorten: De vrouwen van de oudere cohorten *zouden dat wel kunnen* (achteraf gezien) vanwege het sociale kader niet anders dan het overnemen van de hoofdverantwoordelijkheid voor de zorg voor de kinderen mannen, en probeerden zo conflicten met hun partners te vermijden die het niet hun plicht vonden om voor hun kinderen te zorgen in. De vrouwen van de jongere cohorten zouden *het* daarentegen niet anders willen. Zij stellen dat het hun uitdrukkelijke wens is, vooral de gewone kinderen zelf naar zorgen voor. Bijzonder in de Eerst leeftijd van kind aanvaarden ze beperkten de betrokkenheid van hun partners bij de kinderopvang Wijs en wijs aanbiedingen van hun partners om deel te nemen aan kinderopvang af deelnemen, voor de deel van.

De ondersteuningsstrategie van de wetenschappers van deze eerste hand groep bestaat uit, binnen het traditionele geslacht arbeidsverdeling in de kinderopvang na oplossingen zoeken naar welke het voortzetten van hun professionele carrière na het stichten van een gezin toestaan. Gebruik van geavanceerde zorgstrategieën en de ondersteuning derden stellen deze vrouwelijke wetenschappers hun professionele vooruitgang veilig Heren. Alleen wanneer de normatieve ideeën (van de zorg voor het kind door de eigen ouders, dus met name de moeders) toepassing in de Manieren vinden om het dagelijkse gezinsleven en tegelijkertijd uw eigen professionele leven te organiseren Ambities worden verlaagd, zijn de carrières van vrouwelijke wetenschappers voor de Deel bedreigd.

[7] Is opvallend, dat de diverse legitimiteit voor de

---

7 Dit bleek uit een vergelijking met vrouwen die na het stichten van een gezin geen loopbaan (meer) hadden. hebben. Voor dit wetenschappers zonder professioneel Succes toonde zelf, Dat de realistisch

hoofdtoevoer de Kinderen door de Vrouwen in het bijzonder bij Kennis- vrouwelijke wetenschappers zijn te vinden in de technische en natuurwetenschappen (tot loopbaanoriëntaties zie hoofdstuk 4 binnen dit Een boek).

Voor de wetenschappers in de *tweede* en *derde groep,* de Het discursief ondersteunen van de partner speelt een belangrijke rol bij het omgaan met problemen gezins- en professionele vereisten na het stichten van een gezin. De De kwestie van kinderopvang neemt veel ruimte in beslag bij deze vrouwen communicatie met de partner. Het gaat om de zorg voor het gezin om geen "asymmetrie" in het partnerschap te laten ontstaan. Het delen van het mentorwerk is belangrijk voor deze wetenschappers belangrijk aspect van de gewenste symmetrie in de koppelrelatie. Normatief gendergelijkheid wordt hier niet alleen in het beroepsleven besproken, liever Ook in de gezinsleven ging uit. Een egalitair familie arbeidsverdeling wordt in Relatie op de professioneel Ontwikkeling de Vrouwen maar ook in het belang voor het partnerschap en de vader-kindrelatie belangrijk gevonden. Centraal staat dat kinderopvang onafhankelijk is van alle kennis vrouwelijke werknemers wordt over het algemeen gezien als een professionele hindernis en de betaalde arbeid bij veel als "de minder vermoeiend" is toepasbaar. De gelijkheid verwachten dit wetenschappers regisseert bijgevolg omhoog de persoonlijke relatie *van beide* partners met die van hen kind en elkaar.

Nauwkeurige analyse leert echter dat de strategie draait om participatie van hun partners in de kinderopvang hun status als professional en gezin Om hetzelfde te verzekeren na het stichten van een gezin, voor de wetenschappelijke de tweede groep in het eerste levensjaar van het kind slechts in zeer beperkte mate stijgt. Vrouwen nemen zelfs meer zorgtaken op zich dan zij Partner. Partnerondersteuning voor kinderopvang kan worden omschreven als meer symbolisch Bijdrage karakteriseren, Hoe bijv. B. de overnemen van twee "Vadermaanden" of inspringen in "noodgevallen". Ondanks de ongelijkheid verdeling van ouderschapsverlof of arbeidsduurverkorting, gelijk gezondheidsverwachtingen bij de partner discursief behouden. De Kennis- wetenschappers ontwikkelen verschillende legitimatiestrategieën om dat te doen gen Missie van hun partner En de verschil tussen de geformuleerd verwachtingen En de geslacht typisch arbeidsverdeling in de familie gebied te verantwoorden. Naast biologische argumenten, zoals die zijn geformuleerd voor de vrouwen in de eerste groep, betogen de vrouwen deze groep bovendien met de andere logica van het werkveld van hun Partner. De wetenschappelijk Beroep is toepasbaar vanwege zijn ruimtelijktijdelijk zogenaamd flexibeler kansen op werk als degene, de beter te verzoenen met de zorg voor kinderen, zodat deze gabe in partnerschappen waarin de partner buiten de wetenschap is bezig de wetenschappers valt op (zien. Hess/Rusconi 2010).

isering traditioneel zorgarrangementen bij gelijktijdig afname professioneel ambities voor de professioneel

Ontwikkeling van Nadeel is.

In tegenstelling tot de vrouwen in de eerste groep, die het niet proberen om hen te betrekken bij de zorg voor hun kinderen, melden ze Wetenschappers van de tweede groep conflictueuze onderhandelingen met hun partners. Het verlangen naar gelijkheid met de partner is dat niet alleen in de professioneel Gebied, liever Ook in de Familie Leidt in aanvulling, Dat deze vrouwen organiseren pas laat – vaak achteraf – ondersteuning van derden waarvan ze zich "pijnlijk" hebben gerealiseerd dat hun partners niet het gewenste hebben nemen het grootste deel van de zorgtaken over. Hoewel dit betekent dat professionele carrières komen niet direct in gevaar, maar de onderhandelingen met deze wetenschappers kosten de partner veel tijd en energie. Voor twee- De eerste groep bestaat voornamelijk uit vrouwelijke natuur- en sociale wetenschappers opvallend is dat veel van hun partners buiten de wetenschap staan zijn actief.

Eindelijk kan de wetenschappers de *derde groep* haarVerwachtingen van gelijkheid in werk *en* gezin met hun partners eigenlijk implementeren. Of beiden gaan gelijkelijk met ouderschapsverlof, of de partners draag hetzelfde na een zeer kort ouderschapsverlof van de vrouwelijke wetenschappers Verantwoordelijkheid voor de kinderopvang. Is het laatste de Geval, d.w.z gaande partners zijn zelf niet met ouderschapsverlof, zij verkorten hun arbeidsduur voor hen kinderopvang en/of daarover afspraken maken met de werkgever Het toestaan, Dat zij boven bijzonder periodes voor de kinderopvang flexibele uren kunnen werken. Hoewel het (vanuit het perspectief van de Werkgevers) kunnen zeker een verschil maken dat vrouwen neigen te doen ouderschapsverlof en mannen maken vaker gebruik van flexibele werktijdmodellen mannen wordt de verdeling van de zorgtaken gedeeld door de paren tafel gezien. De waargenomen gelijkwaardigheid met de partner is voorbij ondersteunt een open discussiecultuur, waarin de perfecte balans tussen betaald werk en gezinsverantwoordelijkheden *voor beide* partners evenals de maatschappelijke verwachtingen waarmee *beide* partners zich verhouden van het ouderschap komen aan bod. Voor de derde groep van vrouwelijke wetenschappers – in tegenstelling tot de tweede groep – de Strategie over het betrekken van hun partners bij hun kinderopvang Positie als professionele en gezinsgelijke, zelfs na het stichten van een gezin een back-up maken, op. Opvallend is dat in deze groep *alleen* sociale wetenschappers zitten vrouwen of wetenschapskritische, feministische 'gepolitiseerde' natuurwetenschap leden. [8e] Daarnaast zijn de partners van de wetenschappelijke zijn ook veelal werkzaam als wetenschapper of in wetenschapsgerelateerde functies beroepen.

Er bestaat een *vierde groep* met een *omgekeerd traditioneel model* niet in de ware zin. Hoewel een wetenschapper uit de Sam- Alsjeblieft de partner de Zorg van gewoon kind al in de Eerst

---

8   Een uitzondering is een technologiewetenschapper wiens partner uit een groot gezin komt Familie komt En de samenwerking ,bij de Familie' gebruikt is.

leeftijd van het kind voornamelijk verantwoordelijk. Zelf zet hij door Nee carrière intenties En moest niet op een Carrière afzien.

Het werd duidelijk, Dat zorg strategieën niet van de Kennis- vrouwen alleen, maar samen met de partners worden "gemaakt" de. In de volgende stap worden verwachtingen en actiestrategieën van de vrouwelijke wetenschappers dus aanvulling op die van de partners.

3.3.4 *Als niet Hij, Dan zij? zorg strategieën van Heren*

"Wie haalt onze zoon op? Eerste ontsteking is mijn vrouw, tweede fase is de Grand ouders, en als niets werkt, dan doe ik het." (Medewerker in een bedrijf man, een kind)

Complementair naar die vrouwelijke wetenschappers de bij de Kinderen- zorg niet "rekenen" op hun partners en deze taken al vroeg Uitbesteden aan derden, blijkt uit sommige partners dat de deelname laag is van mannen in kinderopvangtaken via hun eigen traditie posities van de seksuele arbeidsverdeling (met). Met een duidelijke focus op het eigen vak en met inachtneming van kinderopvang als "vrouwen ding" steun de *bij kinderopvang belangeloze partner,* de ongelijke verdeling van ouderlijke zorg bij.

De meeste partners van de wetenschappers die we hebben geïnterviewd Het liefst houdt ze zich naast haar carrière bezig met kinderopvang En in het gezinsleven te brengen. [9] Maar er zijn er een paar *Partners geïnteresseerd in kinderopvang* die interesse tonen in gezin Zaken die om verschillende redenen niet in de praktijk worden ondersteund implementeren en niet gelijk deelnemen aan kinderopvang. Vooral in het eerste levensjaar van het kind gaat geen van deze mannen weg ouderschapsverlof of werktijdverkorting. Dit is gerechtvaardigd ofwel met dezelfde biologismen als bij de vrouwelijke wetenschappers, het ruimtelijke tijdelijk zogenaamd flexibeler kansen op werk van hun partners of ermee, Dat naar maat voorbehouden van eigen werkgever verwacht worden. Sommige partners nemen deel aan de kinderopvang en de hun toegewezen tijden en taken. Maar alle orga- satorisch zorgen bij de Vrouwen, de op haar Heren als bron voor "Spoedgevallen" Om op terug te vallen.

Andere *mannen die geïnteresseerd zijn in*

mentorschap voelen door hun professionele positie in haar rol als vader en zou dat graag willen meer zorgtaken overnemen. Sommige vaders, de van jouw partner

---

9   Dit hangt Ook ermee samen, Dat voor de kwalitatief steekproef overweldigend partner met "atypisch", d.w.z H. van het model de geslachtsgebonden arbeidsverdeling verschillen- nl zorgarrangementen geselecteerd werd (zien. Hoofdstuk 1 in dit Een boek).

vrouwen die gedegradeerd zijn tot de positie van kostwinner voelen via de taak, in geval van twijfel alleen voor het hele gezinsinkomen moeten betalen is een last. Ze vrezen dat er niet voldoende economisch zal zijn gemengde veiligheid voor het hele gezin te kunnen garanderen, en zouden willen dat hun partner een deel van de kinderopvang uit handen zou geven en meer deelnemen aan het beroepsleven. Dit verlangen wordt bijzonder vervolgens geïntensiveerd wanneer ze werken met contracten voor bepaalde tijd en de druk mogelijk snel tot een firma positie schakelaar, aan de last wordt.

    Tot slot zijn er *partners geïnteresseerd in kinderopvang* die in eerste instantie kind ouderschapsverlof opnemen of minder gaan werken met betrekking tot. Deze beschouwen de taken die verband houden met het opvoeden van kinderen als begrijpelijkheid en egalitaire ideeën hebben over een koppelrelatie hongerig Voor deze mannen vertegenwoordigt de zorg voor hun kinderen een waarde op zich die ze als vaders mee willen helpen vormgeven. Pas de jouwe dienovereenkomstig aan werkuren daarna uit En begrenzing haar professioneel beschikbaarheid A. Dit wordt mogelijk gemaakt door de oriëntatie op een tweeverdiener huishouden. De geïnterviewde mannen vertrouwen erop dat de vrouwen een een min of meer gelijk deel van het inkomen bijdragen en de Het voortbestaan van het gezin is daarmee dubbel verzekerd. De gelijke Betaald werk voor vrouwen wordt een garantie voor welvaart en verkleint de risico's hun eigen professionele biografie. Deze mannen hebben dus ook meer tijd en tijd omdat ze nadeel ondervinden van hun eigen loopbaanonderbrekingen minder moeten vrezen.

Andere partners zien de fases van de kinderopvang als een "time-out". eigen, onbevredigende professionele activiteiten. zwangerschapsverlof voor oudere kinderen (niet het eerste levensjaar) zijn ook gewend om zakelijk werk te doen, niet om u als werkloos in te schrijven of om bestaande contracten te verlengen en zo loopbaantrajecten te plannen. Alleen in In een klein aantal gevallen de wens van de partners voor gelijke participatie inzet voor kinderopvang in het eerste levensjaar van het kind primaire verantwoordelijkheid voor deze. Een primaire verantwoordelijkheid de partner voor de Kinderopvang in de zin van een omgekeerd traditioneel opvangarrangement gements wordt vooral aangemoedigd als de partner dat zelf niet doet een betaalde baan heeft of een baan heeft in de hoofdverblijfplaats van het gezin En de partner naar haar werkplek pendelt.

Het wordt heel duidelijk dat het stichten van een gezin een organisatorische kwestie is en emotionele afstemmingsprestaties van paren op basis van verschillende che manier slaagt en wordt beheerst. De volgende zijn de beschrijvende Bevindingen van de verschillende zorgverwachtingen, strategieën en arrangementen grondig besproken. Bijzondere aandacht wordt besteed aan het frame voorwaarden stellen waarbinnen de stellen voor bepaalde arrangementen kiezen gebaren beslissen.

3.3.5 *E galitair Claim En doorgegeven realiteit*

De evaluatie van de kwantitatieve gegevens bevestigt ook dat onder de vroeg altijd nog steeds de paren overheersen, bij die de Zorg de gewone kinderen in het eerste levensjaar voornamelijk verantwoordelijk voor de vrouwen bij leugens. Figuur toont de verdeling van het zorgwerk binnen het paar 3.1, Hoe zelf de wetenschappers met En zonder carrière succes voor de moment van het gesprek over de verschillende samenwerkingsverbanden variaties over de perioden van a) eerste levensjaar, b) tweede en derde net zoals c) Verdeel het vierde tot zesde levensjaar van het kind. [10]

Figuur 3.1: Percentage zorgarrangementen binnen paren naar leeftijd geboortejaar van het eerste kind en carrière tijdens het interview punt (in %, alleen vrouwelijke wetenschappers)

Bron: dossier "Samen Carrière maken"; eigen berekeningen; gewogen Verklaringen

Globaal genomen zijn de zorgarrangementen gebaseerd op partnerschap gebaren bij beide groepen van wetenschappers rechts vergelijkbaar. Totop de leeftijd van drie jaar van het eerste kind, de zogenaamde traditionele snelle opstelling. Uit de kwalitatieve interviews met vrouwen met succes in de Wetenschap kennis Wij, Dat sommige dit paren "ongewenst" traditioneel

---

10 Dit periodes werd gekozen, daar zij door verschillend instellingen gestructureerd (zoals via kinderopvangfaciliteiten en hun beschikbaarheid) en

door legaal zwangerschapsverlof.

normale patronen volgen. Aan de ene kant treft dit vrouwen die Het niet (volledig) realiseren van het recht op een egalitaire zorgverdeling omdat de partners prioriteit geven aan andere doelen. Aan de andere kant is het zorgelijk ook enkele partners die - tenzij hun vrouw meer inspraak wil - schen – hun verlangen naar meer betrokkenheid bij de zorg voor de Kinderen niet implementeren kan. De redenen voor afwijkingen tussen verlangen en realiteit in het omgaan met kind en carrière daarmee op de verwachtingen En actie strategieën net zoals de Kennis- medewerkers en hun partners. Het traditionele geslacht De arbeidsverdeling in het zorgwerk is dus niet het enige resultaat van willig", mannen die zich uitsluitend richten op het beroepsleven, maar dan voor Deel ook de wetenschappers zelf.

koppels, de Verantwoordelijkheid voor de Zorg de gewoon Kinderen vanaf het begin samen overnemen, dus ook in het eerste levensjaar van het kind kind, Zijn Ook onder hoog gekwalificeerd En professioneel ambitieus Nogal atypisch voor koppels. Alleen in de voorschoolse leeftijd zijn er egalitaire kinderopvangregelingen gementen meest voorkomend. Dit heeft zeker met elkaar te maken dat voor kinderen van deze leeftijd publieke zorgvoorzieningen zijn beduidend beter ontwikkeld dan kinderen onder de drie jaar. [11] Bij de jongeren ger cohorten van vrouwelijke wetenschappers lijken zich bewust van de contouren van toename van deze nieuwe partnerschapsregeling. Deze paren worden gekenmerkt door een goede kennis van de discoursen rond de Gendergelijkheid en weet wat de valkuilen zijn van Wetenschappelijke carrières voor vrouwen. Daar ontwikkelen ze praktijken voor afwijken van het traditionele patroon van arbeidsverdeling tussen mannen en vrouwen. beslissing dend is er voorstander van dat de partner de kinderopvang op zich neemt vervullen hun taak als vader en maken het zo gemakkelijker voor hun partners om te blijven werken. Vaders beseffen dit vanzelf Neem ouderschapsverlof of verminder op betrouwbare wijze de werktijd. het is cruciaal Dat dit partner hun kinderen niet alleen binnen uitzonderlijke situaties zorgen voor, zoals wanneer afspraken worden uitgesteld of zakenreizen, maar regelmatig in de Zorg geïntegreerd Zijn En voor deze in welk geval professioneel wattenstaafjesaanvaarden.

Het omgekeerde traditionele zorgarrangement, waarin overwegend de man die de zorg voor de kinderen op zich neemt, is onder Vrouwelijke wetenschappers komen niet veel voor. Er is echter een verschil tussen wetenschappers met En zo een zonder carrière succes in deze,

---

11 Voor de relatieve verdeling van kinderopvang tussen de partners betekent dit dat de egalitaire regelingen kunnen voortkomen uit het feit dat er vrouwen zijn en erin slagen een deel van de kinderopvang te vervangen door externe opvang en om het zorgwerk dat ze zelf hebben verricht te verminderen. De absolute bijdrage van mannen naar zorg hoeft werk niet per se te veranderen, het verschuift alleen lich de relatie ten gunste van een egalitair zorgarrangementen in de Vennootschap.

dat de meer succesvolle vrouwen iets vaker zullen zijn liaire verplichtingen worden verlicht en ze kunnen worden gebruikt voor hun wetenschappelijke chen activiteit de "rug wordt vrij gehouden". De bevindingen naar de vennootschap zorgarrangementen de Vrouwelijke wetenschappers zijn nu onderworpen aan de situatie van hun mannelijke collega's gezicht gen. Voor mannen in de wetenschap met kinderen wel traditionele zorgarrangementen grotendeels in de maatschap van hen, en niet alleen in het eerste jaar na het stichten van een gezin onderwijs, maar tot de voorschoolse leeftijd van het kind (zonder cijfer: 81% in eerste levensjaar, 69% vanaf het tweede levensjaar). wetenschappers hebben ook veel vaker voor consequent traditionele arrangementen bij de kinderopvang dan hun vrouwelijke leeftijdsgenoten (respectievelijk 55 en 36%). Dus hier dragen ze partners van de wetenschappers de allesoverheersende zorg voor het gemeenschappelijke dezelfde kind, wat voor de carrières van heeft een verlichtend effect op mannen.

De evaluatie de kwalitatief Sollicitatiegesprekken heeft getoond, Dat direct Vrouwelijke wetenschappers met oplossingen voor traditionele ondersteuningsarrangementen buiten hun partnerschap en zijn er afhankelijk van niet uit het oog verliezen: met behulp van externe kinderopvang via instellingen, au pairs of familieleden slagen ze erin om kind en carrières verzoenen. Deze vrouwen zijn extreem flexibel; zij organiseren hun werk rondom opvanguren en werk Ook tijdens haar zwangerschapsverlof bij artikelen of kwalificatie werk.

Het belang van mentorschap door derden bij het organiseren van kinderen De zorg komt ook terug in de kwantitatieve analyses. Figuur 3.2 illustreert de verdeling van vrouwelijke wetenschappers met en zonder succes op het moment van het interview op de verschillende mogelijke combinaties mogelijkheden van externe zorg voor het eerste kind. Analoog aan de In het geval van interne koppelzorg verwijst de omschrijving daarnaar periodes. 12

In de partnerschappen van vrouwelijke wetenschappers met carrièresucces de al in de *Eerst leeftijd* van kind meerderheid Derde in de Zorg inbegrepen: Meestal hebben ze uitsluitend toegang tot privé-accounts personen opbrengst (35%). A niet irrelevant Deel de paren macht echter hetzij door openbare zorginstellingen, hetzij door die van hen Combinatie met privégebruik (samen 41%). 15% van Vrouwen die succesvol waren in de wetenschap maakten gebruik van kinderopvangfaciliteiten in de het eerste levensjaar van het kind de hele dag of meer dan zeven uur dagelijks.

---

12 De categorie "alleen zorginstelling" omvat zowel openbare instellingen als ook marktgerichte oplossingen zoals bv. B. Gastouders samen. De categorie "enige pri- vader Personen" omvat de normaal opname een andere familielid En van Vrienden, Maar Ook babysitters of ander Personen.

Met toenemend Oud van kind verhalen (tot op uitzonderlijke gevallen) bijna al deze paren gebruiken externe opties om voor hun eerste kind te zorgen A. Voor *moeders met carrièresucces* is zorg door derden een combinatie van zorginstellingen en particulieren is van bijzonder belang atie. Al vanaf het tweede en derde jaar van het kind gebruikt 51%, op de voorschoolse leeftijd van het kind heeft 64% van de vrouwelijke wetenschappers er een Combinatie. Over het algemeen is het aandeel vrouwelijke wetenschappers dat haar kind Full time of langer door kinderdagverblijven, met 47% im Klein kind- tot 60% im voorschoolse leeftijd Vrouwen die niet succesvol zijn in de wetenschap hebben betrekking op een zeer vergelijkbare Instrueer derden om voor hun kind te zorgen, zoals vrouwen met kind(eren) en carrière succes. Dit gelijkenis leugens in het bijzonder in de Eerst leeftijd voor. verschillen show zelf Maar weg naar de seconde En derde leeftijd van het kind. Vanaf dat moment nemen vrouwen zonder carrièresucces veel vaker contact op uiteindelijk naar zorginstellingen en zeldzamer naar de combinatie oplossing dan de moeders met carrièresucces. Bovendien vertrekken moeders zonder Carrièresucces hun eerste kind vaker fulltime of langer uit de kinderopvang voorzieningen dan de moeders met carrièresucces (niet weergegeven: 22% en 15% in het eerste levensjaar, 59% en 47% in het tweede en derde levensjaar Leeftijd, 71% of. 60% in de voorschoolse leeftijd). Dit middelen Echter, dat deze wetenschappers zich meer zorgen maken over de openingstijden van de dan hun collega's, die zich ook op privé moeten richten (kunnen) terugvallen op zorgverleners. Dat zou een aanwijzing kunnen zijn zij het dat de vrouwelijke wetenschappers zonder carrière succes in hun mogelijkheden hebben Vooral de mogelijkheid om externe zorgoplossingen flexibel in te zetten is beperkt zijn - zij het vanwege een gebrek aan aanbiedingen, financiële of sociale middelen.

Uiteindelijk is de noodzaak van de combinatieoplossing dat ook verbinding met de zorg patronen binnenin de partnerschappen. Omdat vrouwelijke wetenschappers met kinderen alleen in de meest zeldzame gevallen opstaan partner naar de Bladzijde, de de voornaamst kinderopvang overneemt. Daar maar de zorgverlening in de publieke sector samen met de de zorglast binnen de maatschap onvoldoende is, de wetenschappers moeten dit doen via particuliere oplossingen van buitenaf aanvullende zorg.

In tegenstelling tot de vrouwelijke wetenschappers, in samenwerkingen met wetenschappers in de verschillende leeftijdscategorieën van de kinderen vaker "afzien" van de zorg van derden (geen cijfer: 47% in het eerste levensjaar, 24% in het tweede en derde levensjaar, 3% in school leeftijd). Opvallend is ook dat onder de wetenschappers het exclusieve gemeenschappelijk gebruik van voorzieningen neemt meer toe dan de combinatie van faciliteiten En privaat personen naar de kinderopvang (57% of. 39% voorschoolse leeftijd) – vergelijkbaar met vrouwen zonder carrièresucces. Alle- Hun eerste kind komt echter veel minder vaak de hele dag of langer langs dan zij ben uur per dag een zorginstelling (niet getoond: 8% in eerste levensjaar, 31% in het tweede en derde levensjaar, 43% in school leeftijd). Dat wil zeggen, bij de wetenschappers is het niet zijzelf, maar in de eerste plaats hun partners, die voor de kinderen zorgen nemen.

Om te begrijpen waarom ook de traditionele patronen van arbeidsverdeling zijn veranderd onder hoogopgeleide vrouwen en mannen na het stichten van een gezin reproduceren, is het belangrijk om ook te kijken naar de context waarin die de paren handelen. In de inleiding

werd verwezen naar het wetenschapssysteem , wat grotendeels het model van de mannelijke enige kostwinner onderstreept. zet. Koppels die de kinderopvang op een egalitaire manier organiseren verzetten zich tot op zekere hoogte de heersende verwachtingen. Voor vrouwen betekent dit een groot deel van de zorgtaken tegen sociale reserves ben aan hun partners (of derden), en voor mannen om meer te weten te komen over de voorbehouden van hun (mannelijk) Collega's En meerderen overschrijven

dwz om meer dan de "symbolische" twee maanden vaderschapsverlof op te nemen of om deeltijds te werken. In ruil daarvoor de actie van koppels die hun verwachtingen van gelijkheid niet kunnen waarmaken, als aanpassing prestatie bij de heersend structuren gezien worden. Hoe Wij

getoond hebben, kan net zoals de vrouwen als de mannen wees degenen die deze aanpassing afdwingen; afhankelijk van welke baan pandrecht en sociale omgeving Ze verhuizen.

Uit de interviews bleek dat de werkcontexten waarin de het werk van wetenschappers en hun partners zijn cruciaal voor om strategieën te ontwikkelen die verder gaan dan een traditionele arbeidsdeling naar geslacht uitgaan. In de interpretaties van de wetenschappers worden herhaald noemde enkele sleutelfactoren die – ongeacht het partnerschap Arrangement – draag bij aan het succes van uw professionele ontwikkeling met een kind gen. Naast de mogelijkheid van individueel ontworpen werktijden en flexibele aanwezigheidstijden, het ritme en de duur van het woon-werkverkeer sen tussen woonplaats en werkplaats, dit zijn ook de houdingen van de werkgevers, Vrouwelijke collega's En mentoren. werkcontexten, in waarin genderrollen worden weerspiegeld, waarin collega's met bezig zijn met hetzelfde onderwerp en fungeren als rolmodel sterker gelijke zorgoplossingen.

In de kwalitatieve analyse viel ook op dat egalitaire zorg Regelingen komen vooral voor bij vrouwelijke sociale wetenschappers waren, terwijl in de andere disciplines vooral in de technische wetenschap, zijn nogal atypisch. Dit is ook terug te zien in de kwantitatieve Gegevens. In totaal oefende 36% van de vrouwelijke wetenschappers gebruikelijk een traditionele regeling in hun partnerschappen (geen foto's stelling): In de technische en natuurwetenschappen, vrouwen met kaart Crimineel succes is vaker de primaire verantwoordelijkheid voor hun kind dan degenen zonder carrièresucces (respectievelijk 46% en 24%), maar de eerste maken er gebruik van iets meer uiterlijke verzorging dan laatstgenoemde (respectievelijk 82% en 71%). Op het sociale wetenschap daarentegen is de relatie omgekeerd. Daar de vrouw- met succes consequent traditionele arrangementen dan hun collega's vrouwen zonder succes (respectievelijk 29% en 45%). Een mogelijke verklaring waarom Vrouwelijke technologen hebben minder vaak egalitaire verwachtingen van hun partners formuleren, zou terug kunnen gaan naar de dominantie van mannelijke collega's geleid worden. Omdat ze vaak partners hebben die achter hen staan voor professioneel Houd vereisten vrij", kan worden aangenomen dat dat Thema kinderopvang bij de Werkplek in totaal minder cadeau is. Ook vrouwen in technische beroepen hebben kinderen bij zich zonder eigen kinderen Gereserveerd tegenover jouw competenties naar strijd (zien. Konekamp 2007). Alleen al het op zich nemen van kinderopvangtaken zou kunnen op doelen aanvullend herkenning voor deze naar winnen, de hen in de mannetje domineerde professionele veld ingehouden wordt. Maar Ook voor Heren deze werkcontexten vormen obstakels voor hun verlangens na ouderschapsverlof of werktijdverkorting. Omdat de meerderheid van hun leeftijdsgenoten en meerderen voltijds in dienst zijn, geldt dat ook niet voor mannen licht, ondersteuningsverzoeken tegenover jouw werkgevers En Vrouwelijke collega's handhaven. Voor de wetenschappers en hun partners vertegenwoordigt het een Aanzienlijke opluchting als hun meerderen ermee te maken hebben Flexibiliteitsverzoeken met betrekking tot werktijden en werkplek volledig weergeven en plannen van afspraken en evenementen op de De verplichtingen van de ouders worden gerespecteerd. Om te kunnen stond hen niet toe verbinding te maken met werk- en professionele netwerken verliezen, vanuit het perspectief van veel wetenschappers is het ook belangrijk rechts, terwijl de ouderschapsverlof de contact opnemen met jouw meerderen uitstel naar en in sommige gevallen blijven werken tijdens het ouderschapsverlof. In de Interpretaties van de wetenschappers lieten herhaaldelijk zien hoe dit komt Motivatie om zo snel mogelijk na de geboorte van het kind aan het werk te gaan rendement wordt verhoogd.

Ondanks de nogal ontnuchterende bevindingen over

de arbeidsverdeling tussen mannen en vrouwen Er zijn tekenen van verandering bij de wetenschappers en hun partners dat traditionele patronen langzaamaan doorbreken. Bij de kwalitatieve analyse werd getoond met betrekking tot de professionele carrières van vrouwelijke wetenschappers dat verschillende strategieën tot hetzelfde doel kunnen leiden. Dus Sommige vrouwelijke wetenschappers stellen hun professionele succes veilig via de uitbesteding de kinderopvang bij Derde, ander boven de pariteit Taakverdeling met de partner. Toch werd duidelijk dat zeker Strategieën kunnen ook leiden tot een professionele valkuil. De zool het op zich nemen van de supervisie daagt bovendien de vrouwelijke wetenschappers uit veel organisatorisch werk vanuit betaald werk. Omgekeerd kosten de geschillen met partners over de ondersteunende taken, de wetenschappers aanvullend naar de betaalde arbeid Ook veel Energie. In In beide gevallen komen deze private coördinatiediensten niet overeen met de ideaaltypisch vereisten voor de realisatie een wetenschappelijk chen carrière met een hoge focus op en een toewijding aan een baan nodig hebben (vgl. Engler 2001).

3.3.6 carrièremogelijkheden En arbeidsverleden

Hieronder gaan we in op de invloed van de verschillende samenwerkingsverbanden technische ondersteuningsregelingen voor het carrièresucces van vrouwelijke wetenschappers naar. We bekijken alle vrouwelijke wetenschappers met kinderen en tekenen de mannelijk wetenschapper met kinderen als vergelijkende groep.

Figuur 3.3 toont de verhoudingen vrouwen en mannen die welke punten in de tijd voor en na het stichten van een gezin Succes in de wetenschap gehad of niet. Hier is te zien dat vrouwen een jaar geleden zijn bijna net zo succesvol in het stichten van een gezin als mannen (tijd punt: -12). Bij vrouwen een aandeel van 69%, bij mannen 72% een Carrière. Eerst na de een gezin stichten resultaat zelf duidelijk geslacht typisch verschillen in de kansen op succes.

Vrouwelijke wetenschappers ervaren vaak loopbaanachterstanden na familie Oprichting: Een jaar na de geboorte van het eerste kind gaat de verdeling in vrouwelijke wetenschappers met een succesvolle carrière zakten naar 61%. Hij herstelt in de volgende observatietijden, stagneert echter rond de 63%. Het aandeel succesvolle kennis zes jaar na het stichten van een gezin hebben vrouwen geen start niveau zoals het was een jaar voor het stichten van een gezin. Overeenkomstig het aandeel vrouwen zonder succes in de wetenschap neemt in de loop van de tijd toe. In totaal slaagt slechts 41% van de vrouwelijke wetenschappers hierin consequent op alle waargenomen tijdstippen volgens doelstelling te stichten ven normen een Carrière realiseren. Voor de Mannen daarentegen gaan de een gezin stichten met stal carrière geschiedenissen langs. A Jaar na de geboorte van het eerste kind, het aandeel wetenschappers met succes aanvankelijk tot

78% en blijft daarna relatief stal. In tegenstelling tot voor de vrouwelijke wetenschappers heeft 64% van de mannen dat een hele loopbaan. ervaringen met discriminatie en daarna moeders worden getroffen door degradaties of exits uit de wetenschap (cooling-out). dus binnen de regel vaker dan vaders (uit Stebut 2003).

In de als vervolg op wijden Wij ons de Vergelijken binnenin de groep de wetenschappers En plaats die met En zonder loopbaansucces op het moment van het interview. In figuur 3.4 is voor beide groepen weergegeven een geschiedenisgrafiek. Het accumuleert de relatieve verhoudingen van de verschillende Activiteitsvormen vrouwelijke wetenschappers op maandbasis 100% en shows, te beginnen met de twaalfde maand *voor* de geboorte van het eerste kind tot voor de 72 Maand *na* , de relatieve proporties de respectievelijke activiteiten.

Afbeelding 3.4: Maandelijkse activiteitsstatus meer dan een jaar voor en zes jaar later een gezin stichten, opgebouwd percentage thee) wetenschappers mee carrièresucces aan onder tijdstip, (b) vrouwelijke wetenschappers zonder carrièresucces voor de gesprekstijd A Eerst Weergave op de afbeeldingen shows, Dat de gradiënten van Vrouwen met En zonder Succes in de Wetenschap voor de interview tijd een zeker vergelijkbare show-levensvatbaarheid. Ze zijn allebei behoorlijk "kleurrijk", dwz de hellingen omvatten een aantal zeer verschillende activiteiten. In dienst activiteiten voor alle vrouwelijke wetenschappers met kinderen. Nog een soortgelijke-bekwaamheid blijkt uit het feit dat de cursussen van vrouwen met en zonder carrière verschillen nauwelijks van elkaar voor de tijd *voordat ze een gezin stichten:* ca. 61% van de vrouwelijke wetenschappers werkt fulltime, ca. 20% parttime werkgelegenheid, en ongeveer 10% heeft een beurs. Die aandelen blijven stabiel tot aan het stichten van een gezin.

In het eerste jaar na de geboorte van het eerste kind, a ne grote groep vrouwen voornamelijk met ouderschapsverlof en het aandeel van werkende vrouwen daalt. Maar vooral in deze tijd dan zijn er verschillen in de carrièrepaden van vrouwelijke wetenschappers bepaald. Bijna de helft van de vrouwelijke wetenschappers die later die succesvol zijn, nemen in de geobserveerde periode over het algemeen ouderschapsverlof op Recht (47%). Hun eerste ouderschapsperioden duren gemiddeld 13 jaar maanden verder. Hun gebruik van ouderschapsverlof krijgt vorm in de tijd als volgt: De hoogste Deel bij succesvol wetenschappers 39% neemt ouderschapsverlof op in de vierde maand na de geboorte, precies een jaar na de geboorte Zijn Het 21%. Dit Delen gaat als eerste door opbrengst, maar stijgt dan weer tot 14% in het derde jaar na het stichten van een gezin bij. Vrouwelijke wetenschappers met andere jongere kinderen komen hier steeds vaker (weer) met zwangerschapsverlof. Dat is zes jaar na het stichten van een gezin alleen nog steeds 4% van de vrouwen met succes in de wetenschap binnen zwangerschapsverlof

Het arbeidsverleden van vrouwelijke wetenschappers die ten tijde van het interview punt *geen* carrière succes register kan, zien Echter iets verschillend uit. Dus nemen zij over het algemeen iets vaker ouderschap periodes in Recht (54%). Hun eerste opvoedingsperioden duren ook gemiddeld lich 18 maanden duidelijk langer als de van hun vrouwelijke collega's met carrière succes.

Het hoogste aandeel van deze vrouwelijke wetenschappers met ouderschapsverlof is 49% gevonden al in de eerste maand na de geboorte, een jaar na de geboorte het is nog steeds 27%. Dit aandeel loopt dan door tot het derde jaar slechts aarzelend tot 14% vóór het stichten van een gezin en stabiliseert dit niveau tot zesde levensjaar van het kind.

De wetenschappers zonder carrièresucces zitten achter de familie aan daardoor minder in dienst. Een jaar na de familie 60% van hen gaat in loondienst. In de derde en zesde Jaar na de een gezin stichten Zijn dat is 70% dit Kennis- er zijn vrouwelijke werknemers in dienst, maar het aandeel is inmiddels weer aan het dalen door de geboorte van meer kinderen. Aan het einde van de beschouwde tijd ruimte om de vrouwen die geen succes hebben in de wetenschap te bereiken tijdens het interview hadden niet het basisniveau van de werkgelegenheid van het jaar ervoor de een gezin stichten. Over het uit beweegt zelf bij hen in de Cursus

de tijd *na* het stichten van een gezin, de verhouding tussen deeltijd en voltijd activiteiten ten gunste van deeltijdbanen.

Vrouwen die succesvol zijn in de wetenschap daarentegen, neigen ertoe na het stichten van een gezin een betaalde baan zoeken of daarna naar huis terugkeren zonder langdurige terugkeer sneller terug op de arbeidsmarkt dan hun collega's op weg naar carrièresucces. Een jaar na het stichten van een gezin is 65% van hen later succesvolle vrouwelijke wetenschappers in dienst, ook in voltijdse betrekkingen, en dit aandeel stijgt gestaag tot 85% tegen het zesde jaar. Met het is het startniveau vanaf een jaar voor het stichten van een gezin gemakkelijk overtroffen. Net als haar collega's zonder carrièresucces de verhouding tussen deeltijd- en voltijdbanen verschuift voor hen zes jaar na het stichten van een gezin enigszins voorstander van deeltijdbanentien.

Samengevat kan gesteld worden dat het aandeel voltijds werkende moeders *zonder* succes in de wetenschap in een mum van tijd het stichten van een gezin heeft een niveau bereikt dat vergelijkbaar is met dat van academisch wetenschappers *met* succes ten tijde van het interview. Dat valt ook op niet alleen spelen ouderschapsperioden een grotere rol voor hen, maar dat tijdelijk meer last van werkloosheid na het stichten van een gezin en worden vaker gefinancierd door subsidies dan vrouwelijke wetenschappers met *succes* . Vergeleken met de loopbaantrajecten van de wetenschappelijke met kinderen zijn de cursussen van wetenschappers met kinderen in vooral gekenmerkt door een voltijds dienstverband (gemiddeld 80%); de Een gezin stichten als een evenement wordt op geen enkele manier vertegenwoordigd door verandering of Inbraken herkenbaar (niet getoond).

3.3.7 C zijn arrangementen invloed wetenschappelijke carrières

De resultaten tot nu toe richten zich op de afzonderlijke invloeden van individuen factoren. In deze paragraaf worden deze beïnvloedende variabelen in regressie gepresenteerd modellen worden samengebracht om rekening te houden met alle factoren waardeer de invloed van de zorgoplossingen op de kans op succesvol zijn bij vrouwen in de wetenschap. We willen over de eerdere vergelijkingen, waarin carrièresucces op dat moment punt van het interview was het doorslaggevende criterium. Bij de modellen kan nu worden gecontroleerd of vrouwen op de *verschillende* tijdstippen na de een gezin stichten na objectief Vereisten Succes in de Wetenschap gehad of niet. Alle wetenschappers werden bij de berekeningen betrokken kinderen inbegrepen. In tabel 3.2 zijn de schatters gegeven als odds ratio's en hun betrouwbaarheidsintervallen [13] genoteerd.

---

13 kansen verhoudingen geven de kansverhouding voor de Binnenkomen een moederschap tussen een Referentie- En een vergelijkende groep bij. A kansen verhouding van 1 middelen, Dat Het geencEr is een verschil in kans tussen de twee groepen. De vergelijkingsgroep heeft een hogere kans dan de referentiegroep met een odds ratio van >1 en een lage re kans met een odds ratio van <1. Het betrouwbaarheidsinterval geeft aan of de geschatte odds ratio ligt binnen het gegeven bereik met een waarschijnlijkheid van 0,95. De Schatting is onzeker als de waarde 1 binnen het betrouwbaarheidsinterval valt en hoe hoger beter de Betrouwbaarheidsinterval is.
Model 1 bevat alle theoretisch relevante factoren, model

2 bevat ze aanvullende interactie-effecten van het zorgarrangement met de tijd run Voor de analyse van de organisatie van de kinderopvang twee beperkingen in de Vergelijking naar de beschrijvingen in de voorafgegaan Sectie leerde kennen worden. Ten eerste voor externe ondersteuning alleen gekeken of het werd gebruikt of niet, en aan de andere kant tien de egalitair En het tegenovergestelde traditioneel paar arrangementen bij de kinderopvang wegens laag zaaknummers samengevoegd worden.

In de Eerst Model shows zelf, Dat voor wetenschappers na de bij het stichten van een gezin is de kans op carrièresucces kleiner, als zij degenen zijn in hun partnerschap die de belangrijkste zijn verantwoordelijkheid dragen voor kinderopvang (traditionele regeling). De gebruik van extern zorg mogelijkheden beurtelings verbeterd de Vooruitzichten van moeders op carrièresucces in van wetenschap significant.

Een gedetailleerd overzicht van de impact van zorgoplossingen voor de verschillende tijdstippen na het stichten van een gezin in model 2 onderzoekt de verstrengelingsrelatie tussen de paarrangschikking en de observatie tijden En shows, Dat beide Effecten zelf duidelijk versterken En bij statistisch betekenis aankomen. Vanwege de aanvullende interactietermen worden gegeven door de schatter voor het zorgarrangement In model 2 wordt alleen de invloed ervan in het eerste levensjaar van het kind aangegeven. Daarom is de kans op carrière succes met vrouwelijke wetenschappers met een traditionele regeling al in het eerste levensjaar van het kind beduidend minder dan hun collega's met niet-traditionele regelingen ment. Het totale effect van het traditionele zorgarrangement in Mo- dell 2 wordt bovendien berekend uit de effecten van de interactietermen, dwz over het algemeen hebben vrouwelijke wetenschappers een lage kans op om professioneel succes te hebben na het stichten van een gezin als ze de hoofdrol spelen lich jurisdictie voor de Zorg de hare kind overnemen. Gebruiken wetenschappers – onafhankelijk van de paar intern zorg regeling ment - de ondersteuning van derden bij de zorg voor hun kinderen, zo ook Ook de kans op carrière succes groter. In Model 2 wordt Daarnaast Het is te zien dat de kansen op carrièresucces toenemen in het zesde jaar van de opleiding Vergeleken met het eerste jaar na het stichten van een gezin, vooral in de aanzienlijk verbeteren, wiens zorgarrangementen binnen het paar ment volgt niet het traditionele model. Dit blijkt erg indrukwekkend vol, Hoe belangrijk de vennootschap zorg regeling na de Een gezin stichten voor het verdere carrièreperspectief van wetenschappers daadwerkelijk rennen is.

Weinig verrast is de Resultaat, Dat zelf de mogelijkheden op Succes in de wetenschap voor moeders beter ontwerpen als ze al eerder zijn succes met het stichten van een gezin. Voor de hypothese uit de levensloop perspectief, Dat de carrièremogelijkheden hoger Zijn, als de kruispunt aan het ouderschap later in de carriere geschiedenis hij volgt, bladeren zelf een voorzichtig Bevestiging tonen: Vrouwelijke wetenschappers die pas hun eerste kind kregen na de Promotie krijgen, hebben daarna een betere kans op carrièresucces een gezin stichten (model 2). Dit resultaat is echter alleen gebaseerd op 10% niveau significant.

Voor de hypothesen van onderhandelingsmodel voor hulpbronnen vinden Wij dergelijke duidelijke en betrouwbare bevindingen niet. De relatieve onderhandeling positie kan worden bepaald via de arbeidsstatus van de partner voordat een gezin wordt gesticht vastlegging. De effecten voor deze beïnvloedende factor zijn niet significant rand, maar ze wijzen in een bepaalde richting. vrouwelijke wetenschappers, wiens partner voor de een gezin stichten een Deeltijdbaan achtervolgd of gefinancierd door een studiebeurs hadden over het algemeen betere kwalificaties carrièresucces zien dan hun fulltime tegenhangers partners. De categorie "niet in loondienst" omvat een aantal verschillende gezamenlijke activiteiten, waaronder trainingen en stages ka. Dit zijn activiteiten die eigenlijk een fulltime inzet betekenen en hebben daarom vaak een negatieve invloed op de loopbaanvooruitzichten van wetenschappers vrouwelijke wetenschappers in verband met het stichten van een gezin naar.

hetzelfde modellen voor de vaders onder de wetenschappers show (geen tabel) dat noch het zorgarrangement binnen het koppel, noch de Het gebruik van externe zorgopties heeft een significant effect op carrièremogelijkheid van vaders heeft. De beïnvloedende factoren, de bij de kennis relevant zijn voor werknemers, carrièresucces voordat u een gezin sticht onderwijs en het cohort afgestudeerden dat verantwoordelijk is voor het meten van de arbeidsmarkt situatie staat.

3.4 Kinderen – loopbaanonderbreking of carrièrekick?

De Vragen na de Betekenis de een gezin stichten voor de carrière succes in de academische wereld is literatuur vaak over het hoofd gezien met het oog op het privéleven Situatie opgepikt en besproken door vrouwelijke wetenschappers (vgl. Lind 2008; Metz-Göckel/Selent/Schuermann 2010; uit Stebut 2003). Deze sub Onderzoeken waren grotendeels beperkt tot beschrijvende rekeningen van de privéomstandigheden, zoals de samenstelling van partners met betrekking tot kwalificaties en werkgebied alsmede deels de organisatie van de kinderopvang. Ook waren de onderzoeken meestal alleen kwantitatief of alleen onderzocht met kwalitatieve methoden en niet in hun verband functie Het doel van onze bijdrage was om deze wens op te pakken en Hij naar onderzoeken, welke zorg strategieën wetenschappers met kinderen) met jouw partners bij de vervolging van hun carrières ontwikkelen en welke impact oplossingen voor kinderopvang hebben op de loopbaan kansen voor vrouwelijke wetenschappers.

In de totaalbeeld De onze bevindingen toonde zelf, Dat de familie groen mest voor wetenschappers in de Vergelijking naar jouw mannelijk Collega's A carrière nadeel vertegenwoordigt. Terwijl Vrouwen in de Wetenschap voor de een gezin stichten net als vaak Succes hebben Hoe Heren, neemt de Deel van wetenschappers met Succes na de geboorte van Eerst kind van weg. vrouwelijke wetenschappers de haar Carrière na de een gezin stichten met Succes doorgaan, hebben in de Regel minder gebruikelijk En minder Kinderen, Ook ontvangen zij haar Eerst kind later als wetenschappers zonder Carrière-succes. Met het wordt de geformuleerd vanuit een levensloopperspectief benadering mij, Dat een consolidatie de Carrière voor de geboorte van Eerst kind de mogelijkheden voor professioneel Succes verhoogd, bevestigd. Dit op de Gedragen van Vrouwen (of. koppels) mikken strategie een laat geboorte macht de planning de een gezin stichten naar een sterk rationeel Materie. Wij zou kunnen show, Dat dit Vragen van "rechts punt in de tijd" voor de geboorte van Eerst kind voor veel de vrouwelijke wetenschappers de net zoals haar beroep-carrière willen maken en kinderen krijgen een last wordt. vrouwelijke wetenschappers de zelf voor Kinderen beslissen, nastreven met jouw partners verschillend strategieën, rondom haar werkgelegenheid Ook na de een gezin stichten doorgaan. De meest vrouwen onderbreken op- grond van zorgtaken ten minste voor kort Tijd haar eigen professioneel taak. Inbegrepen toonde zelf, Dat de Tijdsduur de onderbreking door Ouders- tijd de carrière succes de Vrouwen na de een gezin stichten mede bepaald En wetenschappers met kort zwangerschapsverlof in de verder carrière loop vaak succesvoller Zijn als haar vrouwelijke collega's met langer zwangerschapsverlof. Tegelijkertijd werd duidelijk, Dat Het behulpzaam voor wetenschappers is, alshen toelaat wordt, Ook terwijl de zwangerschapsverlof Verbinding bij haar professioneel om het milieu te behouden.

Als dominante kinderopvangregeling na het stichten van een gezin Ook bij vrouwelijke wetenschappers in de (academische) partner werd deze relatie gevonden creëer de traditionele arbeidsdeling naar geslacht. Een specialiteit in de zin van gezinseconomische overwegingen is niet van toepassing op de wetenschappers En haar partner naar, de na de een gezin stichten maar ook tijdens korte loopbaanonderbrekingen wegens ouderschapsverlof vasthouden aan hun werk standvastig. Een uitzondering is een geval met vice versa traditioneel zorgarrangement. Hier vindt specialisatie plaats de partner, die zelf geen carrière-intenties had, om voor de te zorgen kind en huishoudelijke taken, terwijl zijn vrouw wetenschappelijke loopbaan gevolgd.

Een blik op de onderhandelingsprocessen van de stellen leerde dat het traditionele tionele regeling is niet altijd het resultaat van bewuste beslissingen en niet altijd "gewild" is. Net zoals op Pagina's de wetenschappers als

ook aan de kant van hun partners zijn er obstakels die leiden tot ongelijkheid de taakverdeling in de maatschap. Dit zijn, voor een mislukte onderhandelingen tussen de wetenschappers en hun partners over hun respectieve wensen met betrekking tot de arbeidsverdeling in de kinderzorg zorg en aan de andere kant vreest dat deze te handhaven zonder sancties te ervaren. De laatste angst werd speciaal samengesteld voor de partners van de vrouwelijke wetenschappers die – als ze met ouderschapsverlof gaan of minder werken voor kinderopvang – zogenaamd groter Nadelen hebben als wetenschappers. Uit ver- Actietheoretisch levert dit nadelen op voor de kennis vrouwelijke werknemers, wat betekent dat zij meestal voor de kinderen zorgen overnemen. Hieruit kan worden geconcludeerd dat niet alleen de bron relatie tussen de partners in het onderhandelingsproces is cruciaal. Toegevoegd komen diepgewortelde normatieve, naar geslacht gedifferentieerde overtuigingen, als verwachtingen van zichzelf (als moeder/vader) en van de partner(s) ner (als vader/moeder). In processen van innerlijke partner Wetenschappelijk *doen met gender* brengt deze verwachtingen in de praktijk en ook leidend in het geval van vrouwelijke wetenschappers, die een egalitaire claim aanhalen formuleren hun partners, na het stichten van een gezin naar een traditionele zorg regeling. toeschrijvingen, Dat zorgtaken eenvoudig te verzoenen met de activiteit in de wetenschap dan met actief bekwaamheden in andere beroepsgebieden, voor zover deze alleen voor het werk zijn gebruikt door vrouwelijke wetenschappers – een gender-gedifferentieerd vereerd arbeidsverdeling (Hess/Rusconi/Solga 2011a). In partnerschappen, in waar beide partners in gelijke mate voor taken zorgen, die deze attributies deconstrueren als genderattributies ed en de dagelijkse praktijk van actie keer op keer naar het gewenste gelijkwaardigheid gecontroleerd naar.

In principe vrouwelijke wetenschappers zelf verantwoordelijkheden, of ze dat nu doen in traditionele arrangementen of in gelijkmatig verdeeld doen met haar partner.

wetenschappers mee een traditioneel zorgarrangement aanzienlijk lager zijn Carrièremogelijkheden dan degenen die voor hun verantwoordelijkheden zorgen partners delen in ieder geval gelijk. Voor die wetenschappers die, ondanks traditionele regelingen, hun carrière voortzetten nadat ze een gezin hebben gesticht kan doorgaan, *flexibele* uitbesteding van kinderopvang een centrale rol. Vrouwelijke wetenschappers bereiken deze flexibiliteit door het aanbieden van zorgvoorzieningen *en* particulieren voor zorg combineer je kind. Uitbesteding van kinderopvang en Combinatie van verschillende derde personen of entiteiten is totaal nogal een noodzakelijke zorgoplossing. Is het vereist dat overeenkomstige mogelijkheden voor externe ondersteuning ter plaatse voldoende de Beschikbaarheid bestaan uit. Ook is besluitvol, als de gebruik deze ondersteuningsmogelijkheden door de wetenschappers kunnen worden gefinancierd. Vooral tijdens de doctoraatsfase hebben wetenschappers A laag inkomen En Zijn daarom in de financiering extern beperkte zorgmogelijkheden. De mogelijkheid van een gratis steun van een persoonlijk netwerk zoals familieleden ge of vrienden kunnen nuttig zijn en dienovereenkomstig hogere kosten voor de opvang van het kind door gastouders, oppassers of verzorgers richtingen – maar niet alle wetenschappers kunnen dat toegang krijgen tot zo'n privénetwerk.

De betrouwbare en onafhankelijke aanname van kinderopvang ng door de partner betekent dus een verademing voor de vrouwen die Kinderopvang door derden is moeilijk te vervangen. Om dit te waarborgen de partners van de vrouwelijke wetenschappers moeten niet alleen oriëntatie van hun partners ideaal, maar vooral praktisch ondersteund Zen. Uit de kwalitatieve evaluaties bleek ook dat de professional en de tevredenheid over het partnerschap is bijzonder hoog onder paren die zelf de zorg voor gewone kinderen gelijk delen.

Ons Resultaten gooien Vragen voor verder Onderzoek op. voor Er is behoefte aan onderzoek, bijvoorbeeld bij het onderzoeken van loopbaanvoorwaarden die voortkomen uit de oude en de nieuwe deelstaten. Omdat in Uit de literatuur blijkt een verbazingwekkend verschil in het aandeel hoogleraren loop, de Kinderen hebben. Hier vergunning zelf talrijk Vragen aansluiten: Mogelijk doen vrouwen dat aan universiteiten in de nieuwe deelstaten betere carrièremogelijkheden dan in de oude deelstaten? vorm oostduits cal wetenschappers de verdeling van zorg werk meer egalitair dan west duits? Welke rol toneelstuk hier paar arrangementen En extern Zorg voor de carrièremogelijkheden van wetenschappers in de Vergelijkingnaar hen in de oude deelstaten?

Bovendien zou het gaan om de compatibiliteit van het gezin en wetenschap niet alleen interessant om naar die vrouwen te kijken die zijn succesvol gebleven in de wetenschap, maar ook de "exit stolsel". Op deze manier zouden drempels voor vrouwen in de omgang met hun privésituatie kunnen worden weggenomen gerelateerd, nog duidelijker bepalen. Het probleem is alles Wel in de signalering en bereikbaarheid van de uittreders, want zij gaan in de Kwalificatieproces verloren.

A verder Punt, bij naar de de Onderzoek naar carrière geschiedenissen van vrouwen in de wetenschap, de timing van het gezin oprichting. Het zou de moeite waard zijn om nader te onderzoeken of een gezin stichten voordat de eerste academische graad positief is heeft een grote invloed op het carrièresucces van vrouwen. Dit spreekt tegen Uitgaande van levensloopperspectief kan men dat echter eerder zijn tijd van het stichten van een gezin kan zeker worden geassocieerd met voordelen. De kind is Dan, als de Vereisten de kwalificatie fase in het bijzonder zijn hoog, zoals bij het doctoraat en habilitatie, in een minder begeleide intensieve leeftijd. Onder de huidige omstandigheden van bijna zonder te nemen tijdelijk bezigheid in de wetenschappelijk systeem staat dit overweging Echter de (professioneel) planning onzekerheden van jongens wetenschappers en hun partners.

4. *"Onder druk ...!?"* - *Biografisch Oriëntaties van vrouwelijke wetenschappers in Beroep, vennootschap En Familie*

Want het is buitengewoon gewaagd voor een jonge geleerde die geen fortuin heeft moet zich überhaupt blootstellen aan de voorwaarden van een academische loopbaan. Hij moet minstens een aantal jaren kunnen doorstaan zonder op enigerlei wijze te weten of hij daarna heeft een kans om naar een positie te verhuizen die voldoende is om in zijn levensonderhoud te voorzien" (Weber 1992 [1919]:72).
Zelfs als de hierboven genoemde jonge geleerde - dankzij de opening van de scholen voor vrouwen – inmiddels steeds vaker ook *de* jonge scholieren Weber's beschrijving van het zijn van een wetenschapper heeft het bijna honderd jaar later nog steeds actueel: na een fase van socialisatie atie de universiteiten En van

Professioneel van wetenschapper in de centrum van 20e eeuw (vgl. Mittelstraß 2006) de situatie van veel wetenschappers leraren en wetenschappers in het heden door een onzekere carrière en gemarkeerde leefomstandigheden. Deze onzekerheid gecompliceerd door een hoogte onzekerheid in de Bezigheid, verlangen kwalificatie fasen En variërend verloop patroon vele keren de Carrière- En levensplanning de getroffen personen en hun partners. De organisatie Universiteit functies inbegrepen na Hoe voor als "leesapparaat" (zien. Weber 1992 [1919]). Vergeleken met de vele doctoraten en habilitaties In het academisch systeem zijn er slechts enkele vaste functies (vgl. Engelser 2003). De wetenschappelijke loopbaan blijft dus open voor alle wetenschap schafler En wetenschappers een riskant En ontnomen Bedrijf op weg naar hoogleraarschap (vgl. Kahlert 2010). Maar hoe- Bovendien vertegenwoordigen wetenschappelijke loopbanen een bijzondere biografie cal risico, en wat is het belang van werk, partnerschap en Familie een?

Het doel van dit artikel is om professionele oriëntatie te bieden aan vrouwen in de Wetenschap in het samenspel van familiale en institutionele gebeurtenissen sen en om hun belang voor de loopbaanontwikkeling nader te onderzoeken bepalen.

Voor dit doel, probleemgerichte kwalitatieve interviews met academici leren En Sollicitatiegesprekken met jouw levenspartners sociale wetenschappen- hermeneutisch geëvalueerd. Het werd de carrière geschiedenissen van Kennis- gereconstrueerd op basis van hun (zelf)beschrijvingen en met het perspectief van de partner op de beroepsactiviteiten van vrouwen toegevoegd. De huidige casusbeschrijvingen laten zien hoe de kennis schaftler bij belangrijke professionele of familiebeslissingen oriënteren en in hoeverre hun beroeps- en levensloop doorlopen longen met naar de partner of door institutioneel vooraf bepaald professioneel kansen worden aangetast. De instelling voor hoger onderwijs met zijn specifieke bijbehorende organisatiestructuur vertegenwoordigt een belangrijk con- tekstkennis voor de interpretatie van de zelfrapportages van wetenschappers naar staan voor. Hierna wordt om deze reden de wetenschapssysteem met zijn institutioneel En symbolisch Volgorde op de basis van voor niveau beschreven. In de centrum van bijdrage stellage geselecteerd Casusbeschrijvingen en een vergelijkende bespreking van de schacht En institutioneel gelegenheden verschillend professioneel oriëntaties de Vrouwen in de Wetenschap. De empirisch analyse laat zien hoe vrouwen en hun partners anticiperen en hoe ze deze integreren in hun gezamenlijke carrière- en levensplannen erbij betrekken.

4.1 "Onder druk ...!?" - Vrouwen in de wetenschap

Het kleine aantal vrouwelijke hoogleraren aan universiteiten geeft dat aan dat het wetenschappelijke systeem geen genderneutrale plek is en de organisaties nisering van de selectie van (jonge) wetenschappers zijn niet onafhankelijk van geslacht (vgl. bijv. Acker 1990; Hess/ Rusconi/Solga 2011a; Krais 2000; Zimmer/Krimmer/Stallmann 2007). wetenschap Vrouwelijke wetenschappers zijn meer onderhevig aan selectie dan hun mannelijke collega's processen op de weg naar de hoogleraarschap En hebben duidelijk minder Mogelijkheden voor mannen om permanent in de wetenschap te blijven (vgl. Metz Goeckel/Selent/Schuermann 2010; Solga/inzet 2009).
Als ze werkzaam zijn bij universiteiten of onderzoeksinstituten zijn wetenschappers met een breed scala aan werk en Uitdagingen voor vooruitgang, zoals ze zijn in onderzoek en onderwijs maar ook de beroepscultuur. Vanwege gendergerelateerde organisaties structuren (vgl. Acker 1990), de Frau-Mannen en vrouwen beoordelen professionele prestaties verschillend tet (vgl. Beaufaÿs 2003, 2004; Krais 2000). Het resulterende ongelijk che professioneel positionering van Vrouwen En Heren in de Wetenschap

"Onder druk ...!?" Biografisch oriëntaties van wetenschappers 119
is al onderwerp geweest van talrijke onderzoeken (zie onder meer Hess/Rusconi/ Solga 2011a; Matthijs 2006; Solga/Pahl 2009; Zimmer/Krimmer/Stallmann 2007). De professionele en gezinsoriëntaties van wetenschappers en vrouwelijke wetenschappers op weg naar een hoogleraarschap zijn dat echter nauwelijks onderzocht. Dus is grotendeels onbekend,

Hoe wetenschappers de in de Carrière en levensloop gericht op hen, waarvan sommige tegenstrijdig zijn Werk aan en verwerk de vereisten van werk en partnerschap biografisch En welke Betekenis haar beroepsoriëntatie voor selectietrajecten in de heeft loopbaangeschiedenis.

Hoe jonge wetenschappers hun carrièrekansen benutten cen aan universiteiten en niet-universitaire onderzoeksinstellingen schatting, blijkt uit een gestandaardiseerde studie waarin, rekening houdend met doelen op een hoger niveau in het leven, de professionele oriëntatie van de wetenschappelijke wetenschappelijke nakomelingen werden uitgewerkt (vgl. Jaksztat/Schinder/ Briedis 2010). Hoewel het wetenschappelijke werk van veel respondenten als aantrekkelijk wordt omschreven, is er met name de wens naar een vakman Zekerheid met het gebrek aan planbaarheid van wetenschappelijke loopbanen, de lage werkzekerheid en onzekere doorgroeimogelijkheden binnen het wetenschappelijke systeem (Jaksztat/Schinder/ Briedis 2010: 27f.). De langer verblijftijd in de wetenschappelijk systeem bevordert de pessimistische houding van alle wetenschappers tafels onderzoek de eigen carrièreperspectief, d.w.z PhD beoordelen hun vooruitzichten beduidend negatiever dan

promovendi (Jaksztat/ Schinder/Briedis 2010: 30).

Voor de vraag die hier van belang is over de (zelf)selectieprocessen in de wetenschap is het veelbetekenend dat wetenschappers en wetenschappers in het bijzonder vrouwelijke medewerkers met een uitgesproken doorstroomoriëntatie hun professional zien de mogelijkheden binnen de wetenschap niet erg positief en de helft overweegt de wetenschap te verlaten (Jaksztat/Schinder/Briedis 2010: 25v.). Ten aanzien van de eigen beroepssituatie, beroeps- en Doelen in het leven lopen vooral uiteen als het gaat om compatibiliteit van familie levensplanning En professioneel Vereisten gaat. De Differentiatie naar geslacht laat ook zien dat mannen hun loopbaan kiezen kansen binnen en vooral buiten het wetenschapssysteem ver dan vrouwen (Jaksztat/Schinder/Briedis 2010: 29).

Vanwege de onzeker Arbeidsvoorwaarden worden Kennis- schafler En wetenschappers Ook zonder de Beveiliging, Dat haar inspanning leidt tot een vaste plek in de structuur van de universiteit aangemoedigd om zichzelf te zien als "wetenschappelijke zelfondernemers" en voortdurend aan hun carrière sleutelen (Enders 2003: 256). Tegelijkertijd wetenschappelijk werk gaat gepaard met een ethos dat bepaalt dat de Wetenschap naar de "Roeping", d.w.z naar een levensvorm wordt. "Van nature, I live alleen voor denken ,Beroep'" misschien – Max wever (1992 [1919]: 80) volgens het antwoord dat van een jonge geleerde wordt verwacht. De voorwaarde Benoeming impliceert dat het dagelijkse leven van een wetenschapper of een wetenschapper wetenschapper "wordt gezuiverd van alles wat niet met wetenschap te maken heeft en bevat alles wat nuttig is voor de werking ervan" (Beaufaÿs 2004: alinea. 5). In tegenstelling tot in de dagen van Max Weber zijn die er wel geweest instellingen voor hoger onderwijs in de jaren zestig en zeventig steeds meer vrouwen che geleerden die een wetenschappelijke carrière nastreven na hun afstuderen aan de universiteit beginnen. Maar kan direct vrouwelijke wetenschappers daar zij grotendeels met even hooggekwalificeerde als fulltime werkende partners mannen zijn (vgl. Hess/Rusconi/Solga 2011a; Rusconi/Solga 2008), hun dagelijks leven houd ze zelden vrij van alles wat extra-professioneel is dan hun mannelijke collega's mogelijk is (zie hoofdstuk 3 in deze Een boek).

Als in de analyse van carrière geschiedenissen in de Wetenschap Dus ook de privé levensomstandigheden van wetenschappers en wetenschappers leerlingen, dwz hun partnerschappen en gezinnen, zijn inbegrepen de discussie over roepingen en onzekerheid, vooral voor vrouwen aanvullend explosiviteit. Dan Geslacht heeft verder een structureren Effect in het leven van vrouwen en mannen. Het valt beide aan in het vliegtuig maatschappelijke en sociale verwachtingen, maar ook op institutioneel niveau collegegelden en organisaties regelen het leven van mensen (vgl. Kruger 2002). Op alle gebeurtenissen die eigen zijn aan de levensloop, zoals binnenkomst in het beroepsleven of de geboorte van kinderen, een reeks banden Gedrag dat gestandaardiseerd is naar geslacht. Deze nemen stroom naar individuele biografische acties en interactief treedt in paren op en wordt hier gedeeltelijk gereproduceerd. Zo wordt het uitgelegd bijvoorbeeld dat zelfs groepen mensen met sterke professionele ambities - zoals hooggekwalificeerde koppels die beginnen als professionele gelijken - in de In de loop van het stichten van een gezin, een re-traditionalisering van hun arbeidsverdeling onderwerp in de paarrelatie en op één, namelijk de mannelijke auto- riere (vgl. hoofdstuk 2 in dit boek;

Bathmann/Müller/Cornelissen 2011; Wimbauer et al. 2008).

Hoe ver wetenschappers en hun levenspartners hun professional zijn Het samen of apart organiseren van loopbanen hangt van veel verschillende zaken af welke factoren (vgl. Behnke/Meuser 2003). Bij heteroseksuele partners zijn meestal vrouwen – ook als ze (volledig) werken – voor kinderopvang en zogenaamd "compatibiliteitsbeheer" verantwoordelijk (zie hoofdstuk 3 in dit boek; Behnke/Meuser 2005; Hess/Rusco-niet 2010). Er zijn analyses uitgevoerd met betrekking tot de aanname van kinderopvang maar getoond dat partners die verantwoordelijkheid nemen voor de zorg van het gemeenschappelijk dezelfde kinderen nemen het over, vrouwelijke wetenschappers richten zich op die van hen professioneel ontwikkeling mogelijk maken (zie hoofdstuk 3 hierin Een boek).

Of en in welke mate hoogopgeleide stellen vereisten, met die bijzonder Vrouwen in de levensles confronteerde *Onder druk ...!?"* *Biografisch oriëntaties van wetenschappers* 121

anticipeer erop en neem ze op in de gezamenlijke loopbaan- en levensplanning gerelateerd, is tot nu toe weinig onderzocht. Rekening houdend met het bovenstaande genoemde observatie van een "socialisatie" van de wetenschap is binnen Met betrekking tot eerdere onderzoeksresultaten om rekening mee te houden bij wetenschapper En wetenschappers gericht Verwachtingen van

"zelf-ondernemerschap" vaak in paar relaties ontworpen worden. Dit roept de vraag op naar het spanningsveld tussen organisatie en partnerschap wordt verhandeld. Het kan bijv. B. zijn dat partners en partners vrouwen gezien het verlies aan autonomie in de professionele activiteiten van wetenschappers een steeds groter deel van de motiveer de betrokkenen. Welke vormen van arbeidsdeling welke stellen opnemen is nog onbekend. Dat zou mogelijk zijn Partners nemen steeds vaker taken op zich die vroeger meer waren "functionele" koppelingen (bijv. door sponsors in de wetenschap). werd. Echtpaarrelaties zouden daarom niet alleen worden gezien als intieme nerschappen naar begrijpen, liever Ook als wetenschappelijk (professioneel)partnerschappen in de zintuigen van wederzijds inhoud En meer strategisch Advies. [1]

"

4.2 Loopbaanoriëntaties van vrouwelijke wetenschappers(casusbeschrijvingen)

In de casusbeschrijvingen, aangevuld met het perspectief van hun partner, die de professionele en persoonlijke geschiedenis van vier vrouwelijke wetenschappers presenteert werd gevraagd wie een academische carrière had op het moment van het interview. [2] Er wordt uitgewerkt welke biografie, partnerschap en institutioneel factoren op de professioneel oriëntaties van succesvol vrouwen die in de wetenschap werken.

4.2.1 methodisch Doorgaan

De basis voor de Onderzoek plaats de in de Kader van projecteren
"Samen carrière maken" kwalitatieve interviews met kennis arbeiders En hun partners. Er waren totaal 33 Wetenschap-

---

[1] De validiteit van deze veronderstelling zou een aanvullende verklaring zijn voor de relatieve loopbaan voordeel van vrouwelijke wetenschappers van wie partner Ook als wetenschapper in dienst Zijn (zien. Hess/Rusconi/Solga 2011a).
De term wetenschappelijke loopbaan geeft aan dat de vrouwen zich in een leeftijds- en kwalificatie- kation voldoende bezigheid voorwaarde. Naar de in de projecteren "Samen Carrière maken" ontwikkeld gestandaardiseerd carrière definitie zien. Hoofdstuk 1 in dit Een boek. studenten die zich in kwalitatieve stadia in verschillende loopbaanfasen bevonden interviews en twaalf van hun partners. De geïnterviewden van

kwalitatief onderstudie werd uit de deelnemers En deelnemers de gestandaardiseerd onderzoek geselecteerd (gelieve te verwijzen Hoofdstuk 1 in dit Een boek).

De kwalitatieve steekproef bestaat uit wetenschappers uit de drie dis- ziplining (sociale, technische en natuurwetenschappen), carrièrefasen en paren Loopbaanopstellingen bij elkaar, die door de gestandaardiseerde bekend waren tijdens het onderzoek en werden gebruikt voor casusselectie. Deze combinatie maatvoering komt niet overeen met statistische representativiteit, maar volgt de methodologische overwegingen van de "theoretische bemonstering" van de Grounded theorie (vgl. Glaser/Strauss 1967). Dat maakt het onder andere mogelijk volgens de sociaal-wetenschappelijk-hermeneutische evaluatie met verregaande werken met naamvalsvarianten (vgl. Reichertz/Schröer 1994), bijv. B. betreffende Leeftijd, aantal kinderen en betrokkenheid van partners bij kinderopvang Hongaars

De wetenschappers zijn getraind in probleemgericht, procesgestructureerd geïnterviewd over individuele afleveringen van hun professionele en partnerschap biografie ondervraagd (zien. grap 2000). Inbegrepen werd Informeer flexibel behandeld tot de bereidheid voor een alomvattend biografisch verhaal toenemen (vgl. Hopf 1978; Schütze 1984). De gesprekken vonden plaats in de Meestal op de werkplek van de respondent of op een door hen gekozen werkplek Plaats in plaats van en duurde ongeveer twee Uur.

De getranscribeerd Sollicitatiegesprekken werd Eerst inhoudelijk analytisch En op een vergelijkende manier geëvalueerd (vgl. Mayring 2003) om hoeveelheden in een eerste stap. Tijdens de inhoudsanalyse De vergelijking van onderwerpen werd zowel op theorie als op tekst gebaseerd De interviewtranscripties zijn gecodeerd. Hierdoor kon de zelfverklaringen van de geïnterviewden thematisch en relevante sleutel bundelen categorieën voor een cross-case weergave van subjectieve kennis van wetenschappers over hun professionele loopbaan identificeren. uitgaand van voorbeeldig gevallen werd Dan onder geselecteerde weergavepassages voor een sequentieanalyse-evaluatie en inter- (vgl. Hitzler/Honer 1997; Oevermann et al. 1979). De gegenereerde case-gerelateerde bevindingen worden hier gepresenteerd.

Om specifiek het belang van de biografische oriëntaties van de Om vrouwen te laten zien in het spanningsveld tussen universiteit en partnerschap, bepaalde kenmerken werden relatief stabiel gehouden voor de huidige analyse tien: Ten tijde van het interview presenteerden de vier wetenschappers zich hier punt ongeveer 40 jaar oud en woont al meer dan tien jaar in het bestaan partnerschappen; drie van hen met kinderen. Alle vier de wetenschappers realiseren met Succes een Carrière; twee van het zijn professoren. Drie van de levenspartners werken ook als wetenschapper, deels in hetzelfde Vakgebied. A levenspartner is in de hetzelfde Vakgebied buiten de *Onder druk ...!?"* *Biografisch oriëntaties van wetenschappers* 123

wetenschap actief. Drie van de vier koppels realiseren een dubbele carrière bij vierde paar, alleen de vrouw heeft een carrière in de zin van de gedefinieerde loopbaandefinitie. Ondanks het professionele succes van iedereen die hiervoor verantwoordelijk is dragen gekozen gevallen differentiëren zelf carrière geschiedenissen En voedsel situaties de wetenschappers gedeeltelijk sterk van elkaar. In aanvulling twee van de gevallen wijzen op een dominantie van beroepsoriëntatie en twee voor dominantie van gezinsoriëntatie (zie figuur 4.1). Op Zo wordt het spanningsveld tussen institutionele en partner- meer wetenschappelijk Steun contrasterend zeker worden. De Doel de Casusbeschrijvingen is de onderlinge relatie van professioneel handelen en partnerschap en institutionele context in de eigen verklaring tien de vrouwelijke wetenschappers laten zien.

Een korte beschrijving van de cases met informatie over professional en partner cursus net zoals naar de sociale structuur de ouderlijke huizen gelegen zelf in Sectie 4.5 (Bijlage van dit hoofdstuk).

2

4.2.2 *Naar de Wetenschap aangesteld (Geval 1: Behrendt)*

Het eerste geval dat hier wordt gepresenteerd, is een voorbeeld van een wetenschapper die samenwoont met een even succesvolle wetenschapper en in van wie vennootschap de gezinsverantwoordelijkheden (geslacht) atypisch gedistribueerd Zijn (gelieve te verwijzen Sectie 4.5.1). De loopbaanoriëntatie van Vrouw Behrendt is op wetenschap als roeping en als carrière.

"Ik denk dat ik meer wil tot macht heb of zoiets. Dus ik ben, [...] ik ga altijd midden in al deze verhalen, zoals lichamen en wat dan ook. alles nemen eventuele uitnodigingen binnen de instellingen waar ik werk en dergelijke verder. Ga hier ook in verzanden, enzovoort. Maar mijn wederhelft is sterker gefocust en geconcentreerd. [...] We waren allebei al behoorlijk gekalibreerd, dat we dit wilden doen, om in de wetenschap te werken. In mijn geval nog meer dan met hem zonder alternatief. Ik [...] kon het toen en ik kan het nu altijd nog steeds niet voorstellen, Wat I anders Doen zou kunnen. Dus Ook Echt van de Kan hier. [...] I denken, Wij had beide in die tijd, geloven I, niet gezegd, Dat Wij zojuist Dus eindigen. [...] Maar voor mij was Bijvoorbeeld professor worden Niets onvoorstelbaar."

Het professionele handelen van mevrouw Behrendt kenmerkt zich door een gebruikelijke wetenschappelijke professionaliteit, die wordt geleverd met een het vermogen om professionele doelen te bereiken. Volgens de voorwaarde" van hun familie van herkomst, de al meerdere generaties beleden soren uit gebracht heeft, neemt zij Nee professioneel alternatieven WAAR. Ze volgt haar gekozen pad in de wetenschap en omschrijft het lectoraat niet expliciet als beroepsdoel, maar adresseert het met groter vanzelfsprekend de in van hun biografie ondernomen stappen ernaar toe. Hindernissen opgeworpen door andere respondenten, zoals a langere financiële onzekerheid of de onbeschaamdheid, ondanks dat ze geografisch gezien een gezin hebben Mobiel zijn lijkt mevrouw Behrendt niet uit te maken. beslissing Sollicitaties voor vacatures worden grotendeels bepaald door uw individuele professional ches vordering bepaalt wat, in geval van twijfel, een ruimtelijke scheiding van de partner vereist. Vrouw Behrendt begrijpt Wetenschap als "Houding",daarmee bedoelt ze baan, gezin en leven volgens de eisen van de wetenschap oriënteren op een professionele loopbaan. Het komt dus overeen met de onderzoeksliteratuur beschrijft de gepassioneerde wetenschapper die degenen met de "toewijding" van het geheel beschreven aan het begin van het hoofdstuk persoon voor de wetenschap leeft (vgl. Beaufaÿs 2004).

Naast de gebruikelijke professionaliteit, de professionele actie van Vrouw Behrendt Ook door een oriëntatie op invloed gemarkeerd trekt. Ze heeft gevoel voor machtsposities en brengt zichzelf daarom de helft in de strategische besluitvormingsorganen van de instellingen, waarvoor zij werkt. Aan u gerichte aanbiedingen, bijv. B. Uitnodigingen voor lezingen of deelname aan commissies weigert ze zelden. Deze procedure verwijst naar hen als "in het midden gaan"; het stelt mevrouw Behrendt in staat om om de koers van hun professionele ontwikkeling bij te houden. de op het opbouwen en onderhouden van hun wetenschappelijke netwerken zijn minstens zo belangrijk hun loopbaanplanning en de sollicitaties voor functies die voor hen interessant zijn. De handelingsoriëntatie van mevrouw Behrendt verschuift zo in de spanwijdte spanningsveld tussen een hoog vanzelfsprekend En een Boven- schot van professionele activiteit - wat betekent dat mevrouw Behrendt sterft individueel stappen van hun professionele carriere met groot Succes volbracht.

"Onder druk ...!?" Biografisch oriëntaties van wetenschappers 125

Tegelijkertijd wordt duidelijk dat ze hun carrièrepad niet kunnen vervolgen zonder de ondersteuning tong andere mensen beseften:

"Dus I ben nogal zeker, Dat Echt zonder dit personen En door de, Wat zij naar mij en ook mogelijk hebben gemaakt voor anderen, en structuren die ze hebben gecreëerd bij de universiteiten, Hoe graduate scholen En Dus verder, de niet mogelijk geweest waren. Dus het werd meerdere keren op verschillende punten herhaald, om zo te zeggen, [...] dat I erg ondersteunt geweest ben. Dus de is nogal zeker de op de een of andere manier meest belangrijk. [...] En de ander net zo belangrijk of heel belangrijk, [...] ook een partner voor wie het volkomen vanzelfsprekend is dat we allebei een wetenschappelijke loopbaan hebben ren maken En Dat de niet op Kosten van iets ander gaat. Dus Dat Wij de beide niet Dus zien, Dat Het wordt genoemd, Dan kan man iets ander niet of Dus, liever met zelfde houding wetenschap doen."

Een goede institutionele verbinding stelt mevrouw Behrendt overal in staat sinds het doctoraat in een hecht netwerk van aanhang en ondersteuners om te werken voor vrouwen, van wie ze veel steun krijgt en ook als een belangrijke drijfveer voor hun professionele ontwikkeling. Bovendien ontvangt ze veel vrijheid in hun baan om hun eigen onderzoeksideeën uit te voeren zen en bouw je eigen onderzoeksprofiel op. Ze werkt vanuit de promotie doorverwijzen naar functies met wat langere termijn contracten, waar je in ieder geval voor perspectief bieden voor enkele jaren. mevrouw Beh- opbrengsten voor hun hele professionele ontwikkeling.

Ook mevrouw Behrendt krijgt ondersteuning en

advies in haar maatschap. Daar haar partner Ook als wetenschapper in dienst is En de vereisten van de wetenschappelijke professie is de uitwisseling over de professional Behandel een belangrijk deel van de regelmatige gesprekken van het paar en A meer ondersteunend factor in de individuele carrièreplanning van vrouwen Behrendt. Meneer Behrendt is A meer gelijk Partner, de zelf boven ook primair verantwoordelijk voor kinderopvang voor langere tijd verzorgt. Het paar onderhandelt op basis van het gezinswerk. Vrouw Behrendt is iets ouder dan haar partner, wat ze als een voordeel ziet. Zij is de eerste in de relatie die haar studie en kwalificatiewerk afrondt tien en legt dan, met haar aanstelling als hoogleraar, de vaste aanstelling vast aansprakelijk voor gezinswoning. [3]

Door beide partners hun professionele doelen met elkaar en met elkaar te delen elkaar steunen in hun professionele ambities, het stel in de Behrendt-zaak naar Wissenschaft als een "joint venture" bij. Ondanks dezelfde doelen, beweert mevrouw Behrendt in haar zelfbeschrijving voor zichzelf een andere loopbaanstrategie oefenen dan voor hun partner. bij afbakening tong naar van hun eigen kracht oriëntatie beschrijft zij jouw partner als

---

[3] In haar zelfbeschrijving wordt dit laatste echter niet alleen beschreven als ondersteunend, maar ook beschreven als een verlies van ruimtelijke en temporele flexibiliteit. Ze rechtvaardigt dit door te zeggen dat de gemeenschappelijke woonplaats van het gezin wordt verplaatst naar hun werkplek en dat alles de dagelijkse verantwoordelijkheid voor de zorgen van de kinderen ligt bij mevrouw Behrendt, terwijl dit voor haar partner essentieel geaccepteerd heeft.

meer inhoudelijk gemotiveerd en met een professionele

interesse in Specialist worden in jouw vakgebied. Deze verschillen zelf wederzijds complementaire loopbaanstrategieën staan in de beschrijving Dankzij de praktijk van mevrouw Behrendt kunnen beiden hun professionele activiteiten voortzetten met succes nastreven; dat de inhoudelijke focus van de partner gelukkig een gevolg uit de speciaal dynamiek van stel is,stoffelijk overschot inbegrepen buiten beschouwing.

Meneer Behrendt, die de gezinscohesie in de gaten houdt, past zijn zoektocht naar een baan aan de omstandigheden gecreëerd door mevrouw Behrendt. Hij beperkt zichzelf gedeeltelijk bij het zoeken naar een baan en kiest zijn professionele banen Kansen zodat het gezin verder kan. De partner geopend op dit Manier A vrije ruimte voor Vrouw Behrendt, in naar de zij schijnbaar zorgeloos in de interesse de hare professioneel voortgang handeling, interessant Plaats aannemen En bijzonder status posities bereiken kan. Het feit dat beide partners "in dezelfde richting trekken" is tien onbalans, de na jaren Uitdrukking in Vrouw Behrendts

vindt "een slecht geweten", [4] het is duidelijk dat de heer Behrendt in relatie staat spreekt geen onvrede uit over zijn eigen professionele carrière. Open- hij begrijpt duidelijk zijn eigen professionele ontwikkeling in competitie niet aan die van zijn partner en heeft er, terugkijkend, geen gevoel voor technisch gezien afstand hebben gedaan van speciale professionele kansen. mevrouw Beh opbrengsten En haar partner bewijzen zelf ermee als *professioneel complementair* , de beheren ondanks institutionele omstandigheden die flexibiliteit vereisen, a Gelijke partnerschappen gebaseerd op het professionele succes van beide partners om de samenleving te leiden en een dubbele carrière - ook in de romantische zin realiseren.

Hoewel Vrouw Behrendt En haar partner net zoals in de professioneel als Ook een hoge mate van tevredenheid in de privésfeer bereiken ook bij hen "grenzen van haalbaarheid". Jarenlang woon-werkverkeer ligt in het verschiet vooral een last als de tijd voor het gezin erg schaars is en is wegens te grote afstanden niet meer regelmatig beschikbaar. Naar- het wordt duidelijk dat een leven – zoals dat van het echtpaar Behrendt – één is zeer hoge logistieke en planningsinspanning vereist. Opnieuw en opnieuw Er wordt gecontroleerd en afgesproken of en in hoeverre beide partners (en de kinderen) zich op hun gemak voelen in de huidige situatie en hoe het professioneel en met hen gaat van het gezin gaat door. De frequente communicatieve uitwisseling leidt tot Dat Het een hoogte overeenstemming in de interpretaties van Vrouw En Dhr

---

4 Mevrouw Behrendt zou eigenlijk een gelijkwaardig partnerschap willen hebben waarin beide partners kunnen zich professioneel realiseren en verantwoordelijkheid nemen voor het gezin Heren. Theoretisch wil ze de professionele vrijheid van haar partner niet beknotten en hem te ontlasten van gezinstaken. In feite neemt de heer Behrendt het echter al over vroeg na de geboorte van het eerste kind worden meer verantwoordelijkheden met betrekking tot het gezin overgedragen veel jaren de primaire verantwoordelijkheid voor de zorg En opvoeding van Kinderen.

"Onder druk ...!?" Biografisch oriëntaties van wetenschappers 127

Behrendt over het leven samen. Dit is met de anderen niet paren consequent het geval.

4.2.3 *In klein stappen na boven (Geval 2: wijzer)*

Het tweede gepresenteerde geval is vergelijkbaar met het geval van Behrendt voor een wetenschap senschaftler die haar professionele leven met haar deelt in de Wetenschap maken partner gevolgd (gelieve te verwijzen Sectie 4.5.2). In de In tegenstelling tot het eerste geval hebben mevrouw Zeiher en haar partner geen kinderen. Vrouw Zeihers professioneel oriëntatie regisseert zelf alleen op Wetenschap als

"Bellen" - ze ziet zichzelf als een persoon die zich uitsluitend toelegt op de inhoud van een beroep en niet voor zijn status geïnteresseerd.

"Het gebeurde gewoon omdat het gewoon een carrière is. [...] Voor mij was het nu niet het doel om ooit professor te worden... Ik wilde gewoon doorgaan met onderzoeken. [...] Het was vooral belangrijk dat je zowel tijdens het doctoraat als tijdens je promotie altijd heel ijverig hebt gewerkt zat ook tijdens de postdoc positie en had als doel, maar dan in onderzoek blijven. Ik probeerde zelf geld van derden te verwerven [...], dus eerst de postdoc Functie uit denken eigen subsidies, En Ook de habilitatie positie Eigenlijk."

De actiegerichtheid van mevrouw Zeiher kan het beste worden omschreven als "Politiek van kleine stapjes". Zonder vanaf het begin een hoogleraarschap als doel in gedachten plant mevrouw Zeiher haar professionele ontwikkeling stap voor stap manier. Terwijl zij op een positie is, heeft zij de volgende fase al in het oog. Uw professionele oriëntatie is niet gebaseerd op prestige bepaalde functies, maar in de permanente verandering en verbetering van de eigen professionele positie. De professionele acties van Mevr. Zeiher is zeer aanpasbaar aan de vereisten en karakter van het wetenschapssysteem. Ze kent het principe pien precies en omschrijft zichzelf als hardwerkend en doelgericht. Naar hun Carrièreplanning omvat veel persoonlijk initiatief. Ze solliciteert altijd op tijd tig en naar meerdere plaatsen tegelijk. In haar toepassingen is ze dat wel zeer flexibel. Mevrouw Zeiher creëert verschillende keren haar eigen banen , door aanvragen in te dienen voor hun eigen projecten en de ingezamelde gelden te gebruiken ook haar eigen functie wordt uit eigen middelen gefinancierd. jouw passie voor De inhoud van hun activiteit is binnen hun zelfinterpretatie van de reden waarom het het vereist geen kracht om te overwinnen, in termen van vereisten en prestaties gen een wetenschappelijke carrière Precies "juist" naar handeling. Vrouw wijzer ontvangt exclusief de centrale motivatie voor de ontwikkeling van hun carrière lich uit hun inhoud interesse en niet, Hoe Vrouw Behrendt, Ook door het bereiken van beslissingsposities. Uw vertegenwoordiging van wetenschappelijke carrière als een "carrière" impliceert dat ze die in zekere zin niet hebben een andere keuze moet dan opklimmen tot de rang van professor.

Tegen de achtergrond dat ze al hoogleraar is, werkt ze in haar Zelfbeschrijving als persoon "die gewoon onderzoek wil blijven doen" relatief bescheiden. Deze zelfbeschrijving is niet toevallig: As educatieve klimmer, ze begint haar carrière niet hetzelfde natuurlijke zaak natuurlijk zoals mevrouw Behrendt. Om geen risico's te nemen kip En mogelijk zonder Aanbod bij staan ontwikkeld zelf Vrouw wijzer vroeg naar de ondernemer van hun Zelf En gefinancierd alle haar Functies tot een hoogleraarschap op het werven van onderzoeksgelden. Voor Mevrouw Zeiher beschouwt het als een centraal motief bij tewerkstelling om te werken waarin ze relatief onafhankelijk zijn van superieuren kan.

In deze professionele activiteit komt mevrouw Zeiher bijna volledig overeen met een beeld van de wetenschapper als zelfstandige ondernemer, waaraan de toenemende wetenschapssysteem gericht op efficiëntie en concurrentie. cut is: een zelfredzaam en flexibel persoon son, dat door derden gefinancierd projectgerelateerd onderzoek uitvoert. Tegelijkertijd De aan afkomst gerelateerde bescheidenheid van mevrouw Zeiher wordt noodzakelijk Strategie. In tegenstelling tot mevrouw Behrendt laat mevrouw Zeiher niemand aan de buitenkant zien wil tot macht. Ze claimt geen hemelvaart of invloed willen nemen - gedragskenmerken die eerder aan mannen worden toegekend worden. Mevrouw Zeiher blijft bescheiden tegenover haar collega's en is gelijk aan ermee de verwacht "vrouwelijk" connoteerde gedragsmatig verven. Deze intrekking van inhoud kan nodig zijn om binnen het door mannen gedomineerde veld van de natuurwetenschappen, steeg om veilig te stellen als een wetenschapper.

Het loopbaantraject van mevrouw Zeiher wordt gekenmerkt door een opeenvolging van verschillende verschillende beroepen waarin ze het voor hen interessante onderzoek doen kan realiseren. Al aan het begin van haar carrière en later ze heeft sponsors en collega's die ze in hun onderneming en met wie ze een hechte sociale band hebben houdt contact. Direct aan het begin van je carrière, tijdens je doctoraat, haar promotor moedigt haar aan door naar het buitenland te gaan zelfstandiger te maken. Maar waar ze het meeste baat bij heeft, is de expertise de hare ouder partners. Dit adviseert zij als deskundige een vergelijkbaar voor onderzoeksveld inhoudelijk en strategisch.

"Desalniettemin denk ik dat het voor mij comfortabeler was dat hij een stap voor was was. Maar dat betekent ook dat je het nadeel hebt dat je bijna nooit op een wereld leeft lengte is inderdaad. Maar toch, [...] waarschijnlijk was het ook behoorlijk stimulerend- ren. [...] Hij heeft me ook enorm gesteund bij [...] het schrijven van moties. Hij heeft [...] steunde me en zei [...] dat men zou kunnen proberen een habilitatiepositie te krijgen ontvangen, en zoals ik al zei, maar om zelf te solliciteren."

Mevrouw Zeiher is de nauwe verwevenheid van paarrelaties en betaald werk door haar eigen Ouders vertrouwd. De Ouders – zonder academisch final se – werken al vele jaren zeer nauw samen en rechts in de Beroep ondersteunt. In de Verschil in aanvulling nastreven Echter Vrouw En Meneer wijzer individueel professioneel Doelen. De wederzijds Steun beoogt het mogelijk te maken de eigen doelen te bereiken. Meneer Zeiher, die aan het begin van de relatie van het stel al een grote carrière achter de rug had spring is niet alleen een partner en collega voor mevrouw Zeiher, maar ook rolmodel en mentor. Zijn succesvolle carrière toont haar voorbeeldig manieren voor haar eigen professionele ontwikkeling en biedt mevr. Zeiher oriëntatie. Ze profiteert van de expertise van haar partner, die een zeer vergelijkbaar onderzoeksgebied in hun inhoud en carrière opnieuw plannen werken om Bladzijde staat. Met haar benoeming tot hoogleraar Mevrouw Zeiher praat professioneel bij met haar partner; markeerde ze een keerpunt binnen Relatie van professionele functies van het paar.

Het paar heeft er veel nodig om hun individuele professionele doelen te realiseren Fasen van relatie op afstand bij aankoop. Grotere afstanden zijn van beide geaccepteerd, ook al bezuinigt dit op het leven samen als Paar gemeen. Ook de uitstel de een gezin stichten toelaat de Voortzetting van de individualistische relatiepraktijk. De legitimiteit voor deze duidelijke bezuinigingen in het privé- en/of gezinsleven zit in de Passie waarmee mevrouw Zeiher haar houding ten opzichte van haar werk beschrijft. zij is de rechtvaardiging en legitimiteit van hun leven buiten het werk beweegt naar de achtergrond. Hoewel mevrouw Zeiher er duidelijke ideeën over heeft dat ze professioneel geen compromissen zou sluiten voor de paarrelatie de, wordt duidelijk dat het leven tussen twee steden niet permanent is is makkelijk. De enorme hoeveelheid werk waarmee beide partners aan hun stoelen geconfronteerd Zijn, En de breed afstand tussen jouw respectievelijke werkplekken en woonplaatsen maken woon-werkverkeer "te vermoeiend" en ervoor zorgen dat het paar maximaal drie weekenden per maand samenkomtziet. Door beide partners duidelijk te maken dat ze dit maar voor een paar jaar doen en kan op de lange termijn de instabiliteit van deze relatie niet verdragen arrangementen voor eten. De Aanbod de hare partners zij zou kunnen te allen tijde uit haar baan opzeggen als het "te veel wordt" is niet wat een vrouw doet Zeiher wensen. Tegen de achtergrond van haar professionele vooruitgang het is eerder duidelijk dat de heer Zeiher zijn vrouw professioneel ziet als zijn mentor, maar niet als professionele gelijken. [5] Dienovereenkomstig is mevrouw Zeiher de nige die stelt dat ze de huidige situatie veel beter aankunnen dan jij partner door te proberen door een verminderd aantal reguliere heen te komen wederzijds Bezoek Stabiliteit in haar relatie tot brengen.

---

5 We hebben deze vorm van aanbiedingen van partners aan hun echtgenotes meerdere keren gezien in de keer bekeken gevonden. Samen refereren zij op A herkenning probleem de Heren tegenover jouw professioneel succesvolle partners.

4.2.4 *Zoeken na Beveiliging (Geval 3: Lehnert)*

In tegenstelling tot de eerste twee gevallen, die wijzen op dominantie in de professional het derde geval is er een voorbeeld van oriëntatie bij de Doel de compatibiliteit van Beroep En Familie (gelieve te verwijzen paragraaf 4.5.3). De kijk op wetenschap als een roeping wordt geaccepteerd sem geval een andere betekenis en gaat gepaard met twijfels over de Compatibiliteit van wetenschappelijke bezigheid met familie, door middel van vragen van levensonderhoud en het plannen van werk en gezin toegevoegd.

"Het liet me zien wat het mooie is van wetenschap. Die zijn eigen projecten nastreven kan En gewoon dit ongelooflijk Vrijheid heeft En eigenlijk elke dag doen wat je leuk vindt. Dit is een ongelooflijk privé- gelegeerd werk, vind ik. En het gaat ten koste van het niet in staat zijn om financieel rond te komen zeker binnen vestigen kan op een nogal, nogal verlangen Weergave. En voor mij mogelijk nooit. Nou, het hoogleraarschap halen is helemaal niet mijn ambitie. Dus ik zou naar mij Eigenlijk altijd graag een niche in de centraal gebouw zoeken wil."

Vrouw Lehnerts interpretaties naar de Wetenschap als werkterrein Zijn van Gekenmerkt door tegenstellingen, manifesteerde zich zelfs in haar als besluiteloosheid loopbaangeschiedenis vinden. Aan de ene kant is mevrouw Lehnert van Cha- acteur van het wetenschappelijke werk zeer overtuigd en beschrijft het als een creatief En gevarieerd Taak, de zij erg graag opdrachten Ze geniet van het wetenschappelijke werk en vooral van het inhoudelijke Ze waardeert de vrijheid van deze baan enorm. Op de andere kant merkt mevrouw Lehnert herhaaldelijk op dat haar foto van een activiteit naast het inhoudelijk-creatieve werk ook via een vermogen met tijd voor het gezin en lucratieve bron van inkomsten wordt bepaald. Mevrouw Lehnert ziet deze voorwaarden in de gewone tewerkstelling omstandigheden in de wetenschap die op weg zijn naar een wetenschappelijke kaart met betrekking tot naar afstuderen Zijn, niet voldaan.

Een blik op de carrière van mevrouw Lehnert laat zien dat beide zowel de beginsituatie als het loopbaantraject zijn niet zonder obstakels ontworpen tien. Mevrouw Lehnert begint als een educatieve klimmer met minder cultureel Kapitaal stuit al tijdens haar promotie op voorwaarden Begonnen in de wetenschappelijk Werk moeilijker maken. Zij PhD op een beurs, heeft nauwelijks contact met haar promotor en moet het haar vragen het derde doctoraatsjaar financieren via werkcommissies en ander werk. Mevrouw Lehnert krijgt na het behalen van haar doctoraat slechts een contract voor een jaar. De precaire arbeidssituatie tijdens en na je doctoraat is aan jou Behoefte aan het plannen en beveiligen van het gezin en samenleven met de partner. In afwachting van het aanstaande gezin Tijdens haar postdocperiode begint mevrouw Lehnert een functie buiten van de wetenschap om haar reguliere werktijden en lange termijn te zoeken vooruitzichten op werk aanbod zou moeten. De geboorte van hun Kinderen beweegt de wens om tijd buiten het werk te hebben en financieel veilig te zijn centraal staan in hun ideeën over bevredigend werk. De locatie van de activiteit binnen of buiten de wetenschap dus secundair. De besluiteloosheid van mevrouw Lehnert in de professional Oriëntatie blijkt ook uit de jaren dat ze in een wetenschappelijke opleiding zaten bedrijf in dienst is: Ze erkent hoe belangrijk het inhoudelijke is werkzaam als wetenschapper, en zal terugkeren nadat het bedrijf is ontbonden terug naar wetenschappelijk werk. Sindsdien is ze op een korte sloom als parttime werknemer en zou dat niet graag willen genoeg om fulltime te werken. De arbeidsverhoudingen zullen zijn (Aanstaande) match met gezinsleven geselecteerd, met de lokale en temporele fixaties van Arbeidsomstandigheden staan centraal.

De professioneel Handeling van Vrouw Lehnert is door dit kenmerkt Dat zij professioneel gelegenheden zoekt En waarneemt zonder helemaal na hierboven willen. Hoewel mevrouw Lehnert zich geroepen voelt tot de wetenschap, merken zelf haar carriere door verandering van baan En een zeker Besluiteloosheid. Deze besluiteloosheid moet ook gezien worden als een *uiting van structureel precarisatie* wetenschappelijk arbeidsverhoudingen begrepen worden. activiteiten op een doorlopend Functie in deeltijd – hoe ze mevrouw Lehnert wenst na de geboorte van haar kinderen - zijn binnen wetenschappelijk systeem niet bedoeld. Vergelijkbaar Hoe bij Vrouw wijzer ontvangt het idee van een wetenschappelijke roeping heeft een andere betekenis voor mevrouw Lehnert tie: Het is beperkt tot de inhoud zonder zowel vooruitgang als stroomafname willen realiseren. In tegenstelling tot mevrouw Zeiher ziet ze Echter – vanwege van hun oriëntatie op Familie En geldigmaking – onder de gegeven omstandigheden in de wetenschap, geen professionele Toekomst.

"I moeten eerlijk inspraak, Dat I de genieten beide naar hebben En Ook Echt meer tijd hebben voor de kinderen. En de parttime baan past heel goed bij mij. Ik heb soms het gevoel dat mijn man er minder moeite mee heeft, nu fulltime plek om in te vullen en dan minder van de andere dingen te doen. Maar hij zegt hij zou ook zin hebben om het om te draaien, en dan zou ik het gewoon doen poging met de Voltijdbaan, als I de krijgen. De is Maar erg onwaarschijnlijk."

Na haar promotie en de geboorte van haar kinderen begint mevrouw Lehnert haar een deel van hun professionele ambities overdragen aan hun partner. jij con- structureert hun carrière als niet lineair en verlaat het doelgerichte stuurde haar streven naar een hoogleraarschap naar haar man, die ze steunt om zich op lange termijn in de wetenschap te vestigen. Twee carrières in de wetenschap om een gezin te stichten en te stichten, verschijnt mevrouw Lehnert wegens werkomstandigheden niet mogelijk. In plaats daarvan hoopt ze dat haar Mann spoedig een levenslange positie als professor na succesvolle habilitatie ontvangt en ondersteunt zijn wetenschappelijke carrière door zorg de Kinderen grotendeels overneemt. Daar de voorzienbaar Einde de collega baan de hare partners nadert en Meneer Lehnert heeft nog geen reputatie gekregen Mevrouw Lehnert moet solliciteren naar een voltijdbaan die ze niet wil werkgelegenheid blijf klaar rondom "indien nodig" de Familie naar financiën. De De bewering van haar partner dat zij in geval van twijfel ook kostwinner van het gezin is zijn kan, zet Vrouw Lehnert sinds de een gezin stichten versterkt onder Afdrukken.

De familie ideeën van Dhr Lehnert Zijn door zijn Ouders, de beide in dienst waren, gevormd En bij een aanspraak op gelijkheid uitgelijnd. De moeilijkheden voor zijn professionele pad zijn van hem Vrouw bekend omdat ze na de geboorte van de kinderen "slechts" parttime werkt en neemt de primaire verantwoordelijkheid op zich voor het zorgwerk. De opdracht De rol van hoofdkostwinner vindt hij echter een last omdat hij die van hem heeft functie met naar de risico samengebonden ziet, niet vooruit te komen d.w.z Neeeen hoogleraarschap te krijgen. De heer Lehnert zou het risico liever terugbrengen tot twee om mensen te verdelen , namelijk hij *en* zijn vrouw. Aan de hand van het voorbeeld van een afgewezen e baanaanbieding aan het paar - met vijf jaar dienstverband in dezelfde stad - waar ze op jonge leeftijd een assistent-functie kreeg groep en hij zou een lectoraat hebben gekregen met weinig onderzoek Meneer Lehnert maakt duidelijk dat zijn vrouw de hoofdkostwinner zal overnemen rol daalt. Tegelijkertijd neemt hij minder gezinswerk op zich dan het zijne Echtgenote, dwz hij zorgt in uitzonderlijke gevallen of samen met de zijne voor de kinderen Vrouw die alle reguliere afspraken regelt. Hij heeft er spijt van, geen ouderschapsverlof heeft opgenomen en daar soms moeite mee heeft betrokken te zijn bij de zorg voor de kinderen.

In tegenstelling tot hun claim om als gelijken te handelen in werk en gezin willen, realiseren mevrouw en meneer Lehnert een traditionele taakverdeling, waarin de heer Lehnert hoofdkostwinner is en mevrouw Lehnert een bijkostwinner verzorger is. Het is heel duidelijk dat de precaire werkgelegenheid situatie van het echtpaar Lehnert, namelijk dat de verdere professionele ontwikkeling van beiden Partner ten tijde van het gesprek onduidelijk, door beiden als een zware last ervaren is gevoeld. De arbeidsonzekerheid wordt overgedragen aan de en uit zich in de onvrede van beide partners over de stroming vanwege rolverdeling uit. De Vragen, Hoe de Taken gedistribueerd worden moet, is het voor mevrouw en meneer Lehnert niet definitief opgehelderd wat de relatie is voedsel regeling maakt het koppel onzeker.

4.2.5 *herkenning in Beroep En Familie (Geval 4: Thiel)*

Het vierde geval vertegenwoordigt een vrouwelijke wetenschapper met een dominante familie enoriëntatie, die compromissen accepteert in plaats van particuliere (ze zie paragraaf 4.5.4). Ze neemt de volledige verantwoordelijkheid voor haar kind en kent een ondergeschikte rol toe aan hun partner in de kinderopvang. Professioneel is zij erg succesvol En werkt op een stevig Functie. Ondanks overeenkomsten in gezinsoriëntatie, verschilt de zaak op verschillende manieren verschillende aspecten van mevrouw Lehnert: Zo zal mevrouw Thiel het doen functionele garanties mogelijk om hun arbeidsduur op lange termijn te verkorten en zelfbeschikking over de verenigbaarheid van werk en gezin is juist flexibel zijn.

"Ik heb altijd het gevoel dat ik hier niet alles kan afmaken zoals ik dat kan zou willen, en thuis precies hetzelfde. Het is belangrijk dat je dat accepteert jezelf en dat je prioriteiten stelt. Mijn prioriteit is familie en de mijne Kind. En zolang ik hier mijn ding maar goed doe en de indruk heb dat het grote plaatje klopt en ook mijn jobstudenten ontwikkelen zich en met hun werk overweg kunnen, dan is dat ook goed. ik moet Zelf blijf ik dan nadenken en compromissen sluiten. [...] Professioneel. wattenstaafjes professioneel, Privaat ik zou Nee wattenstaafjes maken."

Mevrouw Thiel hecht veel waarde aan haar werk als wetenschapper. in het onderwerp van haar professionele ambities presenteert mevrouw Thiel de inhoud van de respectieve genprojecten en -posities en de ruimte voor onafhankelijk onderzoek naar de voorgrond. Wetenschap biedt mevrouw Thiel een werkveld in die ze voldoening vindt, maar ook respect.

Dat laatste is krap voor ze het bereiken van bepaalde posities en titels. Hoewel haar Loopbaanontwikkeling door een vrijwel ononderbroken tewerkstelling in de wetenschap onderscheiden, mevrouw Thiel heeft het doel vanaf het begin niet nagestreefd kunnen blijven. Aan het begin van haar carrière werkt ze voor een paar maanden in een besloten vennootschap. De beslissing om Promotie werd ook gepusht door haar partner. Meneer Thiel - zelf een dokter torand, wanneer de twee een stel worden - moedigt mevrouw Thiel aan haar aan gevorderd proefschrift. De redenen, na een ander hoog- Van school veranderen en daar je habilitatie beginnen zal niet verder besproken; maar de beslissing, de begonnen habilitatie ondanks vertragingen door familie gerelateerd onderbrekingen en van wissel op een doorlopend Functie bij haar gebied naar einde. Daarze vreest dat haar functie als studieadviseur te veel werk met zich meebrengt onder hun hoedanigheid ("secretaressetaken") moeten uitoefenen, de zij van vervullend Werk houden hoopt zij door de Bereiken de Habilitation benoemde later tot honorair hoogleraar aan haar universiteit worden.
"Dus z. B. de habilitatie hoeft niet in 2011 of 2012 voltooid te zijn, maar ander dan wordt het 2014 of voltooid in 2015."
De professionele acties van mevrouw Thiel zijn in vergelijking met de andere zaken lenen door een rust gemarkeerd. Zij ziet van hun professioneel Zorgeloos de toekomst tegemoet, zichzelf alle tijd gevend om haar af te ronden habilitation thesis en maakt gebruik van de mogelijkheden van werktijdverkorting, om nog meer aan haar kind te wijden en uit de micropolitiek te komen instituut zaken uittrekken. Ondanks de hare zonder gaten carriere verhoogt Mevr. Thiel beweert niet eenzijdig te zijn. In het midden van Er is geen beschrijving van haar dienstverband, zoals het geval is bij mevrouw Lehnert, die geld verdienen of een gezin

stichten; in verband met professioneel Zelfrealisatie staat voor hen voor waarden als onafhankelijkheid en aanvaarding van verantwoordelijkheid.

Men kan de kalmte van mevrouw Thiel in carrièreplanning zien aan de institutionele en partnerschapscontext waarin hun professional geschiedenis is ingebed, begrijp het. De institutionele context waarin mevr Thiel voltooit haar professionele ontwikkeling wordt enerzijds gekenmerkt door de goede integratie in het instituut zijn de functies relatief lange contractperiodes en de jarenlange ondersteuning van hun arts torvater, die je in een vroeg stadium aanmoedigt om je eigen onderzoeksprioriteiten te bepalen, En zij Ook na de Promotie verder professioneel En strategisch adviseert. Al van kinds af aan werd haar afwezigheid onder collega's gezien als een gemis ze kent de waarde van haar werk. Ze waardeert die van haar inhoudelijke bijdrage aan de afdeling als belangrijk en onvervangbaar. De beroepsvoorwaarden technische wetenschappen waarin werknemer zijn over het algemeen goed uitgerust, staat mevrouw Thiel in het algemeen toe twee jaar ouderschapsverlof zonder hun beroepsstatus te verliezen te vrezen.

Ook in haar partnerschap wordt mevrouw Thiel op verschillende niveaus geïnformeerd. ondersteunt: Aan de ene kant trekt de partner bij jouw locatie en zoek daar een nieuwe baan; aan de andere kant kan hij ze vanwege hetzelfde Beroepskwalificaties. Het constant hoge inkomen mannen van meneer Thiel vertegenwoordigt een bescherming voor mevrouw Thiel. Op een op een ander niveau, met kinderopvang, weigert mevrouw Thiel de steun haar partner daarentegen. Ze claimt deze taak alleen voor zichzelf gevestigd met haar partner na de geboorte van hun kind conservatief relatiemodel waarin de taakverdeling tussen de ouders centraal staat is traditioneel gerechtvaardigd in termen van geslacht. Mevrouw Thiel beschrijft de Beroep de hare partners de in de privesector in dienst is, als degene Werk dat niet verenigbaar is met verantwoordelijkheden voor kinderopvang vertrekt, dwz mag niet worden onderbroken voor ouderschapsverlof omdat zijn Betaald werk levert meer inkomen op en bovendien ook voor de elke dag Zorg (vanwege een laag werktijd flexibiliteit) alleen erg beperkt verenigbaar is.

In totaal voldoet aan Vrouw Thiel de groot deel de beslissingen binneninde familie. Ze organiseert en zorgt zelf voor de kinderen Primaire verantwoordelijkheid voor het gewone kind. Dit traditionele gezin model is te danken aan de flexibele werktijden die haar ter beschikking staan toelaat. Meneer Thiel wordt ermee tegelijkertijd als "kostwinner" con- gestructureerd. Zijn ambities, zelf uit Gevonden de ontevredenheid over het werk in de Eerst leeftijd van kind Ook bij de ouderschap tijd naar deelnemen, WHO-
die van mevrouw Thiel afgewezen. Meneer Thiel, wie mest pad Ook in de technische wetenschappen PhD heeft, is in ontevreden over zijn huidige baan in de privésector. Zijn stroom Hij omschrijft de huidige werksituatie als zeer stressvol en hij speelt altijd meede gedachte om ontslag te nemen uit de functie. Hij meldt zich echter niet concreet heroriëntaties of exit pogingen. Vergelijkbaar het gedraagt zich bezorgd over zijn betrokkenheid bij het gezin en zijn zorgtaken alleen op verzoek van zijn vrouw. Hij nam geen ouderschapsverlof op werkt fulltime en werkt overuren – in meestal is hij niet voor 19 klok thuis. Hoewel hij kritiek heeft op de traditionele taakverdeling, is dat wel zo maar geen actieve optie voor mevrouw Thiel. De relatie tussen meneer en Vrouw Thiel is in totaal door een *complementair asymmetrie* gemarkeerd trekt; dat wil zeggen met alle uitspraken over haar partner onderstreept mevrouw Thiel de verschil voor jezelf (en

vice versa).

bij elkaar genomen bewijst zelf Vrouw Thiel als slim Manager, de Het creëert zelf niet alleen professioneel gebruik makend van hun collega's, maar ook privé een ondersteunend netwerk organiseren via haar partner that ondersteunt haar levenskeuzes. De waardering voor hun werk roept op haar collega's, zij in al haar verlangens naar meer flexibiliteit ter ondersteuning van werkuren en langere pauzes als gevolg van ouderschapsverlof Zen. In termen van asymmetrische complementariteit verzekert het zich via de Zorg de hare kind herkenning En Steun de hare partners. In tegenstelling tot mevrouw Behrendt staat mevrouw Thiel niet toe dat haar partner actief is integratie in de kinderopvang, liever zendt hem alleen de Afstand doen van financiële zekerheid als kostwinner van het gezin. het moeilijke dingen voor zij ook Heeft mevrouw Thiel in de loop van haar carrière herhaaldelijk gevraagd vanaf de geboorte van haar kind gaat ze om met een duidelijke reeks prioriteiten tong. Haar sterke gezinsoriëntatie brengt haar ertoe om zich professioneel te richten op de om u te concentreren op de belangrijkste dingen - wat u kunt succesvol.

4.3 *Wetenschap tussen Beroep En roeping*

De casusrapporten, de in de als vervolg op comparatief besproken worden, laten de sterk uiteenlopende loopbaanoriëntaties van vrouwelijke wetenschappers zien en wijzen op een andere weging van betaald werk en gezinsleven volgens de respondenten. In de zelfbeschrijvingen duidelijk dat de in de inleiding genoemde wetenschappelijke ethos nog steeds effectief is en het professionele handelen van vrouwelijke wetenschappers ne gidsen. Alle vier de wetenschappers spreken een innerlijk toe functie naar de Wetenschap, Echter begrijpen zij onder verschillend inhoud, attitudes en werkwijzen, zoals de volgende illustratie laat zien (een Samenvatting de respectievelijk professioneel En gezinsoriëntatie vindt zelf in figuur 4.2).

De reconstructie van loopbaanoriëntatie en het gedrag van de Wetenschappers mevrouw Behrendt en mevrouw Zeiher komen qua inhoud de betekenis van roeping uitgewerkt door Beaufaÿs (2004). In de In het eerste geval bevordert de afkomst van de wetenschapper een loopbaanoriëntatie aanduiding, de met een professionele instelling en zelfbeeld van wetenschap als een roeping en het doelbewust nastreven van eigen loopbaan en een geëmancipeerd begrip van rollen in relatie tot gezinswerk makkelijker. In het tweede geval ligt de focus op de kennis senschaft als roeping met als doel gelijke status met de oudere, wetenschappelijk succesvol partner langs. Beide wetenschappers zijn zeer betrokken bij hun professionele ontwikkeling (bijv. via talrijke onderzoeksvoorstellen) en voelen zich geroepen tot wetenschappelijk werk. Beide hebben echter speciale voorwaarden die het voor hen mogelijk maken chen, het wetenschappelijke beroep als roeping om te leven.

In het eerste geval de grote betrokkenheid van de

partner in het gezin werk om ervoor te zorgen dat mevrouw Behrendt's dagelijkse werk daadwerkelijk van alles wat niet direct professionele vooruitgang dient, "vrij nacht" (Beaufaÿs 2004: par. 5). De partner stelt mevrouw Behrendt in om zich op dezelfde manier aan hun beroep te wijden als aan hun beroepsoriëntatie komt overeen zonder het zonder een gezin te hoeven doen. Deze verschillen denk aan de carrièrestrategieën van mevrouw Behrendt en haar partner - met Uitzondering op de toekenning van geslacht - ook op het onderscheid verschillende loopbaanstrategieën door Bock en De Jong (1994; geciteerd door van Doorne-Huiskes/den Dulk/Peper 2005: 50f.). De loopbaanstrategie van de vrouw Behrendt komt overeen met een "carrièrestrategie" waar De Jong naar streeft een fulltime baan, kansen grijpen, ambitie, initiatief nemen actief handelen en het eigen kunnen zichtbaar maken. Dit Strategie houdt in dat er een zekere vrijheid voor de eigen loopbaan is ben, zoals vaker voorkomt bij mannen. De loopbaanstrategie van De heer Behrendt vertoont daarentegen tekenen van een "professionele strategie". ing, dat wil zeggen een sterkere focus op inhoud en een lager niveau van richt zich op de organisatorische taken van het dagelijkse beroepsleven. partnerschapsmodel le, die een sterke professionele oriëntatie mogelijk maken, waren lange tijd winstgevend maken Heren Gereserveerd En vinden zelf onder vrouwelijke wetenschappers vooral als ze kinderen hebben, is het zelfs vandaag nog zeldzaam (vgl. Hess/ Rusconi 2010).

Ook in het tweede geval volgt de wetenschapper mij een exclusieve focus op haar baan. Ze poseert met opstaan het succes van het vak door de maatschap en beweegt samen met haar Partner, de Ook als professor in dienst is, de oprichting een familieliefde Als zelfstandige ondernemer zorgt mevrouw Zeiher voor haar professional Succes is eigen verantwoordelijkheid en past ook bij haar handelen in de privésfeer aan de beroepseisen. Kinderloosheid als strategie voor of als De consequentie van professioneel succes is al inherent aan de wetenschap voortdurend besproken (bijv. hoofdstuk 3 in dit boek; vgl. Metz-Göckel/ Möller/Auferkorte-Michaelis 2009).

Hoewel de 'innerlijke' roeping tot wetenschap ook zelfbeschrijving inhoudt oefeningen van de andere twee wetenschappers, hun toewijding naar het werk via de gezinsoriëntatie, de dagelijkse handelingen en de oriëntatie focus op het veiligstellen van hun gezin is aanzienlijk beperkt. Dus weet Hoewel mevrouw Lehnert erg geïnteresseerd is in de inhoud, de tegenstrijdigheden tussen de eisen van de wetenschappelijke professie en de Verlangen naar familie leidde tot de geïnterviewde opsomming, taakverdeling slechts één persoon kan carrière maken in de wetenschap. Door de traditionele begrip van de rol van het paar, het lot valt op de partners die al verder zijn in hun carrière. In het vierde geval, de Universiteit voor de wetenschapper vertegenwoordigt een vakgebied waarin ze kunnen inhoudelijke belangen nastreven en dat zij met hun gezinsleven, de speelt een centrale rol, kan heel goed met elkaar worden verzoend. Het bestaan in de buurt van Carrière- En status oriëntatie is nauw met de feiten ver- dat een zeker inkomen (vaste betrekking) alleen mogelijk is in hoge functies le) kan worden bereikt. Beide wetenschappers zien in het wetenschappelijke een baan die ze uitoefenen naast andere aspecten van hun leven kan. Naar haar professioneel begrip gehoord Ook de duidelijk beperking de arbeidsduur, dwz deeltijdwerk. Vanwege het betere contract arbeidsvoorwaarden, de mogelijkheid van zelfbepaald werk en uiteindelijk ook Door de vaste aanstelling beleeft mevrouw Thiel haar werk als wetenschapper als verenigbaar met jouw doel in anderen Gebieden van het leven. Vrouw Lehnert, die vanwege de tijdgebonden contracten en de samenwerking in projecten veel meer onder druk staat, ziet haar verwachtingen van de wetenschap schacht als Beroep, de de compatibiliteit met andere doelen in het leven, minder ontmoet als mevrouw Thiel.

Aangezien alle vier de geïnterviewden een professional hadden succesvol, maar niet alle vier de vrouwen hebben al een reputatie als pro- een hoogleraarschap of een vaste positie binnen het wetenschapssysteem krijgen ondanks de verschillen in beroepsoriëntatie en het ontwerp van loopbaantrajecten vormen niet precies wat che oriëntatie zogenaamd "beter" voor de succesvol afstuderen een wetenschappelijke carrière. Oriëntaties in werk en gezin zijn smal verweven met het institutionele en partnerschapskader en de professionele en gezinsactiviteiten van vrouwelijke wetenschappers begeleiden telefoongesprek. In het geval van mevrouw Lehnert werd duidelijk aangetoond dat na de geboorte van de kinderen sterker op de verzoening van gezin en carrière De wetenschapper regisseerde oriëntatie in de zin van zelfselectie heeft ertoe geleid dat bepaalde vacatures zijn afgewezen en de partner de carrièregerichte Doelen naar overdracht. Hier wordt de professioneel Zelfs- afgestaan met de partner voor het gezinsleven: de vroeg een wetenschapper die van wetenschap naar het bedrijfsleven ging, dan terug naar deeltijdwetenschap om de primaire verantwoordelijkheid voor te nemen adoptie van kinderen in het traditionele gezinsmodel. Deze familie oriëntatie hangt nauw samen met je beroepsoriëntatie en is dat niet anders: de wetenschapper zoekt niet naar het institutionele geplande functie van een interessante postdoc baan als half, maar vast Functie. De wetenschappelijk systeem ziet A "halve/n Onderzoeker" stelt niet voor, daarom probeert ze haar professionele oriëntatie in de wetenschap te vinden samenleving door haar eigen aanspraken in te trekken. Het tegenovergestelde kan het gevolg zijn van aanpassingen in de beroepsoriëntatie in het gezin gebied. Deze aanpassingen zien gezinsveranderingen Levensvormen, zoals in het geval van mevrouw Behrendt, vanwege haar baan niet op dezelfde plek woont als haar partner, of zoals in het geval van mevrouw Zeiher, die vanwege haar professionele doelen geen eigen gezin sticht. de professional Oriëntatie voor en tijdens de fase van het stichten van een gezin en de Vragen na de professioneel Beveiliging na de gezinsfase Zijn ermee een belangrijke beïnvloedende factor voor de academische loopbaan (vgl. ook Hoofdstuk 3 in dit Een boek).

Bij het vergelijken van de loopbaanoriëntaties van vrouwelijke wetenschappers in aanvulling op, Dat een vast En duidelijk verankering in de Wetenschap, die in continu dienstverband zijn als wetenschappelijk medewerker Beiterin stelt, leidt tot een andere inschatting van de eigen kansen als A door subsidies of Werkloosheid onderbrak carrière. Worden aangeboden als langdurige losse verbinding met een afdeling Beurshouder geen of zeer kort dienstverband na promotie relaties wordt een universiteitscarrière als onverenigbaar met de professioneel en levensdoelen beoordeeld. Dus kan onzeker, niet ondersteunend zijn Randvoorwaarden zoals in het geval van mevrouw Lehnert om de beroeps- en/of gezinsoriëntatie. Hier blijkt dat de moeilijke startomstandigheden van hun wetenschappelijke carrière ondanks hoge intrinsieke motivatie om zich tijdelijk af te keren van het wetenschapssysteemtem kan leiden. De wetenschapper, die aan het begin die in hun professionele loopbaan minder obstakels te overwinnen hebben, werken nauw samen met mentoren en mentoren of andere supporters samen mannen werken, in de loop van de loopbaan een steeds sterkere loopbaanoriëntatie, dwz een wil om op te staan. Dit is hoe mevrouw Thiel het zal doen steeds belangrijker om een functie te hebben die past bij hun kwalificaties aan te nemen, waarop het erkenning krijgt. Dit zorgt ervoor dat ze dat ze ondanks haar vaste aanstelling als academisch raadslid haar habilitatie aan het afronden is concluderen en wil graag bevorderd worden tot hoogleraar.

Vergelijkt man de loopbaantrajecten de wetenschappers met die van hun partners valt ook op dat de partners meestal langere relaties hebben hebben trage en continue arbeidsrelaties en zeker optimistischer op haar professioneel Toekomst in de Wetenschap Look, hoewel ze ook deels de onzekerheden aanpakken die worden veroorzaakt door korte contracten Dit komt grotendeels overeen met het hierboven genoemde door Jaksztat, Schin- Der en Briedis (2010) werkten bevindingen uit over sekseverschillen gescheiden de beoordeling van carrièremogelijkheden in de Wetenschap.

4.4 Samenvatting En vooruitzicht

De cadeau Bijdrage gevisualiseerd de speciaal Betekenis de gelijkwaardig ontwerp de paar relatie voor de realisatie succesvoller loopbaantrajecten van wetenschappers En macht duidelijk in hoeverre de instelling college carrières door vrouwen kan promoten.

In de regel begrijpen de vrouwelijke wetenschappers elkaar in vergelijking met die van hen partners als professioneel Dezelfde. Bij sommige wetenschappers bestaat deze gelijkheid al aan het begin van hun loopbaan en kan via de De loopbaanontwikkeling kan worden vastgehouden. Andere wetenschappers aan de andere kant zich gedeeltelijk reorganiseren in de loop van hun loopbaan, met name met betrekking tot omdat zij na de Promotie alleen buiten de Wetenschap vast Plaats of vind parttime vacatures. Weer anderen zullen alleen Loopbaanontwikkeling naar professionele collega's door hun professionele vooruitgang te delen een partner op het gebied van professionele status, professionele verantwoordelijkheid en kom inhalen. Omdat het pas laat duidelijk is of het professionele doel van kennis is via een vaste aanstelling als hoogleraar (of wetenschappelijk che wethouder) kan permanent worden gemaakt, gooi de professionele onzekerheden voor alle paren hebben een verhoogde behoefte aan planning. Dit ontwerp van de toekomst is gemaakt door Paar tot paar anders geconfigureerd, en de partners stappen in de Rollen van het professionele rolmodel, de collega, de aanbieder van de zaadkinderen of de kostwinner van het gezin hebben elk heel verschillend Interpretaties voor de professionele ontwikkeling van vrouwelijke wetenschappers. Als Wetenschappers in hun partner een betrouwbare kracht in het gezin gebied en een intellectuele uitwisseling op professioneel niveau. den, ze kunnen voldoen aan de eisen van een wetenschappelijke carrière bij een op een manier die compatibiliteit met familie mogelijk maakt. een paar dyna- mik, dat gericht is op overkoepelende gemeenschappelijke doelen, is bij de Het realiseren van je eigen carrière is erg nuttig. De ondersteuning van de ner kan verschillende vormen aannemen en ook verwijzen naar de beperkt professioneel niveau. Als mentoren en strategische adviseurs, partners die de wetenschapper ondersteunen bij haar professionele ontwikkeling Zen en bijvoorbeeld hun loopbaan als zzp'er backuppen.

In welke mate gebrek praktisch Steun door de partner Ookin de geval van wetenschappelijke carrières van Vrouwen *zonder* Kinderen een rol spelen blijft sindsdien onzeker tegen de achtergrond van onze evaluaties is niet van toepassing op een van de geanalyseerde gevallen. wetenschappers met kinderen, die geen steun hebben op privé- of professioneel gebied des te afhankelijker van het institutionele kader. Vinden ze hebben voorwaarden in het wetenschapssysteem die hen veilige vooruitzichten bieden en de mogelijkheid bieden tot flexibel werken, een ideaal bedrijf Partners ondersteunen bij het veiligstellen van hun eigen professionele succes. Als je ze niet vindt, wordt je eigen carrière in het wetenschapssysteem een koorddansen.

Concluderend kan worden gesteld dat in de wetenschap vooraf bepaald institutioneel gelegenheden, de tot naar de hoogleraarschap Nee zorgen voor vast werk op één plek, afhankelijk van de sociale structuur natuurlijke en biografische herkomst van de wetenschappers en afhankelijk vaardigheid van de respectievelijk dynamiek in de Paar erg verschillend naar de indeling de eigen loopbaantrajecten gebruikt worden kan. De geval geschriften laten zien dat een puur opgeleide middenklasse achtergrond grond gegeven vertrouwdheid met de wetenschappelijk werk methode

Nee nodig Voorwaarde voor de succesvol realisatie een vertegenwoordigt een wetenschappelijke carrière. De analyse maakt het ook duidelijk welke ambivalenties in het bijzonder educatieve klimmers in de huidige genwetenschapssysteem om professioneel succesvol te zijn en persoonlijk naar tevredenheid een academische carrière nastreven.

Wetenschappelijke loopbanen stellen, zoals we hebben aangetoond, hoge eisen aan zijn kandidatuur. Aan de ene kant het ethos van de wetenschap wetenschappelijk beroep als roeping koppig; het werkt diep in het leven ontwerp van veel wetenschappers. Tegelijkertijd nemen toe naast de eis van een academische aanstelling Dynamiek van zelfstandig ondernemerschap vereist. [6] In de loop van het ontwaken aanspraak maken op de inzetbaarheid en aanstellingsbekwaamheid van wetenschappers eisen die wetenschappers stellen aan de vaardigheden van zelfvalidatie, Kennis en contact onderhouden evenals strategische vaardigheden in handwerk de eigen Carrière gaan met een ontkoppeling van poging En Resultaat, d.w.z H. wetenschappelijk Succes langs En gevraagd Kennis- wetenschappelijke onderzoekers om te praten over wetenschappelijke carrières als 'gemaakt' spreken" (vgl. Enders 2003).

Tegen de achtergrond van de bijzondere loopbaanvoorwaarden in de wetenschap we hebben onderzocht hoe vrouwen hun weg vinden naar de wetenschap aan een loopbaan beginnen en wat hen motiveert op deze weg naar een hoogleraarschap naar nastreven. Vrouwen, de een wetenschappelijke carrière streven, kennis rondom de bijzondere eisen en handel daarnaar; maar botsen- hun loopbaanoriëntaties combineren met andere doelen in het leven; een compatibiliteit van werk, partnerschap en gezin is te wijten aan een verandering van locatie, lang werken keer En tijdelijk beperkingen een stapte bij de leeftijd aangepaste kwalificatiefase moeilijk te realiseren. Het wetenschapssysteem tem biedt (nog) weinig mogelijkheden voor een gezamenlijke verandering van locatie en geen mogelijkheden van een leeftijdsonafhankelijk, geïndividualiseerd kwalificatiefase of veelbelovende deeltijdmanagementfuncties. voor een Omgaan met de verschillende taken van een wetenschapper werkgelegenheid vereiste Het momenteel Partner, de de Plan de Vrouwen steun. Succesvolle wetenschappelijke loopbanen zijn bijzonder Vrouwen geweigerd, van wie roeping in van hun paar relatie leefde wordt. In deze paarrelaties, de wetenschappelijke carrières van vrouwen zijn (met) ontworpen, tegelijkertijd bereiken deze paren de grenzen van hun kracht. organisatorisch Torische eisen van wisselende werklocaties en lange werktijden worden op de lange termijn als onredelijke eisen ervaren. Vrouwen die op hun beurt niet meedoen sterk egalitair georiënteerd paar relaties geïntegreerd Zijn, dragen de Inrichting van werk en gezin primair alleen verantwoordelijk. het is jouw beurt institutioneel "niches" afhankelijk of leven zonder vennootschap (En

---

6 Het concept van zelfondernemer is gerelateerd aan het concept van wetenschapsondernemer differentiëren. het laatste toegewezen wetenschapper En vrouwelijke wetenschappers de zelf zich professioneel vestigen op het snijvlak van wetenschap en bedrijfsleven, net als in de technologie Nik- En Natuurwetenschappen naar observeren (Knie/Simon 2009: 537).

familie) in de traditionele zin van een gemeenschappelijke verblijfplaats en de mijne vrije tijd doorgebracht.

Het professionele succes van vrouwelijke wetenschappers is daarmee aanwezig nauw verbonden met de aanwezigheid van ondersteunende partners en niet via institutionele regelgeving vastgelegd door de wetenschap. De onderzeeër Ondersteuning voor partners kan vele vormen aannemen en varieert afhankelijk van de situatie van de levensplannen van de stellen tot het professionele gebied of focus op het privéleven. Voor het professionele succes van kennis Het is momenteel echter zo dat degenen die bijzonder succesvol zijn van wie partnert met Hun samen Om een carrière te hebben".

4.5   Bijlage: korte beschrijvingen de gevallen

4.5.1   *professionele   geschiedenis   En   sociale structuur geval 1*

Met haar 40 jaar is mevrouw Behrendt iets ouder dan haar partner. Ze is sociaal senschaftler en heeft haar doctoraat en habilitatie op dit onderwerp voltooid. Ten tijde van het onderzoek was mevrouw Behrendt werkzaam als hoogleraar sorin. Uw partner is een doctor in de natuurwetenschappen die geïnterviewd wordt tijd bij een onderzoeksinstituut bij zijn revalidatie werkt. De Het stel heeft een dubbele loopbaan. De paarrelatie tussen vrouw en man Behrendt begon kort na mevrouw Behrendt en bestaat ongeveer 15 jaar. Het echtpaar heeft twee kinderen die jonger zijn dan tien jaar jaar oud Zijn.

Beide partners hebben sinds het behalen van hun universitaire diploma onbeschaamd wetenschappelijk werkte. Ook waren beide bijna continu op veranderen tijdelijk Plaats bezet, met de Uitzondering de Zwangerschapsverlof van minder dan een half jaar door mevrouw Behrendt en één elke zeer korte fase van werkloosheid van beide partners verschillend Tijd punten. Terwijl mevrouw Behrendt haar onderzoek deed op een graduate school wetenschappelijke carrière begint, de heer Behrendt werkt continu Door derden gefinancierde of door de basis gefinancierde voltijdse functies. Sinds mijn doctoraat beide partners naar functies die via een langer contract bekend waren zijn ondertekend (meer dan vijf jaar). Mevrouw Behrendt omschrijft haar functies als zo een, op die zij familielid onafhankelijk En vrij onderzoek zou kunnen

En tegelijkertijd veel positieve steun door de institutionele inbedding van hun activiteit en door hun superieuren en sponsors tien heeft. Mevrouw en meneer wonen en werken tot de geboorte van het eerste kind Behrendt op verschillende plaatsen voor vele jaren. Voor de geboorte van de eerste Kind, ze bepalen een gemeenschappelijke verblijfplaats, die is gebaseerd op de werkplek van Dhr Behrendt valt En bij naar de de gewoon Kinderen leven. Vrouw

Behrendt pendelt vele jaren en totdat ze haar hoogleraarschap aanvaardt naar hun werkplek. Daarna is het paar de gemeenschappelijke kwijtgeraakt hoofdverblijfplaats op hun werkplek; nu pendelt haar partner. mevrouw Behrendt heeft een educatieve achtergrond. Beide ouders waren in loondienst en werkzaam in leidinggevende posities in de wetenschap. In het gezin van Dhr Behrendt heeft de Vader een academisch Opleiding En isin dienst, de Moeder was in de Eerst tien levensjaren de Kinderenwerkt niet.

4.5.2 *professionele geschiedenis En sociale structuur geval 2*

Mevrouw Zeiher is bijna 40 jaar oud en negen jaar jonger dan haar partner. Zij behaalde haar universitaire graad in natuurwetenschappen, doctoraat vierde en habilitatie. Ten tijde van het onderzoek waren mevrouw Zeiher en haar Partner beide als professoren in hetzelfde vak. Ze leerden elkaar kennen in de doctoraatsfase van mevrouw Zeiher, toen beiden op dezelfde wetenschappelijke opleiding zaten instituut en de heer Zeiher heeft zojuist zijn habilitatie afgerond. De koppelrelatie bestaat sinds meer dan tien jaar.

Mevrouw Zeiher werkte zonder uitzondering in de wetenschap. zij begint jouw carriere in het europees In het buitenland, waar ze is opgegroeid en behaalde haar universitair diploma. Bijna twee jaar na afstuderen Ten slotte verhuist ze naar Duitsland, aanvankelijk als onderzoeker collega naar werk En Dan A PhD-studies dossier. Na Diploma van hun Promotie werkt zij naadloos op veranderen, Tijdelijke postdocposities op diverse locaties. Op dit Ze kan relatief zelfstandig onderzoek doen. Dit doet ze door dient haar eigen projectvoorstellen in en selecteert de belangrijkste onderwerpen die zij geïnteresseerd. Het is institutioneel altijd goed ingebed. Ze heeft een grote heeft een professioneel netwerk en krijgt vooral in het begin veel steun haar loopbaan via haar promotor. Ook de partner van mevrouw Zei- sinds haar afstuderen werkt ze onafgebroken als wetenschapper. Tot zijn habilitatie financiert hij zichzelf voornamelijk met beurzen. In de eerste helft van de relatie, Mr. en Mrs. voornamelijk op aparte plaatsen. Mevrouw Zeiher pendelt tussen de eigen locatie en die van uw partner. Leeft tijdens haar habilitatie en het stel werkt in dezelfde stad. Met haar benoeming, mevrouw Zeiher een hoogleraarschap aan een universiteit meer dan vijfhonderd kilometer verderop. Meneer en mevrouw Zeiher brengen elke maand twee tot drie weekenden door samen. Noch de ouders van mevrouw Zeiher, noch die van uw man hebben academisch graden gekocht. Terwijl de Ouders van Vrouw Zeiher werkte beiden fulltime zonder leidinggevende functies, werk alleen de vader werkte fulltime in het gezin van meneer Zeiher Leidende positie.

4.5.3 *professionele geschiedenis En sociale structuur geval 3*

Vrouw Lehnert is Hoe haar partner iets boven 40 jaren oud. Jouw studie graad in de natuurwetenschappen, waarin ze ook gefilmd. Op het moment van het interview werkte ze als onderzoeksassistent medewerker aan een universiteit. Je partner is ook een wetenschapper, die op het moment van het interview als onderzoeksassistent in dienst is En bij zijn revalidatie werkt. De Paar heeft een dubbele carrière. Vrouw en meneer Lehnert kwamen bij elkaar aan het einde van hun studie, wat ze bijna tegelijkertijd deden compleet, ontmoet. Op het moment van het interview, de koppelrelatie ongeveer vijftien jaar gehangen. Ze zijn getrouwd en hebben er twee Kinderen onder de tien jaar Zijn.

Mevrouw Lehnert zoekt dezelfde plek als haar pro-filmweergave partner Eerst een gepast Functie En PhD met een beurs. In tegenstelling tot haar partner wendt mevrouw Lehnert zich tot de Promotie van de wetenschap af En is op zoek naar een baan in de wetenschap bedrijfsgerelateerd gebied. Ze neemt een inhoudelijk interessante positie in niet nogal van hun kwalificatie is gelijk aan, Maar na sommige Tijd voor onbepaalde tijd wordt. Na de geboorte van de kinderen verliest mevrouw Lehnert van hun werkgever deze tewerkstelling. Dan gaat ze over twee jaar ouderschapsverlof en maakt weer een draai naar de wetenschap wetenschap. Ze vroeg met succes een postdocbeurs aan die haar maakt wetenschappelijke terugkeer mogelijk en werkt als een wetenschappelijk Wetenschappelijk medewerker in wisselende onderzoeksprojecten. het contract lengtes van academische activiteiten zijn zowel ervoor als erna Promotie liever kort (onder drie jaar). In de contrast in aanvulling is Meneer Lehnert

—   met uitzondering van een korte periode van werkloosheid direct daarna graad - continu in de wetenschap zonder van loopbaan te veranderen druk bezig. Na Diploma de proefschrift neemt Hij een Functie in de In het buitenland en pendelt naar hun gemeenschappelijke verblijfplaats. Wanneer het paar een kind verwacht hij keert terug terug naar de gemeenschappelijke verblijfplaats. De heer Lehnert werkt als wetenschappelijk Medewerkers En begint zijn revalidatie. Terwijl in van de familie van meneer Lehnert heeft geen van beide ouders een academische graad in de familie van mevrouw Lehnert heeft de vader een academische graad. De taakverdeling tussen de ouders van mevrouw Lehnert werd gekenmerkt door een traditionele arbeidsverdeling en werkloosheid van de moeder. Ook de moed ter van de heer Lehnert was als enige verantwoordelijk voor de zorg voor de kinderen, was tegelijkertijd zij echter fulltime in dienst.

4.5.4 *professionele geschiedenis En sociale structuur geval 4*

Vrouw Thiel is mager 40 jaren oud En negen jaren jonger als haar Partner. Zij heeft binnen de technische wetenschappen haar universitaire opleiding en haar PhD behaald. Haar functie als academisch raadslid, die ze gezichtspunt in de tijd en waarop zij habiliteert, is onlangs voor onbepaalde tijd geweest geweest. Uw partner is ook gepromoveerd technisch wetenschapper voor de interview tijd een werkgelegenheid in een privesector bedrijf heeft. Mevrouw en meneer Thiel ontmoetten elkaar een paar jaar later afstuderen studeren van Vrouw Thiel leerde kennen. Naar deze keer heeft De heer Thiel is al gepromoveerd. Op het moment van het interview, het paar tekenen voor ongeveer tien jaar. Het stel is getrouwd en heeft een kind, de onder de tien jaar is.

Na het afronden van haar studie werkte mevrouw Thiel aanvankelijk voor een paar gewerkt bij een groot bedrijf in de privésector. Daarna verandert ze gaat naar de universiteit en werkt als onderzoeksassistent. Dat is zijn hun posities in de wetenschap voor en na hun doctoraat beperkt, maar hun arbeidscontracten zijn van relatief lange duur. Al van haar Eerst bezigheid in de wetenschap gaat over vijf jaar, en haar postdoc-positie stabiliseert vóór de afronding van haar habilitatie. Ook na haar doctoraat krijgt ze ondersteuning van haar promotor. Tijdens het ouderschapsverlof van twee jaar staat haar werkgever haar toe wetenschappelijk kunnen blijven werken en "bij de les blijven". In vergelijking aan de ononderbroken professionele carrière van mevrouw Thiel, de professional run van de partner veelzijdiger. Na een korte periode van werkloosheid hij begint zijn professionele carrière met postdoctorale studies, waarna hij Afgestudeerd als onderzoeksassistent. Dit valt in de periode vóór het begin van de relatie met mevrouw Thiel. Na een alweer bijna een jaar werkloos, schakelt hij over de particuliere sector en heeft sindsdien voor verschillende bedrijven gewerkt. De eerste jaren van de relatie wonen en werken beide aan twee verschillende dingen locaties. Gedurende deze tijd pendelt meneer Thiel meerdere keren per maand naar zijn kantoor partner. Nog voordat mevrouw Thiel zwanger werd, veranderde haar partner de werkgever en verhuist naar dezelfde stad. De ouders van mevrouw Thiel hebben geen hogere opleiding. Beiden waren ononderbroken in dienst; de moeder Eerst in deeltijd, later Ook in full time En met beheerstaken.In de familie van meneer Thiel werkte hij continu zonder leiding werkende vader een academische graad. De moeder werkte tot voor de twaalfde jaar van de heer Thiel niet.

5. Gevolgen van verschillende onderlinge afhankelijkheid arrangementen voor individuele en dubbele carrières

5.1   Inleiding: de carrièremythe

Zoals uitgelegd in het tweede hoofdstuk van dit boek, wetenschappers en wetenschappers in academische partnerschappen geslachtsspecifiek Mogelijkheden voor tweeverdieners en één- of éénverdienersregelingen. De vraag in dit hoofdstuk is in hoeverre die onderlinge afhankelijkheid bestaat ter enerzijds je eigen carrièremogelijkheden en anderzijds de kansen voor invloed hebben op de realisatie van duale loopbanen. Het gaat dus om de vraag ge, in hoeverre voorbij een "loutere" deelname aan beroepsleven kennis arbeiders En haar Partners in de Positie waren, professionele functies om dat te bereiken dat overeenkwam met de gedane onderwijsinvesteringen en perspectief op professionele (verdere) ontwikkeling (vgl. hoofdstuk 1 in dit Een boek). Zijn wetenschappers professioneel succesvol? cher (dwz ze hebben meer kans op een carrière) als ze maar in het partnerschap zitten een werkgelegenheid nastreven? En dichtbij tijdelijk Alleen- of. eenverdienersregeling onvermijdelijk later dubbele carrières uit? Bij de antwoord dit Vragen zou moeten tegelijkertijd in de literatuur gewoon Verklaringen voor het realiseren of mislukken van duale loopbanen op de testbank worden gevraagd.

Als mythe en tegelijkertijd als institutionele realiteit, carrière zorgen voor een consistente en langdurige aansluiting op de arbeidsmarkt behoefte - gekoppeld aan de mogelijkheid om door de ondersteuning heen te komen nog een persoon aan het "huishoudenfront", helemaal de zijne zich kunnen wijden aan het beroep en de professionele ontwikkeling (vgl. Beck-Gerns- thuis 1983; Gen 1994; Moen/Roehling 2005):

"(...) de loopbaanmystiek vereist twee voorwaarden: (1) een groeiende economie met opwaartse kracht of op zijn minst veilige beroepstrajecten, en (2) werknemers met iemand anders - een fulltime baan huisvrouw - om back-up te bieden op het binnenlandse front. Vandaag de dag zijn deze twee voorwaarden zelden leerde kennen voor zowel Heren of vrouwen." (Moen/Roehling 2005: 9)

Als dit voor alle hooggekwalificeerde beroepen wordt aangenomen, kan dat worden aangenomen Dat de Behoefte, zelf dit mythe aanpassen in professionele velden met lange en meer onzekere carrières zoals de wetenschap sterker beschikbaar is. Vanwege de overweldigend tijdelijk werkgelegenheid relaties onder het lectoraat en de relatief beperkte professional alternatieven na vele jaren dienstverband in het wetenschapssysteem de druk op wetenschappers neemt toe, enerzijds ruimtelijk flexibel bestaande mogelijkheden benutten en anderzijds flexibel zijn in tijd en met hoge werktijdintensiteit verschillende succesindicatoren (zoals publicaties menten financiering door derden, project management, onderwijservaring) naar dienen, rondom dit carrière eisen zojuist naar worden of. de

"Mythe van volbloed En fulltime wetenschapper" behouden (Bouw 2003: 243). Dan slagen de roeping op een hoogleraarschap En in de academische wereld blijven is dat niet, de wetenschappers wel vanwege de lange kwalificatiefasen in de regel te oud om steiger/innen (met beroepservaring uitsluitend in onderzoek en onderwijs) om een baan te vinden buiten de wetenschappelijke gemeenschap (Kamer/Krimmer/ stalknecht 2007: 104).

Volgens deze carrièremythe, die wetenschappers en wetenschappers beter carrièremogelijkheden hebben, de een jaren verbinding bij de arbeidsmarkt show kan En van wie professioneel Ontwikkeling En operationele gereedheid door een niet-werkgelegenheid de partners werd "ondersteund". Wetenschappers in eenverdiener regelingen moeten daarom dubbele voordelen hebben ten opzichte van hun collega's verdienregelingen

hebben. [1] De carrière van wetenschapper En wetenschappers in partnerschappen voor alleenverdieners,
d.w.z in verweven arrangementen, in die zij zelf verlangen fasen de niet-werkgelegenheid had, bijzonder bedreigd zijn. Dit aannames worden gevoed door de constatering dat carrières in de wetenschap samenleving wordt (nog steeds) gevormd door verwachtingen die heel vaak ideale type een "mannelijk normale biografie" toevlucht (zien. geen 1994; Moen 2010) (zie hoofdstuk 1 in dit boek), dus naar een beroepsopleiding evenwichtige levensstijl met een ongecompliceerde, naadloze professionele biografie. De vraag van dit hoofdstuk is in hoeverre deze aannames kunnen worden bevestigd en waarom en wanneer (onder welke voorwaarden) duale loopbanen nog steeds mogelijk zijn.

---

1 In dit hoofdstuk de langdurige onderlinge afhankelijkheid duur van het arbeidsverleden van wetenschappers en hun partners die alleen de wetenschapper of. de wetenschapper in dienst is (zien. Sectie

5.3 net zoals Hoofdstuk 2 in dit Een boek).

Gevolgen van verschillende regelingen voor onderlinge afhankelijkheid

5.2 dubbele carrières – de beroepsmythe voor de Ondanks

Bij een dubbele carrière hebben stellen - volgens de carrièremythe en de veronderstelde "mannelijke normale biografie" - eigenlijk beide partners slechts beperkte mogelijkheden om aan de bovenstaande loopbaanvereisten te voldoen zijn gelijk aan. hoe dan ook hebben zij Het klaar, Dat beide partner niet zijn "slechts" in loondienst (in de zin van tweeverdieners), maar ook Loopbaanontwikkeling passend bij leeftijd en kwalificaties, in sommige gevallen tot leiderschap of top posities in jouw respectievelijk beroepen, bereikt hebben. Hoe slaagden deze stellen erin ondanks extra uitdagingen? door twee carrières te coördineren en ondanks het gebrek aan ondersteuning door een huisvrouw/huisman niet slechts één (of helemaal geen), maar om twee carrières te realiseren? Waarom kan niet iedereen dit? Koppels die dit willen?

In de literatuur zijn hiervoor verschillende verklaringen te vinden, die verschillende mogelijkheden van de paren vanwege hun paarconstellaties (dwz de combinatie van individuele kenmerken van de twee partners), (niet-) Benadruk de verantwoordelijkheid voor kinderen en huisvesting. Het uitzicht op de *paaropstellingen* is onder meer gelet op de carrièremythe interessant omdat zelfs koppels met twee loontrekkenden zich daartoe gedwongen voelen zou prioriteit kunnen geven aan professionele ontwikkeling (zie hoofdstuk tel 4 in dit boek) zodat een van de twee partners überhaupt een carrière heeft kan realiseren. Bestaande onderzoeksresultaten wijzen daar eigenlijk op Dat zelf in tweeverdieners vanwege van mobiliteit en of Beschikbaarheidseisen van de twee professionele activiteiten en door de een gezin stichten vaak de professioneel Ontwikkeling van een partner –

vaak de man – die voorrang krijgt (vgl. bijv. Ackers 2004; Bathmann/Müller/Cornelissen 2011; Becker/Moen 1999; Boyle enz al. 2001).

Toch zijn er ook bevindingen in de literatuur voor andere partners academische loopbaanstrategieën. Enerzijds is er een meer "individualistisch" sche" strategie, waarmee beide partners relatief onafhankelijk van elkaar hun Streef carrières na en beide komen overeen met de (mannelijke) carrièremythe proberen (bijv. Bathmann/Müller/Cornelißen 2011; Dettmer/Hoff 2005; Gierst/Herma/Schneider 2005).

Aan de andere kant streven koppels ook naar een 'egalitair' of collectief gezinsstrategie waarbij beide partners bereid zijn samen te werken leven bezuinigingen en compromissen in relatie tot hun eigen carrière nemen. Met deze regeling kunnen er beperkingen zijn voor beide met betrekking tot komen, omdat de carrière potentieel ten gunste van de Familie niet uitgeput zijn. Ook hiervoor verantwoordelijk zijn zeker de velen diverse "anti-partnerschap" vereisten van professionele loopbanen (of de carrièremythe) evenals het institutionele *doende geslacht* – dwz de ongelijk verwachtingen En reacties op de professioneel En gezin inzet geest van Heren En Vrouwen (zien. Bathmann/Müller/Cornelissen 2011; Becker/Moen 1999; Behnke/Meuser 2005; Gierst/Herma/Schneider 2005).

Enerzijds is het nastreven van verschillende strategieën gerechtvaardigd de concepten gender, relatie en ouderschap (vgl. Bathmann/Müller/Cornelißen 2011) evenals de carrièreconcepten van de paren of beide partner (zien. Hoofdstuk 3 En 4 in dit boek). Aan de andere kant invloed ook het machtsevenwicht tussen de partners, de gebaren in de Paar En ermee de realisatie voorwaarden van carrières (vgl. Blood/Wolfe 1960).

De literatuur naar huishoudelijke economie

gerechtvaardigd arbeidsbesluit vormingsprocessen in paren (vgl. Becker 1991; Ott 2001) suggereert *dat inkomensverschillen* verkleinen de kans op tweeverdieners aanzienlijk en Beïnvloeding van duale loopbaanregelingen. Hun realisatie gaat boven alles in gevaar komen als de partners verschillende bedragen verdienen. gegeven de winst die kan worden gemaakt met een beterbetaalde baan, zij het – zo luidt de redenering – in het belang van beide partners, deze winst situatie te maximaliseren, waardoor een gunst voor betaald werk wordt gecreëerd de andere in het paar wordt verlaten (bijv. bij verhuizing of wanneer geboorte van kinderen) of zelfs als er twee personen in dienst zijn de vereisten en professionele ontwikkeling van de betere dienende partner krijgt voorrang. Tot een vergelijkbare conclusie strijd komen Ook uitwisseling theoretisch modellen – terug gaan op Blood and Wolfe (1960): Degenen in het partnerschap hebben meer middelen heeft, heeft daardoor een grotere assertiviteit voor zichzelf professioneel Interesses (zien. emerson 1976; Kap 1983). vervolgens kan de te formuleren verwachting dat dubbele loopbanen met een hogere Kans op "gelijk verdienende" paren (dwz beide partners hebben A vergelijkbaar Inkomen) als van paren met inkomen gescheiden realiseerde kan worden.

In deze theoretische benaderingen, de maximalisatie van nut of de op bronnen gebaseerd onderhandelingsprocessen genderneutraal conceptueel ted. Dat wil zeggen, ongeacht het geslacht, de partner of partner zou moeten beter in staat zijn beroep uit te oefenen pandrecht Interesses afdwingen – onder omstandigheden Ook op Kosten de verschillende loopbanen en dus een dubbelloopbaan. Een serie van dient echter wel een betere onderhandelingspositie van de partner niet in dezelfde mate een ontheffing of beperking van professionele ontwikkeling van de partner (vgl. Bielby/Bielby 1992; Jürges 2006; Shauman

2010). Hiermee rekening houdend, voor de inkomensrelatie In partnerships wordt een tweede verwachting geformuleerd: dubbel carrière Zijn voor alles in paren bedreigd, bij die de Man (Kennis-

schafler of Partner) meer verdiend, terwijl zij bij een dezelfde of zelfs hogere inkomens van de vrouw zijn beter afdwingbaar.

Op een vergelijkbare manier de *leeftijdsconstellatie* in de partner schaft – en de (althans mogelijk) daarmee gepaard gaande loopbaankloof als partners niet dezelfde leeftijd hebben - voor de realisatie van dubbele loopbanen een rol spelen. Dat wil zeggen, in partnerschappen waar de partners verschillende leeftijden zijn, kan de oudere partner een carrièrevoordeel hebben hebben. Het is empirisch en normatief - zelfs voor hooggekwalificeerde koppels - meestal is de man ouder dan de vrouw (vgl. Rusconi/Solga 2007; Solga/Rusco- ni/Krüger 2005). 2 De argumentatie voor de Verbinding van inkomen menselijke verschillen En loopbaanregelingen in partnerschappen als vervolg op, zou kunnen de ouder partner (of. als beschikbaar, de ouder partner) beter in de Positie zijn, de eigen professioneel Interesses in de vennootschap afdwingen. Maar ook voor de leeftijdsconstellatie blijkt uit eerdere studies onderzoeken dat ze geen puur temporele, sekseneutrale relatie vertegenwoordigen (vgl. Rusconi/Solga 2007; Solga/Rusconi/Krüger 2005). Eerder is om uit te gaan van geslachtsgecodeerde concepten van leeftijd, zodat het is van Betekenis is, WHO – Man of Vrouw – ouder is. En Dus show alde analyses in het tweede hoofdstuk van dit boek die tweeverdienersregelingen komt iets vaker voor bij paren met een atypische leeftijdsconstellatie kan worden gerealiseerd, dwz door paren waarin vrouwen (wetenschappers vrouwen of partners) ouder zijn dan hun echtgenoten. In dit hoofdstuk moet onderzocht in hoeverre zij hun leeftijdsvoordeel inzetten voor de echt van dubbele carrières gebruiken kan. Vanwege van afstemmen Moeilijkheden bij het afstemmen van de (vergelijkbare) loopbaanvereisten men kan ook de verwachting worden geformuleerd dat mensen van dezelfde leeftijd Partners hebben in het algemeen minder vaak een dubbele loopbaan naar En in de Wetenschap in de speciaal hebben als paren met een Leeftijdsverschil. De achterliggende vraag is: In welke mate is een leeftijdsafhankelijke verevening van de beroepseisen voor dubbel loopbaan, en dit is met name het geval wanneer beide partner een wetenschappelijke carrière realiseren wil?

Ook is bekend dat de overgang van een maatschap naar een Gezin (met kinderen) professionele ontwikkeling van vrouwen en mannen anders beïnvloed (zie hoofdstuk 3 in dit boek). Dit is te wijten aan een van de sociale verwachtingen en rolattributies die door de vrouwen (geïnternaliseerd of door een gebrek aan externe ondersteuningsmogelijkheden) leiden tot het overnemen van de hoofdverantwoordelijkheid voor de *kinderen* zodat sommige vrouwen hun professionele verplichtingen onderbreken of verminderen (moeten). Andere vrouwen niet hoe dan ook dragen

---

2 Ook bleek in onze onderzoekspopulatie dat mannelijke wetenschappers ouder zijn als haar partners waren, wetenschappers Maar jonger als haar partner (zien. kapitelefoon 1 in dit Een boek).

eigenlijk de hoofdverantwoordelijkheid hebben en dus een "dubbele last" hebben - ofwel vanwege een niet-egalitaire aanspraak op de partner samenleving of omdat ze moeilijkheden hebben, ook hun egalitaire claim rondom- of doorzetten naar kan (zien. Hoofdstuk 3 in dit Een boek; hess/Rusconi 2010). Dit dubbele last kan naar een Nadeel voor haar professionele ontwikkeling leiden. Ten tweede kunnen vrouwen dat over het algemeen wel en moeders in het bijzonder, ongeacht de feitelijke organisatie en verantwoordelijkheid voor kinderopvang door middel van statistische processen Discriminatie (vgl. bijv. Engeland 2005) door hun werkgevers in hun professionele ontwikkeling worden belemmerd, zo niet belemmerd. Dit is Dit is bijvoorbeeld het geval bij mannelijke collega's of kinderloze collega's uitsluitend op basis van kwantitatieve, maar niet kwalitatieve prestaties kenmerken van promoties of de toewijzing van managementtaken tegen voorkeur hebben boven moeders. Dit kan tot een verdubbeling leiden dienende koppels met kinderen vanwege de potentieel beperkingen de Carrière de Vrouw (Wetenschapper of partner) minder in de Positie zijn om een duale loopbaan te realiseren. Dat wordt hieronder onderzocht zijn.

Bovendien zijn er aanwijzingen dat werk en gezinsleven dat wel zijn zijn bijzonder moeilijk te rijmen met wetenschap (vgl. Lind 2008; Metz-Göckel/Selent/Schuermann 2010). Bijvoorbeeld vrouwelijke wetenschappers bijvoorbeeld vanwege onzekere baanvooruitzichten en werkgelegenheid niet vaker Nee Kinderen als afgestudeerden in het algemeen (Metz Göckel/Selent/Schuermann 2010: 19). Aan de ene kant de angst voor nadelen in hun carrière, veel vrouwelijke wetenschappers annuleren of uitstellen (vgl. Lind 2008). Aan de andere kant voel je eerder vooral moeders, maar steeds vaker ook vaders in hun professionele ontwikkeling benadeeld door collega's en superieuren (vgl. Lind 2008). Naar de- daarna kon worden verwacht dat paren beide partners in de Wetenschap in dienst Zijn, minder gebruikelijk dubbele carrières met kinderen realiseren kunnen als beroepsmatig heterogene paren. Aan de andere kant, eerdere analyses s dat paren met heterogene beroepsachtergronden in de academische wereld werken opgevat als degene die beter kan worden gecombineerd met kinderopvang is - en met deze rechtvaardiging was de taak toen meestal de wetenschappers naar (zien. Hess/Rusconi 2010; Hess/Rusconi/Solga 2011a). zo een geslachts stereotypes toeschrijvingen van Werkuren- of flexibiliteit van werklocatie zijn minder mogelijk bij academische koppels omdat hier oefenen beide partners het (vermeend) flexibelere beroep uit. vervolgens alternatief zou kunnen worden verwacht dat carrières van moeders en Daarover gesproken, dubbele carrières met kinderen zijn waarschijnlijk academisch homogeen in beroepsmatig heterogene paren realiseerde kan worden.

Eindelijk een academische carrière of proeftijd als wetenschappelijk nakomelingen vaak de levenswijze een flexibel en mobiele singles (vgl. Metz-Göckel/Selent/Schürmann 2010) of een single verdienpatronen van koppels (vgl. Geenen 1994). Zeker voor academisch Geografische mobiliteit is een belangrijke factor voor gemengd opgeleiden onderdeel van professionele loopbanen, zodat academici gemiddeld vaak verhuizen (vgl. Becker et al. 2011; Büchel/Frick/Wit- te 2002; snijder enz al. 2008). Dit vereist van hoog gekwalificeerd paren

–   die duale carrières willen realiseren - vaak dat ze multilokaal kunnen gebruiken ler woonarrangementen met dit mobiliteitseisen Stap uitstel en daarmee een soort "verdubbeling van het 'mannelijke' carrièremodel" bereiken (Bathmann/Müller/Cornelissen 2011: 131f.). Tot zo ver ver- Het is niet verwonderlijk dat academische koppels vaker (dan andere opleidingsgroepen) pen) leven in multi-lokale woonarrangementen die verstoken zijn van dagelijks woon-werkverkeer, Weekend woon-werkverkeer naar samenwonen (LAT) genoeg (vgl. Schneider et al. 2008). Deze woonarrangementen dienen om om de professionele carrière van beide partners te behouden of mogelijk te maken (vgl. Schneider/Limmer/Ruckdeschel 2002). Bovendien ontstaan verhoogde ruimtelijke mobiliteit en het daaruit voortvloeiende multilokale kwaliteit van samenleven Ook uit de professioneel onzekerheid vanwege van contracten voor bepaalde tijd (vgl. Becker et al. 2011; Schneider et al. 2008).

Ook als multilokale woonarrangementen de realisatie van dubbel mogelijk maken kan een carrière als huisdier ondersteunen, ze gaan vaak gepaard met veel tijd, financiële en emotionele kosten (vgl. Rhodes 2002; Schnei- der/Limmer/Ruckdeschel 2002). Bovendien kan elke carrièreswitch worden gekoppeld aan geografische mobiliteit, zodat er een hoge mate van flexibiliteit in de Huisvesting door de paren is vereist. Zijn nu geen koppels bereid om in aparte woningen te wonen (LAT of woon-werkverkeer over lange afstand) kan Dit leidt tot beperkingen in professionele kansen voor een of beide leidende partners (vgl. Jürges 1998a, b). Dat blijkt uit een groot aantal onderzoeken bijdragen aan het feit dat vrouwen meer kans hebben om hun woonplaats en werk op de mobiliteit te hebben Stem de eisen van de man af in plaats van andersom - zij het als "meebewegen" Partner (gebonden verhuizer) of lokale eigendom (gebonden blijver) (vgl. Bielby/Bielby 1992; boek 2000; Büchel/Frick/Witte 2002). [3]

Door de overwegend tijdelijke arbeidsverhoudingen, ook de helft van het hoogleraarschap in het Duitse universiteits- of wetenschapssysteem zoals de (disciplinespecifieke) verschillende spreiding van langere Verblijft in het buitenland (bv. als postdoc; vgl. Hess/Rusconi/Solga 2011a; Zimmer/Krimmer/Stallmann 2007) als bestanddeel een wetenschap lopen

3 Als dit ook geldt voor academisch geschoolde vrouwen en koppels in het algemeen, zou dat kunnen Onderzoek naar vrouwelijke natuurwetenschappers en gepromoveerde ingenieurs (met activiteiten binnen half en buiten de wetenschap), laten echter zien dat geen van deze vrouwen na de Promotie kwam overeen met het type "gebonden blijver" of "gebonden verhuizer" (Becker et al. 2011: 49f.). Een groot aantal van deze vrouwen heeft een gemeenschappelijke woonplaats met hun partners door verlangen dagelijks reistijden toelaat of. behouden.

bahn, is het te verwachten dat multi-lokale woonarrangementen - zoals lange afstand woon-werkverkeer (dwz meer dan dagelijks woon-werkverkeer naar de werkplek van een of zelfs in de Partner) of LAT-regelingen (d.w.z verschillend Woonplaats) – in academisch homogene partnerschappen zijn vaker de realiteit van paren dan in beroepsveld heterogeen paren. In aanvulling zou kunnen bij wetenschappelijke paren "onbeweeglijke" woonarrangementen, dwz leven in een gemeenschappelijke ruimte Plaats zonder woon-werkverkeer of met maximaal dagelijks woon-werkverkeer, bij grotere Nadelen voor duale loopbanen dan voor heterogene beroepsvelden paren.

Verder kan worden aangenomen dat de partners in wetenschappelijke paren moeten vaker van werkplek veranderen dan degenen die daarbuiten werken wetenschap. Dit kan leiden tot een hogere dynamiek van woonarrangementen naar het eerste leiden. Over de invloed van verschillende mobiliteit dynamiek kan tegenovergestelde verwachtingen geformuleerd worden:

(a) Mobiliteitsdynamiek die niet of zelfs de combinatie toestaan (dwz een verbetering) chen, dragen dubbele carrières. (B) professioneel Mobiliteit, de met een verandering of verslechtering van de woonsituatie is verbonden, kan de Gevaar verhogen dat een carrière ter beschikking wordt gesteld, en daarmee ook de kans op een duale loopbaan verkleinen.

Deze verschillende hypothesen over de invloed van paaropstellingen regelingen voor onderlinge afhankelijkheid van het loopbaansucces van vrouwen en de realisatie van dubbele carrières worden in de als vervolg op onderzocht. Daartoe wordt eerst beschrijvend weergegeven in hoeverre vrouwelijke wetenschappers en wetenschappers waren in staat om een carrière te volbrengen en of dit wordt gerealiseerd in het kader van enkele of dubbele loopbaanregelingen werd. In een tweede stap, het belang van onderlinge afhankelijkheden op de lange termijn relatiepatronen in partnerschappen. Hier de carrièremythe op de proef gesteld, en er zullen in eerste instantie antwoorden op beide zijn geformuleerde vragen: In hoeverre zijn wetenschappers senschaftler professioneel succesvoller als u maar in uw partnerschap bent werkgelegenheid nastreven? En op welke manier begrenzing tijdelijk Alleen- of eenverdienersregeling later duale loopbaanmogelijkheden? in een derde stap, de hypothesen over de betekenis van paaropstellingen ties met betrekking tot Inkomen, Leeftijd, Beschikbaar zijn van kinderen Enwoon regeling gecontroleerd.

5.3 **methoden**

databank dit hoofdstuk Zijn de gestandaardiseerd levensloop inter keer bekeken de wetenschappers net zoals (gescheiden) van hun Partners. Hiermee worden alleen die wetenschappers meegenomen in de analyse voor wie a Interview van de partner is beschikbaar (zie hoofdstuk 1 in dit boek). daar binnen Dit hoofdstuk richt zich op de gevolgen van de verstrengelingsarrangementen in Paar en de invloed van paaropstellingen voor de realisatie van individuele en dubbele carrières, alleen die wetenschap in aanmerking worden genomen die ten minste het laatste jaar van de waarneming hebben voltooid periode (zie hieronder) met deze partner waren. [4]

Als observatie periode voor de verweven patroon werd de Levensfase zes tot twaalf jaar na de eerste graad wetenschapper. De selectie hiervan tijdspanne het toelaat, de professionele loopbaan van de jongere partners (en zelden jongere partners) van de wetenschappers die vanwege hun leeftijd later dan de wetenschappers hun eerste graad behaalden diploma (zie paragraaf 5.4). Langs degene die hier worden gebruikt carrière definitie En empirisch bij de meerderheid de ondervraagd Kennis- schaftler/innen zijn de eerste zes jaar na de Promotie en rond de periode waarin de meerderheid van de respondenten haar eerste kind (zie tabel 1.2 in hoofdstuk 1 van dit boek). Zo is het een zeer kritieke fase waarin de meeste wetenschappers (moet) voorbereiden op de overgang naar een hoogleraarschap en in de professional en gezinseisen kunnen sterk botsen. Sinds heel weinig onderzoekers die (nog) niet zijn gepromoveerd worden al zo lang geobserveerd ze waren over het algemeen (om selectie-effecten te voorkomen) van de reeks analyse uitgesloten. De multivariaat analyseert voor individueel En Duale loopbaan (destijds twaalf jaar na afstuderen) verwijs daarom ook alleen naar degenen die op het moment van het interview gepromoveerd waren wetenschappers en professoren.

Zoals in meer detail besproken in het eerste hoofdstuk van dit boek, de gedeeltelijke deelname aan het beroepsleven is geen voldoende kenmerk voor de aanwezigheid een carrière; de doorslaggevende factoren zijn de inhoud van de activiteit en het vooruitzicht op een professioneel (door)ontwikkelen.

Voor wetenschappers En Partners werd gebaseerd de informatie uit jouw Sollicitatiegesprekken de Het bereiken van een carrière als een professionele functie binnen of buiten wetenschap geoperationaliseerd die overeenkomt met haar kwalificaties en institutionele functioneel Oud correspondeerde. [5] Gebaseerd ben ermee bezig werd dubbele carrières als

---

[4] 10% van de gepromoveerde wetenschappers (incl. professoren) werd uit de analyse gehaald worden uitgesloten omdat ze op dat moment nog alleenstaand of met een andere partner waren. ner samen waren.

[5] Voor een academische loopbaan wordt twaalf jaar na afstuderen als essentieel beschouwd recriteria de uitoefening van hooggekwalificeerde activiteiten of de positie als wetenschapper medewerker (incl. beurzen), het doctoraat en de aanname van verantwoordelijkheid naar benoemen (gelieve te verwijzen Hoofdstuk 1 in dit Een boek).

dergelijke werkgelegenheidsconstellaties worden gedefinieerd waarin beide partners gen tijd een - binnen de zojuist genoemde zintuigen – had een carrière.

Gebaseerd op de informatie van de wetenschappers

en hun partners op hun activiteiten, de respectieve onderlinge afhankelijkheid Arrangementen van arbeidsverleden in de gereconstrueerde maatschappen (vb een Beschrijving de toegepast Reeks- En cluster methode zien. Hoofdstuk 2 in dit Een boek). De analyse de verweven patroon de Arbeidsverleden in partnerschappen toonden voor de periode zes tot twaalf jaren na afstuderen studeren naast de vier al bekend inspecteren (enige en enige verdiener evenals academisch homogeen en beroepsmatig terogene tweeverdienersregelingen; zie hoofdstuk 2 in dit boek) twee andere patronen die hier niet in detail kunnen worden besproken. [6] Hoe al in detail besproken in het tweede hoofdstuk van dit boek, blijkt ook voor deze periode dat vrouwelijke wetenschappers beduidend vaker dan hun mannelijk Collega's in wetenschappelijk homogeen partnerschappen leefde (29% vs. 12%), dwz beide partners waren actief op wetenschappelijk gebied. [7] Ook de eenverdienersregelingen waren te wijten aan een langdurig bestaan gen niet-werkgelegenheid vaker bij wetenschappers naar vinden (14,5% versus 1% van de wetenschappers). [8e] Aan de andere kant namen ze het grotendeels over de enige kostwinner rol minder vaak dan hun mannelijke collega's (5% vs. 32%). Er zijn nauwelijks verschillen tussen mannen en vrouwen in de spreiding van beroepen Veld-heterogene partnerschappen met twee inkomens, dwz koppels waarin de Wetenschappers binnen en hun partners buiten de wetenschap schacht in dienst waren (27% de wetenschappers En 30% de Kennis-schafler).

Voor de analyse van de invloed van de paaropstellingen op de kans Twaalf jaar na het afstuderen, de respectievelijke sterrenbeelden een jaar eerder. Het *inkomen verschillen* in het paar werden gegroepeerd in drie categorieën: "Even verschillend Dienstknechtenparen zijn die waarin beide partners ongeveer hetzelfde verdienen tien, terwijl in de categorie "wetenschapper meer" de partners iets minder tot significant minder als de wetenschappers verdienen

---

6　Enerzijds betreft dit een kleine groep wetenschappers (3%) die van deze periode was met de huidige partner, maar in de zes leefde jaren eerder meestal als alleenstaande of had een partner die niet de huidige partner is. Daarentegen was er een veel grotere groep (21%) wiens observatie periode korter als de zes jaren was (in de mediaan 31 Maanden).

7　kwantitatief beschrijvingen werd met betrekking tot van geslacht, de Carrièreniveau En Disciplines worden zo gewogen dat - zoals voorzien in het bemonsteringsplan (cf. Hoofdstuk 1 in dit Een boek) – altijd naar dezelfde aandelen staan voor Zijn.

Vrouwelijke wetenschappers in partnerschappen met één verdiener zaten in de observatieperiode mediaan 45 Maanden niet in dienst, d.w.z H. terwijl mager drie Kwartaal de Tijd tien, en vice versa in de categorie "Partner meer". 9 In de *leeftijd vertellen* onderscheid te maken tussen twee categorieën die in het partnerschap – kennis werknemer of partner – ouder is. Paren waar het leeftijdsverschil tussen de partners maximaal twaalf Maanden fraude, werd als "zelfs oud" gecodeerd. De *aanwezigheid van kinderen* verwijst naar de geboorte van de eerste biologische kind. Uiteindelijk *werden de woonvormen* in vieren gedeeld Getoonde categorieën:

－　"Op dezelfde plek" als het paar op dezelfde plek woonde en een of beide partners pendelden hooguit dagelijks (dus alleen overdag) naar het werk op een andere werkplek waren);

- "Fern woon-werkverkeer (ZP)" als het paar op dezelfde plek woonde, maar de Wetenschapper voor de VERWIJDERD Werkplek omgezet En daar voor meerdere dagen/nachten verbleven;

- "Langeafstand woon-werkverkeer (PA)" als het paar op dezelfde plaats woonde maar de Partners, elk met een verblijf van meerdere dagen, pendelden terwijl de Wetenschapper bij Residentie gebleven

- "LAT", dwz samenwonen-arrangementen, als de partners verschillend woningen woonden en werkten.

Voor het belang van verstrengelingsarrangementen en paaropstellingen voor het realiseren van je eigen carrière en duale carrières gecontroleerd met behulp van multivariate analyses (voor details zie Sectie 5.5), beschrijft de volgende paragraaf hoe wetenschappers wetenschappers konden hun eigen carrière beginnen werken en hoe dit in de kader een Dubbele carrière is gebeurd.

5.4   Een of twee carrières?

Zes jaren na afstuderen studeren had de meerderheid de wetenschapper en vrouwelijke wetenschappers een carrière volgens bovenstaande carrière definitie. Dit kwam iets vaker voor bij mannen dan bij mannen Vrouwen (79% tegen 69%). wetenschapper En wetenschappers onder- verschilde veel meer in welke partnerschapsconstellatie ze realiseerden hun carrière: voor beiden geldt dat een dubbele carrière sterrenbeeld de meest voorkomende regeling was (43% of. 51%; Illustratie5.1) – maar terwijl meer dan driekwart van de vrouwelijke wetenschappers een carrière heeft Deel een duo carrière was, waren Het bij de mannelijk Collega's

8   De inkomens- en huisvestingsconstellaties zijn gebaseerd op de informatie van de wetenschappers over de inkomensverhouding en de woonsituatie in de maatschap terwijl van hun naar naar de tijd uitgeoefend Taak gecodeerd.

9

slechts ongeveer de helft (77% vs. 55%, niet getoond). In contrast met realiseerde meer dan een derde van de wetenschappers, maar slechts 15% van hun collega's een carrière in een one-career regeling. Verder gerealiseerd bij bijna een kwart van de vrouwelijke wetenschappers, maar slechts 10% van hun collega's alleen de partner creëert een carrière. Samengevat betekent dit: Als vrouwen in partnerschappen hebben een carrière, dan meestal 'gewoon' sam" met de partner. Voor wetenschappers is dat echter veel minder vaak de Geval.

Nog een duidelijk verschil tussen wetenschappers en wetenschappers senschaftlerinnen bestaat uit de redenen voor een ontbrekende carrière. De mannelijk wetenschapper zonder Carrière (zes jaren na rang einde) waren overweldigend in dienst of beurshouders (81%). De betekent dat ze in dienst waren, zij het niet (volgens de gedefinieerde loopbaandefinitie) passend bij opleiding en leeftijd. Ze hadden bijvoorbeeld manier nog steeds Nee Promotie. Bij de wetenschappers zonder Carrière aan de andere kant had slechts iets minder dan de helft een baan (49%). je ontbrekende carrière vertrokken vaker dan hun niet-werkende collega's langs. [10]

10 Een kwart van deze wetenschappers (maar geen van hun niet-carrièrecollega's) deed mee zwangerschapsverlof Nog eens 10% van de wetenschappers zonder carrière was werkloos; de die van hen waren bezig met een andere activiteit (bijv. verder studeren) (16% van de vrouwen En 8e% de Heren zonder Carrière).

Hetzelfde zien we bij onze partners: bijna drie keer zoveel veel partner Hoe partners zonder Carrière waren in dienst (65% tegen 23%). Een van de redenen hiervoor was dat twee keer zoveel vrouwelijke partners als Partner heeft op dit moment nog geen academische graad behaald (19% vs. 9%) - en dus nog geen carrière hebben/beginnen zou kunnen. De oorzaak ligt onder andere bij de leeftijdstypische partner keuze: de mannen waren meestal ouder dan hun partners. De Partners die op dit moment nog geen academische opleiding hebben waren gemiddeld 5,5 jaar jonger dan hun partner. Net als bij de wetenschap Maar ook bij de partners is dat te constateren loopbaangebrek komt vaker voor bij vrouwen dan bij mannen met een niet-werkgelegenheid aangesloten is. [11]

Zelfs twaalf jaar na de eerste graad, de meeste De meeste wetenschappers hebben een carrière (respectievelijk 86% en 73%). Eens te meer blijkt dat vrouwelijke wetenschappers hun carrière voortzetten grotendeels gerealiseerd in het kader van een duale loopbaanregeling: Bei bijna driekwart van de vrouwelijke wetenschappers met een carrière had een partner hebben ook een carrière, terwijl minder dan de helft van hun leeftijdsgenoten die heeft gen met carrière was het geval (72% vs. 47%, niet getoond). Hoewel wetenschap wetenschapper En wetenschappers naar dit tijd zelfs iets hadden zelf vaker een carrière dan zes jaar eerder, het dubbele Servant-partnerschappen zijn niet langer de meest voorkomende voor mannelijke wetenschappers carrièreconstellatie (40,5% vs. 53% van de vrouwelijke wetenschappers; punt 5.1). Op dit moment, wetenschappers nu (als ook schaars) de one-career constellatie, waarin alleen zij zelf een carrière heeft had (45%). Bij de wetenschappers kwam dit sterrenbeeld alleen half Dus vaak voor. constellaties met één carrière, bij die alleen de Deel- ners hadden een carrière, voor mannelijke wetenschappers de uitzondering, terwijl ze het nog steeds eens zijn met ongeveer 16% van hun collega's moeras. Dit toont eens te meer aan dat wetenschappelijke loopbanen overwegend uit vrouwen bestaan genoeg als onderdeel van van dubbele carrières spelen zich af En dubbele carrières – binnen en buiten de wetenschap - meestal door een gebrek daaraan Carrière van wetenschappers of partners falen.

In tegenstelling tot zes jaar eerder, zowel de wetenschappelijke mannelijke en vrouwelijke wetenschappers zonder loopbaan grotendeels in loondienst, als Ook niet leerzaam En geschikte leeftijd (96% of. 72%). [12] Dus hadzij Bijvoorbeeld nog steeds Nee Promotie of Nee leidinggevende taken. Bij

---

[11] Een kwart van de partners zonder loopbaan (maar geen partner) was met ouderschapsverlof. Ongeveer 11%

van de partners en 9% van de partners was werkloos, de anderen gingen naar andere activiteiten tien na (23% de Vrouwen en 18% de Heren).

12 Nog eens 15% van de wetenschappers – en wederom geen collega's – was met ouderschapsverlof. 11% van de wetenschappers (en geen collega) was werkloos. De anderen compleet tien A aanvullend Studies.

ook de mannelijke partners zonder carrière waren ruim drie vier- telefoon in dienst, bij de partners Echter minder als de half (77% versus 40%). Nu was de onvoltooide studie echter niet meer dium de oorzaak ervan, maar vooral het ouderschapsverlof. [13]

Samenvattend kan worden gesteld: wetenschappers en wetenschappers loop in partnerschappen waren aan de ene kant relatief succesvol, een carrière bereiken, dwz een professionele functie bereiken die aansluit bij hun kwalificaties kation en de institutionele leeftijd ervan. De overgrote meerderheid van mannelijke en vrouwelijke wetenschappers hadden twaalf jaar na hun studie dienst voltooiing van een carrière. Aan de andere kant, slechts ongeveer de helft van de senschaftler/innen succesvol hierin "samen" met hun partners naar naar realiseren. De Mislukking van dubbele carrières was grotendeels te wijten een gebrek aan een carrière voor vrouwen, zij het als gevolg van niet-werkgelegenheid (vooral met de partners van de wetenschappers) of omdat de functie was niet geschikt voor opleiding en leeftijd (vooral in het geval van wetenschappers).

Carrières worden echter niet 'van de ene op de andere dag gemaakt', dat zijn ze wel Het resultaat van jarenlange professionele ontwikkeling - die ook bij de de meeste mannen en vrouwen in een partnerschap plaatsvinden. Wat Verwevingsarrangementen van de loopbaantrajecten Wetenschappers en hun De praktijk van partners is besproken in paragraaf 5.3 en in meer detail in hoofdstuk tel 2 van dit boek. De volgende sectie zal nu onderzoeken worden, welke Invloed dit verweven patroon op de realisatie van carrières van wetenschappers evenals van dubbele carrières.

5.5   De carrièremythe op de proef gesteld

De vraag in hoeverre er in de afgelopen zes jaar patronen van onderlinge afhankelijkheid bestonden werden beoefend, de (in de tijd gedefinieerde) kans op een carrière En van dubbele carrières invloed, werd gebruik makend van van lineaire waarschijnlijkheid regressies onderzocht. [14] De afgebeeld regressie coëfficiënten druk op

---

[13] Omdat op dat moment slechts één partner geen partner had Academische graad. Ongeveer een kwart van de partners zonder loopbaan was met ouderschapsverlof (9% van de mannen), nog eens 10% was werkloos (6% van de mannen), de anderen vertrokken anderen activiteit (bijv B. een verder Studies of Stage) na.

[14] Naast de verweven patronen En de paar sterrenbeelden rekening de modellen voor andere functies die niet in detail worden besproken. Met de wetenschappers menten: afstudeercohort, discipline van de eerste graad, geboorte in Oost- of West-Duitsland land, tewerkstelling van de moeder tijdens de kindertijd, academische opleiding van de ouders, Duur van de activiteit die op dat moment werd uitgevoerd, promotie. Voor de vennoten: dienstverband in de publieke of private sector, arbeidsovereenkomst voor bepaalde tijd ses, Promotie net zoals voor de onderwerp homogeniteit in de Paar.

afhankelijk van de regeling van onderlinge afhankelijkheid, de kans op kennis vergroten 12 jaar na afstuderen om een carrière of een duale carrière te hebben, die de verschillend groepen toegestaan.

Zoals figuur 5.2 laat zien, bestonden er geen

tweeverdienersregelingen negatieve invloed op de waarschijnlijkheid van vrouwelijke wetenschappers Wetenschappers naar een carrière twaalf jaar na afstuderen. Mannelijke wetenschappers met (in de afgelopen zes jaar) wetenschappelijke homogene of beroepsmatig heterogene tweeverdienersregelingen hadden hebben evenveel kans op een carrière als hun leeftijdsgenoten eenverdienersregeling. De wordt genoemd, de werkgelegenheid of Niet- dienstverband van de partner had voor de professionele ontwikkeling van de man pandrecht wetenschapper geen van beide Voor- nog steeds Nadelen. In de Verschil in aanvulling afgenomen de Alleen- net zoals de eenverdienersregeling bij Kennis- hun carrièremogelijkheden. De kans op een ne carrière was bij de (weinig) vrouwelijke wetenschappers die hadden de rol van bediende op zich genomen, slechts half zo groot als hun mannelijke tegenhangers Eenverdieners collega's en, net als bij collega's met tweeverdieners arrangementen.

Dat non-tewerkstelling voor mannen en vrouwen (academische studenten En partners) een kan verschillende betekenissen hebben of niet in dezelfde mate ondersteuning voor professionele ontwikkeling van de andere partner door verantwoordelijk te zijn voor "privézaken". bedient het "huishoudenfront", wordt ook gebruikt in het verschil tussen leren En wetenschappers met tijdelijk eenverdienersregeling duidelijk. De (zeer weinige) mannelijke wetenschappers die in de was zes jaar eerder langdurig werkloos geweest niet alleen twee keer zoveel carrièrekansen als hun collega's met dezelfde opstelling, maar ook de hoogste carrière waarschijnlijkheid. Dit aanvankelijk contra-intuïtieve resultaat is kan worden verklaard door het feit dat deze wetenschappers hun tijd van niet-werkgelegenheid, bijvoorbeeld voor een vervolgstudie of een stage tien En niet - Hoe vaak bij haar Collega's - hun werk dankzij van werkloosheid of onderbroken ouderschapsverlof.

Als tussenconclusie moet worden benadrukt dat tweeverdienersregelingen voor zowel mannelijke als vrouwelijke wetenschappers in vergelijking met alleenverdienersregelingen vormen geen belemmering voor de realisatie van hun individu visueel professioneel carrières staan voor. Dit is toepasbaar in aanvulling voor kennis- schacht-homogeen Hoe beroepsveld heterogeen tweeverdienersregeling. Dat wil zeggen wetenschappers die deel uitmaken van een wetenschappelijk koppel net zo vaak hun eigen carrière kunnen realiseren als collega's, van wie Partners buiten van wetenschappelijk gebied in dienst Zijn. Een overeenstemming van professionele veld brengt Dus geen van beide Voordelen voor de eigen Carrière op basis van een "gedeelde kennis" en betere kansen van Steun tussen partners (zien. Hess/Rusconi/Solga 2011a) nog steeds Nadelen door toegenomen concurrentie of coördinatieproblemen tien vergelijkbare professionele vereisten. Verder blijkt - met name - met betrekking tot voor Heren –, Dat tijdelijk alleenverdienersregelingen, d.w.z langer Fasen van niet-werkgelegenheid, niet noodzakelijkerwijs een loopbaanbelemmering vertegenwoordigen, namelijk niet wanneer zij zich in een fase van verdere kwalificatie bevinden staan voor. Sinds de tijdelijke niet-tewerkstelling van vrouwelijke wetenschappers Wel vaker dan mannen met ouderschapsverlof of werkloosheid gebonden was, leidde de "broze" professionele biografie er vaak toe dat ze twaalf jaar is na Diploma niet adequaat bezet waren.

Als je nu kijkt van het individu naar de duale loopbaan, er ontstaat echter een ander beeld (figuur 5.2). Aan de ene kant dubbel in veel mindere mate dan individuele carrières. ted worden. Voor de anderen Zijn de verschillen binnenin de beide Geslachtsgroepen met betrekking tot de invloed van de verschillende vlechtarrangementen aanzienlijk minder. Bijvoorbeeld vrouwelijke wetenschappers in langdurige tweeverdienersregelingen een zeer vergelijkbare kans capaciteit voor dubbele carrières zoals hun collega's, die voor langere fasen niet in dienst of (minder gebruikelijk) de enige verdieners waren. Positief beschouwd betekent dit dat - in tegenstelling tot de formulering die vaak in de literatuur wordt aangetroffen verwachting - een vertraging of onderbreking van de eigen zaken met vrouwelijke wetenschappers die tijdelijk werken in de traditionele eenverdiener samenwonen levert geen extra nadeel op. Negatief Dit betekent echter ook dat de kans op realisatie duale loopbaan – ongeacht de relatie binnen het partnerschap vlechtwerk – zijn relatief klein en dus ook de (vaak arbeidsintensieve) me) Voltooiing van langdurige tweeverdienersregelingen geen garantie voor dubbele carrières.

Dit gebrek aan uitkering van tweeverdiener voor duale loopbaanregelingen Dit is duidelijker bij mannelijke wetenschappers en hun partners loop. Voor wetenschappers zijn dubbele loopbanen dat wel partnerschappen bijna onwaarschijnlijk. De redenen hiervoor staan hierboven vooral loopbaanbeperkingen bij hun partners vanwege een niet voldoende werk (zelden als gevolg van niet-werkgelegenheid). A aansteker Voordeel van het realiseren van twee carrières in verschillende beroepenveld in vergelijking met academisch homogene paren blijkt ook uit de wetenschappers.

Absoluut opvallend verschillen is daar Echter tussen Heren En Vrouwen. wetenschappers in wetenschappelijk homogeen dubbele Dienarenarrangementen hebben drie keer de kans op een dubbele loopbaan zoals hun mannelijke collega's. Een iets kleiner geslacht verschil shows zelf voor beroepsveld heterogeen tweeverdieners, bij die Het Ook de wetenschappers En jouw partners vaker geslaagd een dubbele carrière naar realiseren als de wetenschappers En hun partners. Een belangrijke verklaring hiervoor is dat duale carrières mislukken meestal vanwege de vrouwelijke carrière (zie hierboven) - maar dit onder andere door aselecte steekproeven minder vaak onder vrouwelijke wetenschappers dan is het geval met de partners. [15] Toch blijkt ook dit extreem "positief" geselecteerde groep mensen, dat meer dan twee keer Dus veel wetenschappers Hoe wetenschappers de dubbele carrière mislukt omdat ze zelf had geen carrière (52% vs. 20%).

---

15 Om mee te kunnen doen aan het onderzoek moesten zij op een universiteit en op een van de vier loopbaanniveaus (inclusief het hoogleraarschap), dus in ieder geval voor de Ten tijde van het onderzoek waren ze werkzaam in het wetenschapssysteem en sommigen van hen hadden dat ook door definitie een "Carrière" (zien. Hoofdstuk 1 in dit Een boek).

5.6 De invloed van de paaropstellingen op dubbele carrières

De vraag rijst nu in hoeverre verschillende paren constellaties de realisatie van duale loopbanen voor mannen en vrouwen beïnvloed. Welke van de verwachtingen geformuleerd in het tweede deel kan worden bevestigd en welke niet? Om ook deze vragen te beantwoorden levering, werd (gescheiden voor wetenschapper En wetenschappers) ook geschatte lineaire waarschijnlijkheidsregressies, die afhankelijk zijn van de paarconstellatie de waarschijnlijkheid van wetenschappers uitdrukken, een dubbele carrière twaalf jaar na afstuderen studeren naar hebben. [16]

5.6.1 Inkomensverschillen: dezelfde Geld = dezelfde Carrière?

Voor de inkomensconstellatie in personenvennootschappen werden twee verwachtingen gesteld gen geformuleerd: Voor de A een budgettaire economie – genderneutraal

– Veronderstelling dat dubbele carrières waarschijnlijker zijn kans op 'gelijk verdienende' koppels dan koppels met een inkomen gescheiden realiseerde worden kan. Voor de anderen onder opname een genderongelijke bruikbaarheid van machtsmiddelen in het paar, dat inkomensverschillen vergroten de kans op een verdubbeling alleen maar verminderen als de man (wetenschapper of partner) meer uitgeeft dient, niet Echter als de Vrouw (Wetenschapper of partner) A dezelfde of zelfs een hoger inkomen.

Voor vrouwelijke wetenschappers met dubbele verdiensten uit een heterogeen beroepenveld regeling komt naar voren zelf de Eerst aanname naar bevestigen (Illustratie 5.3). Want dubbele loopbanen komen veel vaker voor bij hetzelfde inkomen als bij inkomensongelijkheid in de Paar. Leugens A inkomen verschilt, speelt het geen rol bij de kans op een duale loopbaan Het maakt niet uit of de vrouw of de man meer verdient. In de wetenschap-homogeen tweeverdieners toneelstuk inkomenskloof Echter Nee Rol voor de kans op dubbele carrières. Een mogelijke verklaring atie voor de verschillend Invloed de inkomen constellatie in homogeen En heterogeen Partnerschappen voor tweeverdieners de Kennis-Wetenschappers leveren de resultaten van een eerdere analyse van de gegevens. In dit zou kunnen getoond worden (zien. Hess/Rusconi/Solga 2011a), Dat bij wetenschappers in beroepsveld heterogeen partnerschappen de Waarde van hun wetenschappelijk Werk gedeeltelijk van de partners in kwestie geplaatst

---

16 Naast de verweven patronen En de paar sterrenbeelden rekening de modellen voor verder Kenmerken, op de niet dichterbij ontvangen zal (vgl. voetnoot 14).
werd. Vanwege langdurige baanonzekerheid en de uitgebreide e zogenaamde kwalificatiefase (een term die wordt gebruikt voor een persoon die onbekend met het wetenschapssysteem kan twijfels oproepen zou kunnen, in hoeverre het überhaupt een "echte" baan is of liever gezegd is een soort uitgebreide studie) zou het voor wetenschappers kunnen zijn moeilijk af te dwingen dat hun carrièreclaims en verzoeken veranderingen in werkveld-heterogene samenwerkingsverbanden krijgen gelijk te zien zijn. Met als resultaat een aparte loopbaan en een dubbele loopbaan haalbaarder zijn in deze partnerschappen als tenminste de komen vergelijkbaar hoog is. Vanwege

een "gedeeld Houding" voor de Beroep (zien. Hess/Rusconi/Solga 2011a) zou kunnen in wetenschappelijke paren de A-hebben geen of slechts een ondergeschikte rol in onderhandelingsprocessen toneelstuk.

Bron: dossier "Samen Carrière maken"; eigen berekeningen; gewogen Verklaringen

Voor mannelijke wetenschappers ligt de situatie iets anders. Ten eerste is er de waarschijnlijkheid in professioneel heterogene partnerschappen essentieel voor duale loopbaan voor koppels met een inkomensverschil veel hoger dan bij paren waar beide partners hetzelfde bedrag verdienen. De- Deze bevinding is dus in tegenspraak met de budgettaire economische veronderstelling. In aanvulling geeft Het bij de zelfs veel verdienen paren hier geen Verschil tussen wetenschappelijk homogene en professioneel heterogene koppels. Dit ligt wat suggereert dat de waarde van mannenwerk binnen of buiten de Wetenschap wordt op deze manier niet anders gewaardeerd Echter bij de wetenschappers de geval is (gelieve te verwijzen boven). Tot zo ver geefter is geen genderneutrale perceptie van de waarde van werk. Veel meer is dit ook afhankelijk van het geslacht van de persoon die het werk doet van de relatie tot het respectievelijke beroep van de partner. Dan als gevolg van horizontale beroepssegregatie, man en vrouw lich partner de wetenschappers in de verschillend beroepen ongelijk verdeeld. [17]

Hoewel de verschillen tussen mannelijke wetenschappers in werkveld heterogene samenwerkingsverbanden zijn groter, het inkomen relatie zelfs in het geval van academisch homogene verweven arrangementen Rol. In het laatste geval hadden wetenschappers meer dan hun partners verdiend, een hogere kans op een dubbele loopbaan zowel in gelijk aan hun collega's, die hetzelfde verdienden als hun partners, toen ook aan de (enkele) collega's die minder verdienen dan hun partners Ook deze bevinding is in tegenspraak met de tweede geformuleerde verwachting omdat bij die koppels minder vaak een dubbele loopbaan zou moeten voorkomen bij waar de man meer verdient.

Samenvattend beide aannames over de invloed van inkomen verschillen in partnerschappen worden noch duidelijk weerlegd noch bevestigd worden genomen. Gelijk inkomen betekent – vooral bij partners mannelijke wetenschappers – niet automatisch een "gelijke veiligheid" van carrièremogelijkheden in het partnerschap, evenmin als een bron ongelijkheid leidt onvermijdelijk tot dubbele carrières – zelfs niet als de man verdient het hogere inkomen. De bevindingen tonen ook aan dat de inkomensrelatie voor alles een rol bij beroepsveld heterogeen paren toneelstukken, waarin vanwege de verschillende beroepen die worden uitgeoefend, de noodsituatie behoefte aan aanvullend "bemiddelingswerk" of uitleg van de verblijf carrière eisen En -logica's bestaat (zien. Hess/Rusconi/ Solga 2011a). Dit toont aan dat in beroeps-heterogene arrangementen de wetenschappers liever in de Positie waren, dubbele carrières (En dus een eigen carrière) als ze net zoveel zijn als de jouwe Partners verdienden, terwijl partners dit eerder deden wanneer hun Inkomen hoger dan dat van de wetenschapper was. Dit zou een aanwijzing kunnen zijn ervoor te zorgen dat de onderhandelingen in partnerschappen over en de perceptie van de waarde van werk is noch genderneutraal, noch beroepsneutraal Zijn.

---

17 Van de destijds werkzame (beroepelijk heterogene) partners was de Partners van de wetenschappers werken heel vaak als leraar (31% vs. 7% van de partners ner), terwijl de mannelijke partners van vrouwelijke wetenschappers vaker in het bedrijfsleven werken bedrijfsbeheer, advies en auditing (21,5% vs. 5% van de partners) of als in- opmaakprogramma (26% tegen 7%) En ingenieurs (16% tegen 4%) waren actief.

5.6.2 *Leeftijd sterrenbeeld: Gaat de ouder voor?*

Naast inkomen werd het tweede deel verwachting geformuleerd dat duale carrières vaker voorkomen bij paren met een atypische leeftijd constellatie voorkomen, dwz in paren waarin de vrouwen (wetenschappelijk arbeiders of partners) ouder als haar Heren Zijn. Hetzelfde er werd aangenomen dat een synchronisatie van loopbaanvereisten gelijk was partnerschappen leiden tot een lagere kans op verdubbeling rantsoen - vooral in van wetenschap - leiden kan.

Figuur 5.4 laat zien dat vrouwelijke wetenschappers in de academische wereld leuk vinden En beroepsveld heterogeen tweeverdienersregeling de Leeftijdsopstelling speelt slechts een ondergeschikte rol. De kans eerlijkheid voor dubbele carrières is vergelijkbaar hoog in partnerschappen met of zonder leeftijdsverschil net zoals onafhankelijk van dat, wie – vrouw of man – de oudste zit in de maatschap. Voor de vraag of na velen gen eenverdienersregeling dubbele carrières mogelijk Zijn, Toneelstukken de Leeftijdsopstelling daarentegen speelt een belangrijke rol. Een kaart behalen met betrekking tot ondanks lange tijd onderbreking slagen met een duidelijk hoger Kans op vrouwelijke wetenschappers in samenwerkingsverbanden van dezelfde leeftijd tien. [18] Hetzelfde geldt voor mannelijke wetenschappers met jarenlange ervaring eenverdienersregeling. Ook hier waren dubbele carrières jaren van niet-werkzaamheid van de partner met een grotere kans waarschijnlijkheid bij wetenschappers met een peer of (typisch) om een jongere partner te vinden.

De wordt genoemd tegelijkertijd, in leeftijdsgenoten partnerschappen bestaat aan de ene kant een hoger risico voor éénkostwinnersregelingen (vgl. hoofdstuk 2 in dit boek), maar ook een grotere kans hierop op een later tijdstip Tijd om uit te breiden in carrières voor beide partners. een mogelijke De voor de hand liggende verklaring hiervoor zou zijn dat niet alleen, maar vooral partners van dezelfde leeftijd zijn verwachten dat twee banen tot tegenstellingen en conflicten zullen leiden van de taakeisen van twee loopbanen. De- ser "Onverenigbaarheid" poging zij gefaseerd met een traditioneel arbeidsverdeling En de concentratie op alleen een (de mannelijk) Carrière ontsnappen. Er is dan een voorsprong voor de mannelijke partner en zijn carrière "vastgezet", kan de carrière van de partner volgen.

De grotere moeilijkheid van paren van dezelfde leeftijd, ondanks een langdurige relatie tweeverdienersregeling een dubbele carrière naar realiseren wordt vooral duidelijk bij mannelijke wetenschappers (figuur 5.4). wetenschapper met een leeftijdsgenoten partner had in het bijzonder in wetenschappelijk homogeen, Maar Ook in beroepsveld heterogeen paren een

---

18 Vanwege het onvoldoende aantal gevallen voor eenverdiener maatschappen waarin de kennis partner ouder was dan haar partner, deze atypische leeftijdsconstellatie is dat niet hier ontvangen.

duidelijk minder Dubbele carrièrekans als haar Collega's in Partnerschappen waarbij het leeftijdsverschil voor een gedeeltelijke verevening zorgt van professionele vereisten was nuttig. De hoogste waarschijnlijkheid Mannelijke wetenschappers hadden echter ook het potentieel voor een dubbele loopbaan een atypische leeftijdsconstellatie. Dit geldt vooral voor wetenschappelijk homogeen paar relaties: wetenschapper met een ouder partner hadden twee keer zoveel kans op een dubbele loopbaan als hun leeftijdsgenoten leggen met een (typisch) jongere partner. Sterker nog, de "ouderen- ren"-partners om hun leeftijdsvoordeel beter te kunnen benutten in eigen carrières En door dit in dubbele carrières implementeren. mogelijk Er waren vaak partners die vanwege een leeftijdsvoordeel in hun voordeel waren carrières al geavanceerd waren, minder klaar, dit bij moeilijkheden naar de aanleg naar plaats, als de partners, bij diede man was gevorderd in professionele ontwikkeling. Of maar Partners met een leeftijdsvoordeel in de maatschap moesten mee verwacht minder nadelen bij het sluiten van professionele compromissen, aangezien ze al beveiligd posities of zelfs topposities (Hoe een hoogleraarschap) bereikt had.

Samengevat kan worden gezien dat de zeer lage duale loopbaan waarschijnlijkheid onder mannelijke wetenschappers in homoseksueel gewone tweeverdieners (zie paragraaf 5.5) deels op de hogere deel van de partnerschappen van dezelfde leeftijd kan worden getraceerd - omdat dit paren hebben groter moeilijkheden, tijd- En gelijke status twee carrières te realiseren in de wetenschap. Daarnaast voor tweeverdieners waarneembaar dat een atypische leeftijd sterrenbeeld in de deed beter Mogelijkheden voor dubbele carrièresaanbiedingen.

5.6.3 *Kinderen: dubbele carrières alleen zonder Kinderen)?*

Kinderen moeten - zo is de verwachting - ook bij tweeverdienersparen Beperkingen in de carrière van vrouwen (wetenschapper of partner rin) en zo leiden tot dubbele carrières. Bovendien werd het theoretisch redelijkerwijs te verwachten dat deze (dubbele) loopbaan zowel in de wetenschap riskeert schacht-homogeen als Ook in beroepsveld heterogeen partnerschappen hoogis.

Voor wetenschappers met beroepsveld heterogeen tweeverdiener sterrenbeeld duur onafhankelijk van de Beschikbaar zijn van kinderen een een even grote kans op een duale loopbaan (figuur 5.5). [19] Hetzelfde alleen klein verschillen geeft Het tussen wetenschappersmet en zonder kind(eren) in academisch homogene tweeverdienersparen. Hier was de kans op een dubbele loopbaan voor moeders zelfs iets hoger dan kinderloze vrouwelijke wetenschappers. Tegelijkertijd betekent dit dat wetenschappers met langdurig tweeverdienersregeling de Falen of het professionele succes van de twee partners is niet in de eerste plaats afhankelijk van de verantwoordelijkheid voor kinderen is afhankelijk geweest.

Voor vrouwelijke wetenschappers ligt de situatie anders met langdurige eenverdienersregelingen. Hier, kinderloos wetenschappers een Drie keer Dus hoogte Dubbele carrièrekans zoals haar collega's met minstens één biologisch kind. Een mogelijke Uitleg voor deze is dat deze (weinig) vrouwen zonder verantwoordelijkheid zijn lange tijd geen (betaald) werk voor een kind doen, deze fase kunnen gebruiken om verdere kwalificaties te verwerven, zodat ze later betere carrièremogelijkheden verminderd hebben.

In de samenvatting van deze bevindingen is het

duidelijk voor wetenschappers ervoor te zorgen dat alleen in het geval van langdurige eenverdienersregelingen de kansen benutten cen voor een dubbele carrière met de geboorte van kinderen verminderen. Slagen

---

19 Op dat moment had 64% van de wetenschappers minstens één biologisch kind (wetenschappelijk homogene paren 59%, beroepsheterogeen 63%). wetenschappers mee voor langdurig eenverdienersregeling waren boven gemiddeld vaak moeders (83%).

Bron: dossier "Samen Carrière maken"; eigen berekeningen; gewogen Verklaringen

Als je echter kijkt naar wetenschappers met kinderen, dan zie je iets ander beeld. Ten eerste realiseren ze er minder vaak twee met hun partners Studieloopbaan met kind(eren) dan zonder. Speel daarentegen ten tweede, kinderen bij het realiseren van dubbele beroepsloopbanen rogen tweeverdienersparen, dwz als de partner van buitenaf is senschaft in dienst is, maakt niet uit. 20 wetenschappers en hun partners naar met beroepsveld heterogeen tweeverdienersregeling had een vier keer zo hoogte kans met (of ondanks) kind een dubbele carrière

---

20 Naar dit tijd had 56% de wetenschapper ten minste A lichamelijk Kind. mannelijk wetenschapper in wetenschappelijk homogeen tweeverdieners waren iets vaker kinderloos dan hun collega's in heterogene professionele relaties (52% tegen 37%).

realiseren hoe hun collega's met wetenschappelijk homogene arrangementen ment. In het laatste geval mislukten dubbele carrières voornamelijk vanwege de carrièreandere partners die ook wetenschappelijk actief zijn, maar ook tot op zekere hoogte in de carrière van wetenschappers. Dat wil zeggen, de geboorte van kinderen leidt te vaker binnenin de Wetenschap naar een (minstens tijdelijk) Loopbaanonderbreking dan in activiteiten daarbuiten. Ten derde, waren - in verschil naar de wetenschappers – de laag Dubbele carrièremogelijkheden bij eenverdienersregeling (d.w.z de partner was niet in dienst) niet vanwege de aanwezigheid van kinderen.

Gezien de primaire verantwoordelijkheid van vrouwelijke partners bij mannen chen wetenschappers voor kinderopvang en minder frequent gebruik van extern faciliteiten of zorg lijnen door Derde (zien. Hoofdstuk 3 in dit boek en Hess/Rusconi 2010) wijzen op het verschil tussen wetenschappelijk homogene en professioneel heterogene samenwerkingsverbanden van de mannelijke wetenschappers wees erop dat het tijdrovend is reactie voor kinderen slechter met de spatio-temporele vereisten van wetenschappelijke carrières is compatibel als met carrières buiten.

5.6.4 *Huisvestingsregelingen: Mobiel En succesvol?*

gegeven de hoog mobiliteitseisen vanwege van tijdelijk zowel contracten als (verschilt per discipline) verblijven in het buitenland als onderdeel van de wetenschappelijke carrière enerzijds werd verwacht, dat multi-lokale woonarrangementen vaker voorkomen bij academische paren spreads zijn. Aan de andere kant werd aangenomen dat "onbeweeglijke" woonarrangementen ments, dwz wonen in een gemeenschappelijke ruimte zonder woon-werkverkeer of met dagelijks woon-werkverkeer, met nadelen voor het realiseren van duale loopbanen zijn met elkaar verbonden - en dit in sterkere mate in het geval van wetenschappelijk homogene zoals bij beroepsveld heterogene tweeverdienersparen.

Allereerst moet worden opgemerkt dat bijna tweederde van de wetenschappers woonden op dezelfde plek als hun partners, zodat zij of hun partners werknemers hoefden niet of hoogstens elke dag naar het werk te pendelen. Hier- enerzijds zijn er de verschillen tussen beroepsveld heterogeen en wetenschappelijk homogeen tweeverdieners familielid geringe hoeveelheid (66% tegen 60%). Niettemin leefden wetenschappers in wetenschappelijk homogene gemeenschappen Echtparen wonen bijna twee keer zo vaak op aparte plekken als hun collega's bij heterogene paren (22% vs. 13%), terwijl de laatste vaker voorkomen regelingen voor woon-werkverkeer over lange afstanden LED. 21 Voor de anderen leefde Wetenschapper-

---

21 De verschillen tussen academisch homogene en professioneel heterogene partners banden zijn meer uitgesproken onder mannelijke wetenschappers dan onder vrouwelijke. Over het Verder pendelden de

mannen in alle tweeverdienersrelaties vaker (de wetenschapper of de Partner) als de vrouwen weg.

naar met A- of eenverdienersregeling vaker in "vastgoed" woonarrangementen (75% of. 70%). De concentratie op alleen een werkgelegenheid of Carrière ingeschakeld daarmee in hoger Dimensies de Partners die samenwonen op dezelfde plek. tweeverdienersregeling vereist Echter vaker – Echter niet meerderheid – multilokaal woonarrangementen.

Toch rijst de vraag of er sprake is van multilokale huisvesting eigenlijk "belonen" en zo ja, voor welke koppels? Figuur 5.6 laat dat zien voor vrouwelijke wetenschappers multilokaliteit, vooral in samenwerkingsverbanden met heterogene beroepsvelden een hogere kans op een dubbele loopbaan. de wetenschap wetenschappers met beroepsveld heterogeen LAT paarrelaties had een grotere kans op een dubbele loopbaan in vergelijking met hun leeftijdsgenoten vrouwen die met hun partner op dezelfde plek woonden, maar vooral in meteen met haar collega's in academisch homogene samenwerkingsverbanden LAT-regelingen. [22]

---

[22] Vanwege naar lager zaak nummers wordt op sommige regelingen voor woon-werkverkeer over lange afstanden net zoals op A- verdiener regelingen niet dichterbij ontvangen.

Het feit dat multi-lokale woonarrangementen voor wetenschappers met wetenschappelijke homoseksuele paarrelaties zijn niet voordelig, betekent echter niet, dat ze nadelig zijn. Zo ook de verschillen hiertussen vrouwelijke werknemers met een mobiele en immobiele woonsituatie relatief laag. Inbegrepen geeft Het alleen een Uitzondering: vrouwelijke wetenschappers de zelf voor de woon-werkverkeer over lange afstanden kende geen hogere, maar een beduidend lagere hebben minder kans op een dubbele carrière dan hun 'onbeweeglijke' collega's. Dit laatste geldt echter ook voor paren met heterogene beroepen. dubbele carrière ren faalde hier voornamelijk vanwege de ontbrekende carrière van de partner. De Het woon-werkverkeer over lange afstanden van deze vrouwelijke wetenschappers was voor hen dan ook niet nadelig eigen carrière, maar voor de dubbele carrière in Paar.

Dat suggereren ook de bevindingen voor de mannelijke wetenschappers multilokaliteit de kans voor een eigen Carrière de partners En dus voor een dubbele carrière als koppel ondanks jarenlange werkloosheid vermogen van de partner zich kan openen. Wetenschappers met vele jaren tong Personeelsregelingen hadden toen een significant hogere perceptie van een dubbele loopbaan waarschijnlijkheid als ze op verschillende plaatsen woonden. Een vergelijkende had ook een grote kans op een dubbele carrière Ier met beroepsveld heterogeen tweeverdienersregeling – Echter relatief onafhankelijk van hun woonsituatie. In tegenstelling tot weten- In professioneel heterogene partnerschappen zullen homoseksuele paren dat wel doen Leven bij de dezelfde Plaats niet met minder Dubbele carrièremogelijkheden "zijn-straft". [23] Een mogelijk Uitleg daarvoor leugens in naar de van partners veelbeoefend beroep van leraar (zie paragraaf 5.1), waarmee de wonen en werken op één plek lijkt meer mogelijk - en dit, zonder beperkt te worden in de adequate professionele ontwikkeling zijn. 24

samengevat kan man vasthouden aan, Dat wetenschappelijk homogeen Partnerschappen voor tweeverdieners vaker met multilokaal soorten woningen vergezeld als beroepsveld heterogeen. Alleen voor mannelijk wetenschapper kon de verwachting worden bevestigd dat "onbeweeglijke" woonarrangementen met grotere nadelen voor de realisatie van wetenschappelijk homogeen hebben de neiging om geassocieerd te worden met dubbele loopbanen die heterogeen zijn in het beroepsveld. benadrukken is Ook de uitstekend positief Invloed van multilokaal huisvesting regeling

---

23 Net als bij vrouwelijke wetenschappers, de kans op dubbele carrières in de wetenschap homogene samenwerkingsverbanden nog lager voor wetenschappers die zelf op afstand werken delten. Maar net als bij haar collega's deed dit de kansen voor een van haarzelf niet afnemen Carrière, liever voor de Carrière de partner (En vervolgens voor dubbele loopbaan).

24 Ondanks de verantwoordelijkheid van de deelstaten voor de leraren, gaat wat zich over de staatsgrenzen heen beweegt formeel ingewikkelder, zo bleek uit een enquête onder Duitse universiteiten Universiteitsbesturen zagen zichzelf toen in een positie om de partner te ondersteunen bij het zoeken naar werk van nieuw aangestelde hoogleraren en daarmee het leven en werk van de partners een gemeenschappelijke plaats als ze als leraar werkten (vgl. Ruslandconi/Solga 2002; Solga/Rusconi 2004).

voor de loopbaan van partners met een langdurig dienstverband gebrek En dus ook voor het realiseren van duale loopbanen in partnerschappen waarin een betaalde baan taak werd "verzaakt".

Woonarrangementen zijn echter – zoals elke verweven regeling – dynamisch en kan in de loop van de tijd veranderen, met eisen en met verander mogelijkheden. Wat betreft de vraag of wetenschap daaraan koppelt hoger dynamiek de woonarrangementen _ onderwerp als koppels, bij die de partners buiten de wetenschap actief zijn, bleek dit alleen bij mannelijk wetenschappers de geval is. Mager A Kwartaal de mannelijke wetenschapper met een heterogeen beroepsveldarrangement geen wijziging van woonsituatie door verandering van werkgever de partner, terwijl een dergelijke stabiliteit alleen in een wetenschapper kan worden gevonden met een wetenschappelijk homogene opstelling. De verschillen tussen vrouwelijke wetenschappers daarentegen waren erg laag: op iets meer vrouwelijke wetenschappers in academisch homogeen dan in beroeps rogens partnerschappen had de Partner geen verandering van werkgever, de aan veranderingen in naar de huisvestingsregeling (17% vs. 11%).

Vooral bij tweeverdieners met heterogene beroepen mannelijke wetenschappers, maar ook onder vrouwelijke wetenschappers de duale loopbaan waarschijnlijkheid groter als de partner geen werkgever heeft er was een verandering die leidde tot veranderingen in de woonsituatie (fig. 5.7). Dubbele loopbanen worden daarom vaker bereikt door paren waarin de beroepsactiviteit van de partners geen (aanvullende) mobiliteitsaanpassingen meegebracht. Deze bevinding suggereert dat partnerschappen en duale loopbanen hebben een zekere stabiliteit nodig. Hoewel dat ook Als het verschil iets kleiner is, geldt hetzelfde voor reuen Alleenstaande wetenschappers en voor alleenstaande vrouwelijke wetenschappers arrangementen, dwz waarin de vrouw (partner of onderzoeker) rin) is lange tijd niet in dienst geweest. In wetenschappelijk homogeen dubbel bij inkomensverdieners daarentegen was er geen verschil in kennis vrouwelijke werknemers van wie de partner geen of één of meer "mobiele" werknemers heeft verandering van werkgever gehad. Dit betekent op zijn beurt dat deze wetenschapper naar met betrekking tot de realisatie van dubbele carrières minder van de stabiliteit van de woonplaats van hun partner dan hun vrouwelijke collega's Partners met activiteiten buiten de wetenschap. Omdat het bij hen was Risico hoger dan ruimtelijke stabiliteit (ook) bij hun partners met carrière beperkingen. Dat wil zeggen, hoewel een activiteit van de partner/ de partner in de Wetenschap niet absoluut vaker met mobiel wisselende werkgevers gaat mee Dus Zijn Maar in de Wetenschap dit wijziging liever nodig, rondom leerzaam En geschikte leeftijd posities naar en dus ook om (wetenschappelijk homogene) dubbele loopbanen te combineren echt.

5.6   *Conclusie*

In dit hoofdstuk de gevolgen van de verweven patronen in de Werkverleden van partnerschappen voor de realisatie van de eigen (Wetenschaps)loopbaan en geëxamineerd voor duale loopbanen. Verder- out waren de verschillende opties van de paren vanwege hun paar sterrenbeelden, Verantwoordelijkheid voor Kinderen En woonarrangementen verkend.

In het algemeen blijkt *ten eerste* dat er meer wetenschappers zijn dan Vrouwelijke wetenschappers slaagden erin professionele functies te vinden die passen bij opleiding en leeftijd (twaalf jaar na afstuderen: 86% vs. 73%). Ondanks dit Hoge percentages academici met een loopbaan kwamen echter op *de tweede plaats* dubbele carrières echt niet de overheersend vennootschap regelen ment; omdat slechts de helft van de wetenschappers en twee vijfde van de wetenschapper realiseerde een dubbele carrière in de Paar. Ondanks hoger afbeelding mest En arbeidsparticipatie in de Partners is de realisatie van duale loopbanen in academische samenwerkingsverbanden dus geen zelfvertrouwen standvastigheid. *Ten derde* mislukken dubbele carrières meestal vanwege de "missing". de carrière van de vrouw. In bijna elke tweede samenwerking in de wetenschap mannelijke wetenschappers en elke zesde vrouwelijke wetenschapper in staat zijn om een opleiding en een bij de leeftijd passende professionele functie te bereiken. Dit betekent dat er in deze partnerschappen prioriteit werd gegeven aan de carrière van de mannelijke partner in plaats daarvan. Aan de andere kant hadden vrouwen in partnerschappen er een carrière, dan in meestal "samen" met haar Partner.

Niet alleen hebben vrouwen minder kans op een loopbaan die past bij hun opleiding en leeftijd, posities, hadden ze ook frequente (lange) perioden van inactiviteit taak. In de periode van zes tot twaalf jaar na afstuderen bijna elke zevende vrouwelijke wetenschapper oefent een eenverdienerregeling uit, meestal vanwege ouderschapsverlof of werkloosheid was werkzaam. Daarentegen was bijna een derde hun collega's de enige kostwinner in de maatschap. Volgens de carrièremythe zou dat moeten deze mannelijke wetenschappers dankzij hun langdurige band met de arbeidsmarkt gecombineerd met de ondersteuning van een werkloze ge partner die de "beste" carrièremogelijkheden hebben. In tegenstelling tot deze mythe laten de bevindingen van dit hoofdstuk zien dat zo'n gendertypisch De taakverdeling binnen het paar is niet "de moeite waard" voor zover het de carrièrevooruitzichten beïnvloedt van vrouwen (in het beste geval alleen op korte en middellange termijn), maar aan niemand voordeel voor de carrières van mannelijke wetenschappers. de carrière volgens remythos moesten vrouwelijke wetenschappers wel, maar niet hun mannelijke collega's verwachten carrièrenadelen als ze daarmee instemmen bedienderegelingen met langere onderbrekingen van de eigen professional vaardigheid beoefend. De Verschil tussen mannelijk En vrouwelijk wetenschappers en tussen moeders en kinderloze wetenschappers loop met eenverdienersregeling verduidelijkt Echter, Dat niet elk (Langdurige) niet-werkzaamheid leidt op zichzelf tot een nadeel, maar vooral als dit te wijten is aan ouderschapsverlof of werkloosheid klaar. Als deze tijd daarentegen wordt gebruikt voor verdere kwalificatie, zet dan deze regeling geen carrièrebelemmering.

Voor duale loopbanen is het beeld echter anders:

enerzijds worden Dubbelloopbanen worden daarentegen veel minder vaak gerealiseerd dan individuele loopbanen de verschillen afhankelijk van de verwevingsopstelling zijn aanzienlijk kleiner eng. Vooral vrouwelijke wetenschappers in langdurige dubbelverdienersregelingen gements hadden een dubbele carburatie met een zeer vergelijkbare waarschijnlijkheid zoals haar collega's die lang niet in dienst zijn of wie (zelden) die de enige kostwinners waren. Hetzelfde gold voor mannen Geleerden met enige en (minder vaak) eenverdienerregelingen in vergelijking met hun collega's in tweeverdieners met heterogene beroepen partnerschappen. Aan de ene kant sluit Dus de geslacht typisch (Maar ook atypisch) langdurig "verzaken" van betaald werk niet noodzakelijkerwijs vij latere dubbele carrières, anderzijds de (vaak moeizame) lange termijn gene prestatie en coördinatie van twee banen geen garantie voor dubbele carrières. De wordt genoemd, tweeverdienersregeling niet "beschermen" tegen het prioriteren van professionele ontwikkeling (naar meestal de des mannelijke partner) (zie hoofdstuk 4 hierin Een boek).

Het ontbrekende voordeel van tweeverdienersregelingen voor dubbele auto- rantsoen is vooral duidelijk in het geval van academisch homogene partnerschappen. De realisatie van twee carrières slaagt - vooral voor mannen wetenschappers, maar ook onder hun vrouwelijke collega's - veel zeldzamer, als beide partners een academische loopbaan nastreven, dan als de partners ner buiten van professionele veld Wetenschap in dienst Zijn. Ondanks lang- jaren tewerkgesteld, zijn het vooral de vrouwelijke partners (science medewerkers of partners van wetenschappers) die niet adequaat zijn waren bezig. De bevindingen over de invloed van de leeftijdsconstellatie in de Partnerschappen van de mannelijke wetenschappers suggereren dat er een oorzakelijk verband is De reden hiervoor ligt in de grotere moeilijkheden van de paren, tijd en status om tegelijkertijd twee wetenschappelijke carrières te realiseren. Een (leeftijdsgebonden) ontwikkeling Verstoring van de afstemming van (soortgelijke) beroepseisen is na bevorderlijk voor dubbele carrières. Zie elkaar daarom vooral paren van dezelfde leeftijd, althans tijdelijk met deze onverenigbaarheid een traditionele arbeidsverdeling (zie hoofdstuk 2 in dit boek) of a Prioriteit geven aan de professionele ontwikkeling van de mannelijke partner senior Dit strategie sluit dat is later dubbele carrières niet uit (Hoe ook de bevindingen voor vrouwelijke wetenschappers met traditionele eenverdieners showarrangementen), maar het is ongetwijfeld behoorlijk riskant en brengt met zich mee een (in het beste geval slechts tijdelijke) nadeel voor goed opgeleide vrouwen en draagt bij aan de (re)productie van ongelijkheden in de wereld van werk en in nerschappen.

De bevindingen voor mannelijke wetenschappers maken dat ook duidelijk Paren hebben ook meer moeite met twee wetenschappelijke carrières beseffen wanneer zij verantwoordelijk zijn voor kinderen. Dat dit niet is kan worden waargenomen bij vrouwelijke wetenschappers ligt onder andere in hun - veel vaker en eerder gebruik van externe zorg faciliteiten en ondersteunende diensten geleverd door derden (versus een main materiële ondersteuning door de partners bij de wetenschappers; zien. Hoofdstuk 3 in dit boek en Hess/Rusconi 2010; Hess/Rusconi/Solga 2011a). De wordt genoemd, Kinderen gemeen niet door zien A loopbaanonderbreking voor vrouwen – ook niet in de wetenschap – maar het hangt er voor een groot deel van af de respectievelijke zorgarrangementen (zie hoofdstuk 3 in dit boek). Het feit dat mannelijke wetenschappers in beroep zijn Terogene partnerschappen dubbele carrières met kind(eren) zijn meer mogelijk als in wetenschappelijke paren (daar de partners met beroepen buiten de Wetenschap met minder nadelen voor de eigen Carrière berekenen moest), moeten universiteiten en wetenschappelijke instellingen ertoe aanzetten om levensfase-specifieke oplossingen te zoeken, evenals de wetenschappelijke systeem en zijn loopbaanvereisten kunnen flexibeler worden ontworpen (zien. Hess/Rusconi/Solga 2011b).

Een andere hindernis voor het realiseren van dubbele loopbanen - vooruit vooral in de wetenschap - vertegenwoordigen mobiliteitsvereisten. Alhoewel wetenschappelijke paren alleen gedeeltelijk vaker als beroepsveld heterogeen paren multi-lokale huisvestingsregelingen oefenen en aanpassen aan werk sen (must) is zo'n 'mobiliteit' voor een loopbaan in de wetenschap liever nodig. Werkgever – En in Geweldig hogescholen En Kennis- bedrijfsfaciliteiten – kan beginnen met het opzetten en uitbreiden van Duale loopbaandiensten en met vacatures voor de partners bijdragen aan het feit dat "samen carrière maken" geen synoniem is trend met een langdurige, zo niet permanente, ruimtelijke scheiding de partner is; of Dat voor A Samenleven op een gepast professionele ontwikkeling (zo niet werkgelegenheid) een van de partner wordt kwijtgescholden.

Om eigenlijk dubbele carrière En niet "alleen" tweeverdieners om te promoten, moeten aanbiedingen voor een dubbele loopbaan enerzijds al voor koppels zijn in eerder Loopbaanfasen moeten beschikbaar zijn (en niet alleen vanaf het hoogleraarschap), aan de andere kant, geschikt zijn voor de kwalificaties van de partners en uitzicht bieden op professionele (verdere) ontwikkeling (vgl. Hess/Rusconi/ Solga 2011b). Dan

Hoe de bevindingen dit Hoofdstuk duidelijk laten zien is zelfs in het geval van academische paren, de lange termijn (!) en vaak ingewikkeld recht om twee banen te behouden die niet synoniem zijn met of een garantie voor het realiseren van duale loopbanen. Daarom Paren zouden er goed aan doen om geen betaald werk te hebben met de prestatie gelijk aan een carrière (zie ook hoofdstuk 1 hierin Een boek).

HET EINDE

Beschrijving

Al met al is het verzinnen van een vruchtbare roeping zeker geen eenvoudige prestatie, maar het is denkbaar als je de juiste kijk, capaciteiten en houding hebt. Onthoud dat prestatie niet alleen gaat over het bereiken van uw doelstellingen, maar ook over het bewaren van een evenwicht tussen serieuze en leuke activiteiten, het ondersteunen van connecties en bijdragen aan het grote publiek. Uw carrièreproces kan vol zitten met veelbelovende en minder veelbelovende tijden, het is echter van vitaal belang om veelzijdig, flexibel en bereid te blijven om te profiteren van uw vergissingen. Tenslotte is samen een beroep maken verbonden met een bevredigend leven voor jou en iedereen om je heen. Veel succes met je excursie!